卓越工程师系列教材

区间信号自动控制

刘利芳　主编

郭　进　主审

科学出版社

北　京

内 容 简 介

本书根据目前我国区间闭塞设备的使用情况，系统地介绍了区间信号自动控制设备的基本知识和原理。全书共分为8章，内容包括64D继电半自动闭塞系统及在此基础上的计轴自动站间闭塞系统、自动闭塞基础、移频自动闭塞系统、改变运行方向电路、站内电码化、机车信号以及基于通信的列车控制系统。

本书可作为高等院校信号专业教材，也可作为成人教育及铁路现场技术人员的参考用书。

图书在版编目(CIP)数据

区间信号自动控制 / 刘利芳主编. —北京：科学出版社，2014.4
（2019.2重印）
卓越工程师系列教材
ISBN 978-7-03-039917-5

Ⅰ.①区… Ⅱ.①刘… Ⅲ.①铁路信号-区间闭塞-自动闭塞-高等学校-教材 Ⅳ.①U284.43

中国版本图书馆CIP数据核字（2014）第038582号

责任编辑：杨 岭 于 楠 / 封面设计：墨创文化
责任校对：曾润平 / 责任印制：罗 科

科 学 出 版 社 出版

北京东黄城根北街16号
邮政编码：100717
http://www.sciencep.com

成都锦瑞印刷有限责任公司印刷
科学出版社发行 各地新华书店经销

*

2014 年 4 月第 一 版 开本：787*1092 1/16
2019 年 2 月第八次印刷 印张：14
字数：360 千字
定价：35.00 元

"卓越工程师系列教材" 编委会

前　言

随着我国铁路向高速度、高密度、重载以及电气化方向发展，区间闭塞设备也得到了迅速发展，大量的新技术（如数字信号处理技术、数据通信理论、可靠性理论、容错技术、计算机网络等）在铁路信号领域中得到了广泛的应用，使铁路信号区间闭塞技术水平有了很大提高。

交流计数电码自动闭塞和国产 4 信息、8 信息、18 信息移频自动闭塞系统由于存在较多的缺陷，不能满足日益发展的运输需求而被淘汰，取而代之的是 ZPW－2000 系列的无绝缘移频自动闭塞系统，该系统已成为区间信号控制系统中的主要系统之一。鉴于我国铁路线路的现状以及目前区间闭塞设备的实际使用情况，本书除介绍了目前仍大量使用的 64D 继电半自动闭塞系统以及在此基础上的计轴自动站间闭塞系统外，还介绍了移频自动闭塞系统，其中包括引进法国的 UM 系列移频自动闭塞和国产化的 ZPW－2000 系列移频自动闭塞系统。自动闭塞电路以 ZPW－2000 构成的双线双向四显示自动闭塞为主，改变运行方向电路则以四线制为主。最后，介绍了与移频自动闭塞相关联的站内轨道电路电码化和机车信号。

全书共分 8 章内容，全面系统地介绍了区间信号自动控制系统的相关知识。第 1 章介绍区间闭塞的概念，闭塞与列车安全运行的关系及闭塞的分类与发展。第 2 章介绍 64D 半自动闭塞的原理及其电路，并在此基础上介绍了与之相结合的计轴自动站间闭塞。第 3 章介绍区间自动闭塞的基础。第 4 章介绍国产 8 信息移频自动闭塞和 UM 系列无绝缘移频自动闭塞，重点介绍 ZPW－2000 系列移频自动闭塞以及其构成的双线双向四显示自动闭塞电路。第 5 章介绍改变运行方向电路。第 6 章主要介绍站内轨道电路电码化。第 7 章主要介绍 JT－C 型主体化机车信号。第 8 章介绍了基于通信的列车运行控制系统。

本书由刘利芳主编，郭进教授主审，西南交通大学魏艳、杨扬老师在本书的编写过程中提供了大量的资料并给予了很大的帮助，在此忠心对他们表示感谢。

由于时间仓促，作者水平有限，书中难免存在不足之处，敬请读者批评指正。

编者

2013 年 12 月

目　　录

第1章 区间闭塞的概念及发展

1.1 列车安全运行与闭塞

19世纪初出现火车之后，立即就有人研究控制火车安全运行的问题。最早，为了保证列车的安全运行，采用骑马作为列车运行先导，后来又在一定距离设置导运人员，挥旗来表达列车可否安全前行。1830年英国人应用横木式带灯光的信号机，1832年美国人采用在柱子上挂黑球或白球来指引列车安全运行。1841年臂板信号正式在英国诞生。1835年莫尔斯电报机被引入到铁路。1841年英国人获得闭塞电报机专利，并于1851年在英国铁路获得应用。1876年贝尔发明了电话，又为铁路应用建立了电话闭塞，这种方法至今在特殊情况下，如发生地震、洪水后应急时尚有应用。1878年英国人泰尔(Tyres)发明了电气路牌机，即两相邻车站各有一个路牌机，它们之间有电气连接，两站之间有列车运行，一定要领到一个路牌才能作为运行的凭证；而在平时，在一个时间内只允许有一个路牌从中取出，这样就保证了行车安全。1889年英国人韦布(Webb)和汤姆森(Thomson)发明了电气路签机，它的工作原理与电气路牌机相似，即平时在一组路签机中只能取出一枚路签供运行的列车司机作为行车凭证。

在这里应该明确一下"闭塞"的含义，因为电话闭塞、报闭塞、路签闭塞、路牌闭塞等都提到了它。起初"闭塞"的含义是将一段铁路与外界隔绝和封闭起来，除了一个列车之外，不能再有第二个列车。当时列车只在白天运行，而且也只有一个列车，所以不存在列车对向相撞的问题。随着运行变得越加繁忙和列车的增加，要保证列车的安全，不仅防追尾，而且要防止对向相撞，所以"闭塞"的含义已扩展到一个区段，它既可保证列车在自己的闭塞段内无前行列车，且有信号来保护，又可保证无后随列车进入此区段发生追尾。"闭塞"的此种含义一直沿用至今。

1.1.1 基于轨道电路的列车控制系统

在1848年，一个英国专利描述了利用钢轨作为导体来传递电信号的技术，但直到1860年10月31日才有了将其用于信号传递的新专利。来自William Bull报道，用一根开路式的20 ft(1 ft＝30.48 cm)长的钢轨来传递列车信号的试验获得成功。1867年Robinson博士开始进行轨道电路的研究工作，并于1870年在一个展览会上展出第一条轨道电路。但正式使用轨道电路是在1876年，因为一直等待有轨道绝缘节的产生。从1878年开始，出现了以轨道电路为核心技术的设备制造公司，这标志着铁路区间行车控制的一个时代的开始。这个时代被称为为"基于轨道电路的列车运行控制(track circuit based train control，TBTC)时代"。比较一下用电报、电话、路牌、路签等构成的闭塞系统与用轨道电路构成的闭塞系统，它们有质的差别，主要是前者根本不知道轨道上是否有实际列车存在，后者则有明确的指示，这表示在安全保证方面，利用轨道电路要进步得多。轨道电路投入工程应用之后的 100 多年里，全世界的铁路信号工作者和技术人员一直不停地根据各种条件，包括应用目的、经济利益、技术水平等，研发出基于轨道电路的各种列车控制系统，这也是目前全世界铁路有众多 TBTC 系统的原因。

在区间列车运行控制中，最基本的问题有下列三方面。

（1）要保证任何一个运行中的列车是安全的，即它既要与前行列车保持安全距离，又要与后续列车保持安全距离。为此，就必须决定本列车应该按什么速度行车。安全是行车的基本要求。

（2）在保证行车安全的前提下，还要有行车效率，业主、旅客和货主三者都对此有共同要求，而且它也是一个国家经济是否发达的标志之一。

（3）在信息社会里，有关列车运行的信息也是极为重要的，因为运行管理者只有知道所有列车信息，才能统筹管理。旅客关心的是列车什么时候开，什么时候到达目的地，中间经过什么地方，沿路是否有好风景；货主关心的是什么时候可将托运的货物送走，运行列车现在又在哪里，它什么时候到达货物目的地。因此，列车运行中首先要提供最原始的 3W 信息，即什么时间（when），什么列车（what），在哪里（where）。有了一次基本信息之后，才能派生出二次、三次等多次相关信息。

在 20 世纪初，人们就开始在工程上实际应用轨道电路了。首先是将两车站之间的整个区间分成若干段，每一段成为一个闭塞的区间（图 1-1），在闭塞区始端设有信号，并且规定一旦有一个列车占用了此区间，就不再允许第二个列车进入此区间。闭塞区始端信号出现了禁止信号，后随列车必须减速，保证在此闭塞区的始端信号前完全停车。可见，闭塞区的基础是轨道电路。

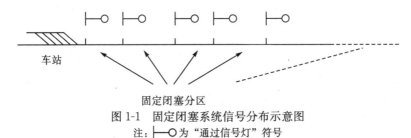

图 1-1　固定闭塞系统信号分布示意图

注：├─○ 为"通过信号灯"符号

20 世纪以来，很多铁路信号工作者在轨道电路的基础上研制、开发了不同类型的自动闭塞系统，这些系统都用做列车运行控制，它们就是前述的 TBTC 系统。它们都具有下列特征。

（1）它们都有固定的闭塞分区，闭塞分区的长度依据给定的线路参数、列车参数等确定，在进行牵引力计算后得出结果，其长度一般不相等。这类闭塞系统统称为固定自动闭塞系统（fixed autoblock system，FAS），闭塞分区的长度在进行设计和施工决定后就不再改变，成为固定的闭塞分区。

（2）所有 TBTC 信息传输流均为开环系统，即在闭塞分区的发送端发出有关行车信息，接收端接收后经过处理，将结果显示在信号机上，如图 1-2 所示，至于信号显示反应是否正确，列车司机是否真正按其显示来行车，在 TBTC 中就无从检查了，这说明 TBTC 系统在信息传输流上是开环控制的。

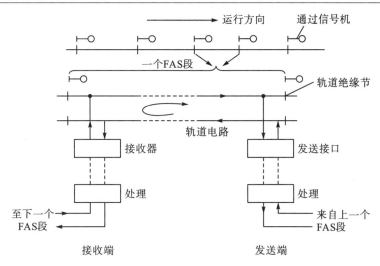

图 1-2　TBTC 闭塞分区接/发端示意图

（3）所有基于轨道电路的 TBTC 几乎都只有地面轨道传输的信息，它们经机车上感应后可成为机车信号，构成地－车单向传输。

TBTC 的上述三大特征是由轨道电路本身特性所致。经过多年的实践，通过各类 TBTC 的开发和研究，发现轨道电路本身具有下列问题或矛盾。

（1）钢轨能传输信息的频率极为有限。到目前为止，最具代表性的是法国的 UM-71 和 TVM430 系统，它们传输用最高频率为 1700～2600 Hz，这些频率是信号载频，这在大量工程应用中可能是最高频率，其中也有以 1028 进行编码的，然后产生的有用信息种类为 2^{28} bit。日本的数字轨道电路的信息数量大致也属于此范围。但作为列车运行控制系统，它要求有大量信息，包括轨道电路编号、长度、坡度、弯道、列车所在位置、车次号、机车号、运行速度等。显然，要通过轨道电路来提供上述信息是难以完成，除非缩短轨道电路到几百米的距离，才能传输较高的频率，或者用叠加在轨道电路上的设备传输专用信息，这是因为当提高传输载频时，由于钢轨的集肤效应而引起过多衰耗所致。

（2）由于轨道电路会受道碴阻抗和天气变化影响，要使轨道电路保持有良好的状态，就必须要有精密的设计并及时调整。

（3）在轨道电路构成闭塞分区时，由于分割对长钢轨的应用造成了障碍，因此导致无绝缘轨道电路制式的出现，但在工程应用方面，在这种制式中存在短距离无信息的死区段，只好在沿线设置补偿电容用以均衡电信息以达到延长轨道电路长度的目的。

（4）轨道电路需有大量电缆采集轨道电路发送端和接收端信息集中到车站进行处理，它的投资数占整个自动闭塞系统的 40%～60%。

（5）轨道电路需要日常维护工作，天气多变，维护工人要经常沿线徒步目视钢轨线路和轨道绝缘节的情况，维护量大且费用较高，使信号工的劳动强度增加。

（6）用轨道电路构成自动闭塞系统时，闭塞分区的通过信号灯固然能保护列车的安全，但是地面控制系统无法知道列车在此闭塞分区内的哪一个确切地方，是在其始端还是末端则无法知道，而且也无法知道此列车是停止运行还是运行状态，慢速前进还是快速前进，速度是多少等，即无法实现对列车的精确定位，这就严重影响列车的运行效率。

（7）在用轨道电路构成自动闭塞系统时，很难用轨道电路来实现列车对地面控制中心进行通信，即利用轨道电路是难以实现双向通信的。

（8）在电气化牵引区段，两根钢轨同时又是牵引电流的回路，由于回流在两轨上的不平衡性，所以对任何 TBTC 制式系统都会造成干扰，因此建立这类 TBTC 系统时，对它的载频选择和调制信号等都要仔细推敲。

（9）由于列车通过轨道电路无法送出大量的信息，所以在建立各种运输管理信息系统，如 DMIS、TMIS 等时，所需的基础信息，如何时、何地、有何种车、自何方向、以何种速度运行、目的地、起始地等，都是由地面按单据人工键入的。因此，对运输信息管理系统而言，只能利用人工追踪，而无实时信息自动输入。利用人工键入的方法，显然有可能产生键错、迟键、漏键等多种差错。

另外有一个争论点，是有关轨道电路能否检测钢轨的断裂问题的。曾有学者提出在一些特殊条件下有可能检测到钢轨的断裂或移轨，这对于当时的技术水平来说的确是一种难能可贵的发现。但它没有完整的理论分析，而且有前提条件。在今天各种电子检测技术完备的情况下，仍用轨道电路附带的方法来检测，不仅不完善，而且很危险。因为，从严格的定义而言，什么样的裂纹称为有害断裂纹，而轨道电路又能检测到何种形式和何等程度的裂纹都还有待深入研究。现代电子检测装置已经能有效检测各类裂纹。它们的可靠性是建立在材料力学、断裂力学、波动力学等成熟学科基础上的。而用轨道电路来测定在实际上是非常有局限性的，缺少理论依据的。

总之，基于轨道电路的 TBTC 系统是列车运行控制发展的第一阶段，像任何其他事物一样，有正面的作用，也有不足之处，科学技术的发展就是要弥补这些不足。

在 TBTC-FAS 系统中闭塞分区是列车运行控制系统遵循的控制单位，是列车自我保护的基本距离单位，闭塞分区的长度和地段在确定之后就固定不变，这是它的不足之处，具体表现为以下几方面。

（1）TBTC 中各闭塞分区的长度是在给定的速度曲线上按规定的行车间隔时间决定的，但事实上在区段中运行的列车有着不同的等级（快车、慢车、货车、单机等）、不同质量和不同类型的牵引机车的运行速度不同，制动能力也不完全一样，因而要求的制动距离也不相等。然而，在固定闭塞分区制式中，对于闭塞分区的长度，还要考虑在最困难的情况下所必要的制动距离，由此来决定信号机的位置。因此安全与通过能力是有矛盾的，解决矛盾的方法是在保证安全的前提下改善通过能力，如三显示改为四显示、增加区间信号的显示种类（闪光显示）等，但每个信号机的显示仍以前方整个闭塞区段的状态为函数，而不是以前方分区中列车在某个坐标点为函数的。因此，列车在同一种信号显示下行进。它与前方列车之间的实际距离不是一个常数，其差值为一个闭塞分区长度范围。同时应该指出，对于列车司机而言（即使是自动司机），更需要知道前方列车所在的位置，与自己列车的实际间距等。但是在固定自动闭塞中，即使依靠机车信号也仅能在固定地点得到信号显示是否有变化，这些会加剧司机的紧张心理，也不利于更灵活自如地控制列车的运行速度。

（2）在现有的各种固定自动闭塞制式中，车站值班员或者调度员对已在区间运行的列车实质上是没有控制权的。因为，当列车离开出站信号机后，司机只凭着通过信号的显示行车，而区间各信号机的显示又只与前方闭塞分区的状态有关，前方接车站也只能控制列车能否进入车站。车站对所属区间运行中的列车没有控制权，会构成两个不利因素。

①当第一个已通过某地区的列车已知道它所经过的区段有路基不稳等隐患现象（如塌

方、洪水冲击等)时，虽然可以通过无线列调告诉到达站人员，但是在自动闭塞中由于其轨道电路尚在完整状态而有良好显示，车站迫切希望能对已在该区段行进中的追踪列车采取措施，使它减低速度或以其他方法避免事故，然而在现有的自动闭塞中这种控制是困难的。

②调度员要改变调度方案(例如，运行图已遭破坏而需要重新调整)，或者有某个紧急列车要插入运行图。这在双线区间并且有适当的渡线的时候尤为重要，因为这不仅增加了调度工作的灵活性，而且通过能力也可以进一步提高。但在现有闭塞制式中难以实现这种意图。

因此，这里对自动闭塞提出了新的要求，要求它能连续不断地送出有关列车的消息，如列车的瞬态坐标、列车的级别、载重量、车号等；同时根据车站中自动装置已经记忆的列车和区段的各种静态信息(如车次、车的级别、质量、区段断面等)，以及列车不断送来的闭塞分区状态，来设置移动的闭塞分区。这就是列车运行间隔自动控制(移动闭塞)技术产生的原因。

1.1.2　基于通信的列车控制系统

基于通信的列车控制系统(CBTC)这一思想出现于 20 世纪 60 年代；20 世纪 80 年代初，国外开始对其展开系统地研究并进行阶段性测试；20 世纪 90 年代对其开始进入试验段测试阶段。1999 年 9 月，IEEE 将 CBTC 定义为：利用高精度的列车定位(不依赖于轨道电路)，双向连续、大容量的车-地数据通信，车载、地面的安全功能处理器实现的一种连续自动列车控制系统。定义中指出，CBTC 中的通信必须是连续的，这样才能够实现连续自动列车控制，利用轨间电缆、漏泄电缆和空间无线都可以实现车-地双向信息的连续传输。

借助先进的列车定位技术、安全处理器技术和无线通信技术，CBTC 与传统基于轨道电路的列车控制系统相比，具有以下优点。

(1)通过整个系统提供可靠的检查与平衡手段，通过车-地双向信息传输，实现对列车的闭环控制，从而大大降低人为错误的影响，使系统的可靠性更高。

(2)各级调度都可以随时了解区段内任意列车的位置、速度、机车工程及其他各种参数，利用上述信息，各级调度可以规范协调地直接指挥行车。

(3)车站控制中心依据列车状态及前车状态，结合智能技术调整列车运行，获得最佳区间通过能力，减少列车在区段内运行时不需要的加速、制动，增加旅客乘坐的舒适度。

(4)区段内所有运行列车的各种参数(如列车号、机车号、位置速度、工况、始发站、终点站、车辆数、载重量等)自动发给各种管理系统，如 TMIS、DMIS，而不需要人工键入，从而可以避免对参数的漏键、错键、迟键和其他人为的错误，将以上控制和管理紧密结合，实现铁路信息化。

(5)减少沿线设备，设备组要集中在车站及机车上，减轻设备维护和管理的劳动强度，受环境影响小(如可减少雷击等现象的干扰和损伤，在遭受自然灾害或战争破坏后易恢复运行)。

(6)可以实现移动闭塞。

1.2 闭塞的概念及分类

1.2.1 闭塞的概念

区间信号自动控制是铁路区间信号、闭塞及区段自动控制、远程控制技术的总称。所谓区间，是指两个车站（或线路所）之间的铁路线路。相邻两站之间的区间称为站间区间；车站与线路所之间的区间称为所间区间。根据区间线路的数目，区间可分为单线区间、双线区间及多线区间（如三线区间）。

车站向区间发车时，必须确认区间无车。在单线区间又必须防止两站同时向一个区间发车，为此要求按照一定的方法组织列车在区间运行。用信号或凭证保证列车按照空间间隔制运行的技术方法称为行车闭塞法，简称闭塞。完成闭塞作用的设备称为闭塞设备。闭塞的行车组织方法可分为时间间隔法和空间间隔法。

（1）时间间隔法，是指列车按照事先规定好的时间由车站发车，使前行列车和追踪列车之间必须保持一定时间间隔的行车方法。这种行车方法因追踪列车不能确切地获知前行列车的运行状况，所以不能确保列车在区间内的运行安全，我国已不再使用此行车方法。

（2）空间间隔法，是指把铁路线路划分为若干区段（区间或闭塞分区），在每个区段内同时只准许一列列车运行，使前行列车和追踪列车之间必须保持一定距离间隔的行车方法。这种行车方法能严格地把列车分隔在两个空间，可以有效地防止列车追尾和正面冲突事故的发生，确保列车运行安全。这种行车方法是我国目前所采用的闭塞方法，前面提到的闭塞就是指空间间隔法。在实际应用中，空间间隔法又分为站间闭塞和自动闭塞两大类。

1. 站间闭塞

站间闭塞就是以一个站间作为列车追踪运行的空间间隔，两站间的区间设置为一个闭塞单位，称为闭塞区间，闭塞区间内只能运行一列列车，其列车的空间间隔为一个站间。按闭塞技术的实现方法又可分为电话闭塞、路签闭塞、路牌闭塞、半自动闭塞、自动站间闭塞等。较早使用的路签和路牌闭塞在我国已经淘汰，电话闭塞作为一种最终的备用闭塞手段，目前仍在应用。

办理站间闭塞手续时，须有设备以闭塞通信协议为基础来实现。若采用人工办理闭塞手续，称为半自动闭塞方式；若采用自动办理方式，称为自动站间闭塞方式。

站间闭塞大致可分为人工闭塞、半自动闭塞、自动站间闭塞。

（1）人工闭塞。它采用电气路签（牌）闭塞作为占用区间的凭证，相邻两站都设有电气路签（牌）机，非经两站同意，并办理一定手续，不能从中取出路签（牌）；在取出一个路签（牌）后，不能取出第二个，这就保证了同时只有一列列车在区间内运行。因为这种方式在交接凭证和检查区间状态都要依靠人来完成，所以叫做人工闭塞。人工闭塞的优点是设备简单，投资较小，能够保证列车运行安全等。人工闭塞的缺点是办理闭塞手续复杂，办理时间长，列车运行效率低下，容易造成行车事故。所以，目前人工闭塞已基本被继电半自动闭塞所取代。

（2）半自动闭塞。半自动闭塞是以出站信号机或线路所的通过信号机显示的行进信号作为列车占用区的凭证，发车站的出站信号机或线路所的通过信号机必须经两站同意，办理闭塞手续后才能开放，列车进入区间后自动关闭，在没有检测区间是否留有车辆的设备时，还必须由接车站值班员确认列车的完全到达，办理解除闭塞手续；而且在列车未到达接车站以前，向该区间发车用的所有信号都不得开放，这就保证了两站的区间内同时只有一列列车运行。这种方法既需要人的操纵，又需要依列车的自动动作，所以叫半自动闭塞。

（3）自动站间闭塞。自动站间闭塞是在有区间占用检查的条件下，自动办理闭塞手续，列车凭信号显示发车后，出站信号机自动关闭的闭塞方法。其特征为：①有区间占用检查设备；②站间或所间区间只准运行一列列车；③办理发车进路时自动办理闭塞手续；④自动确认列车到达和自动恢复闭塞。

站间闭塞条件下，除采用地面信号机进行运行安全防护外，还可采用车载接近机车信号设备的红灯自动停车功能进行行车安全防护。

2. 自动闭塞

自动闭塞是在列车运行中自动完成闭塞作用的，它将整个区间划分为若干闭塞分区，每个闭塞分区的起点装设通过信号机，列车运行借助车轮与轨道电路接触发生作用，自动控制通过信号机的显示实现。这种方式不需要办理闭塞手续，又可追踪列车，既保证了行车安全，又提高了运输效率。自动闭塞比其他各种闭塞方式都要优越，是一种先进的闭塞方式，这种方法因为不需要人的操纵，所以叫做自动闭塞。

从保证列车安全运行而采取的技术手段的角度来看，自动闭塞可分为 4 类：固定闭塞、准移动闭塞、虚拟闭塞和移动闭塞。

（1）固定闭塞。固定闭塞是根据列车运行及有关闭塞分区状态自动变换信号显示，司机凭信号行车的闭塞方法。

固定闭塞将一个站间划分为若干闭塞分区，运行列车间的空间间隔为几个闭塞分区，其数量依划分的速度级别而定。一般情况下，闭塞分区是用轨道电路或计轴装置来划分的，它具有列车定位和轨道占用检查的功能。图 1-3 为四显示固定闭塞示意图。

图 1-3　四显示固定闭塞示意图

固定闭塞条件下，每个闭塞分区自动检测轨道情况，根据列车运行前方闭塞分区状态，自动发送与接收具有速差意义的信息码，信号机自动变换信号显示，给出"行车凭证"，信号机的显示具有速差意义，司机凭地面信号显示行车。

固定闭塞条件下可装备车载设备进行防护，通过车载设备接收轨道电路信息码，机车信号设备复示列车运行前方信号机的显示，防护设备的追踪目标点为前行列车所占用闭塞分区的始端，后行列车以最高速开始制动的起模点为要求开始减速的闭塞分区的始端，这两个点都是固定的，空间间隔的长度也是固定的，所以称为固定闭塞，如图 1-4 所示。

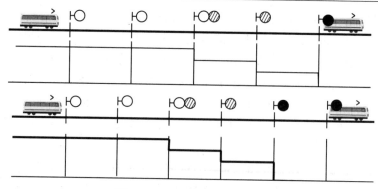

图 1-4　固定闭塞系统示意图

　　固定闭塞条件下的列车运行控制系统采取分级速度控制模式，把速度分级，每两个速度等级间存在一个速差，其对应的信号显示就表达了这个速差的意义，所以可以称为速差式信号显示。

　　(2)准移动闭塞。准移动闭塞是在装备车载防护设备的前提下采用的一种闭塞方法。准移动闭塞仍采用闭塞分区，闭塞分区可采用轨道电路或计轴装置来划分，它具有列车定位和轨道占用检查的功能。准移动闭塞条件下，后续列车的追踪目标点是前行列车所占用闭塞分区的始端，必须留有一定的安全距离，目标点也是相对固定的。

　　准移动闭塞的列车控制系统采取目标－距离控制模式(又称连续式一次速度控制)。目标－距离控制模式根据目标距离、目标速度及列车本身的性能确定列车制动曲线，采用一次制动方式。准移动闭塞不必设定每个闭塞分区的速度等级，采用一次制动方式。后行列车从最高速度开始制动的起模点是根据目标距离、目标速度及列车本身的性能由列车牵引计算决定的，而制动的起始点是随线路参数和列车本身性能的不同而变化的。

　　准移动闭塞追踪运行间隔显然要比固定闭塞短一些。空间间隔的长度是不固定的，由于要与移动闭塞相区别，所以称为准移动闭塞。目标点相对固定，在同一闭塞分区内不因前行列车的走行而变化，但当前行列车出清闭塞分区时，目标点突然前移，目标距离突然改变，此时连续式一次速度控制曲线会发生跳变。

　　如图 1-5 所示，准移动闭塞条件下的列车控制系统采取目标距离控制模式，速度是不分级的，给出的是连续式一次速度控制曲线，其对应的信号显示制式可以称为速度式信号显示。

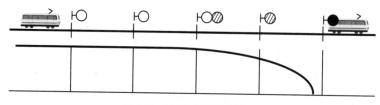

图 1-5　准移动闭塞示意图

　　(3)虚拟闭塞。虚拟闭塞是准移动闭塞的一种特殊方式，它不设轨道占用检查设备和轨旁信号机，采取无线通信方式来实现列车定位和轨道占用检查的功能，闭塞分区和轨旁信号机是以计算机技术虚拟设定的，仅在系统逻辑上存在闭塞分区和信号机的概念。虚拟闭塞除闭塞分区和轨旁信号机是虚拟的以外，从操作到运输管理等都等效于准移动闭塞方式，如图 1-6 所示。

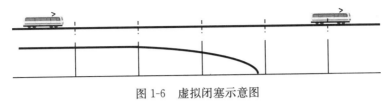

图 1-6　虚拟闭塞示意图

虚拟闭塞方式有条件将闭塞分区划分得很短，当短到一定程度时，其效率就很接近移动闭塞了。特别是当虚拟闭塞分区长度短到为一点时，后续列车距前行列车之间的闭塞分区就有无穷多个，此时虚拟闭塞就等同于移动闭塞。

（4）移动闭塞。移动闭塞也是在配备列车控制系统的前提下采用的一种闭塞技术。移动闭塞的追踪目标点是前行列车的尾部，当然会留有一定的安全距离，目标点与前行列车的走行和速度有关，是随时变化的。

移动闭塞条件下的列车控制系统也采取目标－距离控制模式。后行列车从最高速开始制动的起模点是根据目标距离、目标速度及列车本身的性能计算决定的。而制动的起始点是随线路参数和列车本身性能的不同而变化的。

移动闭塞的追踪运行间隔要比准移动闭塞更小一些。空间间隔的长度是不固定的，所以称为移动闭塞。移动闭塞一般采用无线通信和无线定位技术来实现，高端的移动闭塞系统还要考虑前行列车的速度，如图 1-7 所示。

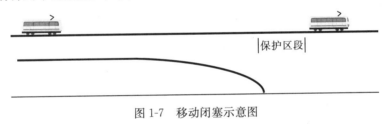

图 1-7　移动闭塞示意图

1.2.2　固定自动闭塞的发展

我国以前运用的固定自动闭塞（简称自动闭塞）主要是交流计数电码自动闭塞、极性频率脉冲自动闭塞（简称极频）、移频自动闭塞三种。交流计数电码自动闭塞是 20 世纪 50 年代后期从苏联引进的，极频、移频自动闭塞是我国 20 世纪 60 年代自行研制的。它们的共同缺点是可靠性不够高，信息量少，抗干扰能力不够强，不能满足列车提速、增加行车密度、增大载重量和电气化的需要。

新型自动闭塞必须适应提高列车运行速度和行车密度的需要，适应重载运输的需要，适应电气化铁路发展的需要，提高设备的可靠性和安全性，并逐步建立起我国的自动闭塞、机车信号和列车运行超速防护的完整体系。我国在现有自动闭塞的基础上吸收国外先进技术，在京广线郑武段电气化工程中引进了法国的 UM71 和 TVM300，引进后进行了二次开发，以适应我国铁路客货混运、股道没有保护区段等特点，通过消化迅速实现国产化。WG-21 A 型无绝缘轨道电路移频自动闭塞就是完全国产化的创新产品，它不仅保留了 UM71 设备的优点，而且频率精度、抗干扰能力等指标还优于国外设备。ZPW-2000A

型自动闭塞更有新的突破，解决了关键技术问题，性能高于 UM71。

ZP-89 型移频自动闭塞是在原 4 信息移频自动闭塞的基础上研制而成的。在满足系统和器件故障安全及抗干扰性能的基础上采用集成器件，以减小设备体积，提高可靠性。低频信息增加到 8 个，以满足四显示自动闭塞和速差式机车信号的信息要求。低频和移频振荡电路均采用石英晶体振荡器，以提高频率的稳定度和精度，从而提高了系统的稳定性。在电路结构上考虑电化和非电化通用，在电气化改造时，只需将轨道变压器改为扼流变压器，并在接收端增设一个滤波器盘即可。

ZP.Y1-18 型和 ZP.Y2-18 型均为 18 信息移频自动闭塞。由于采用了微型计算机和数字信号处理等先进技术，成功地解决了信息量少、信干比低、应变时间长等技术难题，实现了多信息、高可靠、高抗干扰、应变速度快等目标。具有 18 种低频信息，不仅可满足四显示自动闭塞的需要，而且可为列车运行超速防护系统提供必要的信息。安全设计为双软件、双 CPU、双 A/D 及安全与门等冗余结构，并具有故障检测报警等功能，符合故障安全原则，抗干扰能力强，在各种条件下信干比在 1∶1 以上，应变速度快，信息的转换时间不大于 2 s，通用性强，可在电化和非电化区段通用。工艺先进，结构合理，外型美观，整机质量高，故障率低，便于施工和维修。

ZP.W1-18 型 18 信息无绝缘移频自动闭塞是在 ZP.Y2-18 型的基础上研制而成的，采用频标、微型计算机和微电子技术，为电压发送、电流接收、一送一收、自然衰耗式无绝缘轨道电路，较好地解决了轨道电路越区传输和交叉干扰等问题，没有提前分路情况，列车接近分界点明确，有效地缩短了轨道电路二次分路和滞后恢复长度。采用数字信号处理技术，具有较强的抗电化干扰和邻线干扰能力，轨道发送变压器具有轨间电流平衡作用，适用于电化区段。采用自然衰耗隔离方式，适用于低道床电阻轨道电路。系统接收和发送电子 4 种载频通用，实现了设备单一化，采用 N+1 热备工作方式。在技术上有所突破，具有广阔的发展和应用前景，经济效益显著，具有技术先进、性能优越、投资少等特点，满足铁路提速、提效，以及向长钢轨、电气化方向发展的需求。

为了保证行车安全，提高运输效率及改善司机的劳动条件，在自动闭塞及半自动闭塞区段运行的列车上应安装机车信号。机车信号是用设于机车驾驶室内的设备自动反映运行条件，指示司机运行的一种信号显示，又称机车自动信号。机车信号是保证行车安全的重要技术设备。

由于风、雷、雨、雾等气候条件不良或隧道、弯道等地形条件不良时，司机往往不能在规定的距离内确认信号显示，有冒进信号的危险。尤其是运量大、列车速度高及载重量大的区段，要求制动距离大，发生冒进信号事故的可能性更大。当采用了机车信号设备后，能避免自然条件的影响。

1.2.3 机车信号

我国现有的机车信号有点式、连续式和接近连续式三种类型。

点式机车信号是在线路上的某些固定地点设置地面设备，向机车传递信息的机车信号，用于非自动闭塞区段。它利用地面感应器和机车感应器间的电磁耦合作用，从地面向机车传递信息。它的特点是设备简单、建设费用低、地面不耗能、安装容易、施工快，但点式机车信号不能有效地保证行车安全，将逐步被淘汰，改造为接近连续式机车信号。

连续式机车信号是在整个线路上连续不断地反映线路状态和运行条件的机车信号，用于自动闭塞区段。它的特点是能连续不断地把地面信号显示情况反映给司机，大大改善其条件。我国原来主要有交流计数电码、极频和移频三种连续式机车信号，不管何种连续式机车信号设备，为了使车上设备和地面设备间保持不间断的联系，地面均设有有源的地面发送设备，向钢轨发送各种信息的电信号，该电信号在钢轨中传输时，钢轨周围即形成交变磁场，在机车导轮前方悬挂的一对接收线圈中感应出交变的电势，从而完成了由地面向机车发送信息的任务。

接近连续式机车信号是在固定地段的线路连续反映地面信号显示的机车信号，广泛用于非自动闭塞区段。在进站信号机前方 1200m 长的接近区段，以及正线接车进路的道岔区段和股道上，分别由地面设备向列车所进入的区段发送与进站、出站信号机显示相符的信息。和自动闭塞制式相对应，机车信号分别采用移频机车信号、交流计数电码机车信号和极频机车信号。

为满足机车长交路运行的需要，以及提高机车信号的可靠性能作为主体信号使用，20 世纪 90 年代研制了数字化通用机车信号。数字化通用机车信号不仅可以自动快速地实现各地面信号制式的转换，而且采用数字信号处理技术使机车信号的功能、可靠性、安全性、抗干扰能力达到一个新的水平，为列车运行超速防护系统提供了及时、完整、足够的相关信息，使列车运行超速防护系统的控制更为精确。

为了使机车运行在站内时机车信号能连续显示，在站内原有轨道电路的基础上，加设向车上发送机车信号信息的设备，即进行站内轨道电路的电码化。原采用脉动切换方式的站内轨道电路电码化，为满足列车提速后机车信号的连续显示，又出现了预叠加方式的站内轨道电路电码化。

新中国成立以来，我国铁路的闭塞设备有了很大的发展。1949 年，我国铁路有 72% 的线路没有闭塞设备，仅在天津—张贵庄有 10 km 电机半自动闭塞，沈阳—大石桥有 143 km 的二元二位式交流自动闭塞（两者相加不到营业里程的 2%）及少量的路牌闭塞。大部分铁路采用的是电话、电报闭塞，行车安全毫无保证。到 2000 年底，自动闭塞有 18 226 km，占营业里程的 30%；半自动闭塞有 41 763 m，占营业里程的 69%；路签尚有 51 km，仅占营业里程的 0.08%。安装机车信号的机车 14000 台，占运用机车的 93%，其中通用式机车信号有 8530 台。安装有机车信号的地面设备的线路有 57 287 km，占线路总里程的 95%。

随着我国铁路运输改革的深化和发展的加速，我国自动闭塞将大力发展。技术政策规定：快速客运专线和高速铁路应与国际铁路先进水平接轨，以无绝缘轨道电路为基础，积极发展数字化、大信息量、高可靠性、高安全性、具有列车速度控制功能和以机车信号为主体信号的先进信号系统。

三大干线和其他提速区段要积极研制和发展以机车信号为主体信号的信号系统。自动闭塞设备要提高安全性、可靠性，增加信息量，向数字化方向发展。开展站内正线轨道路与区间采用同一制式的研究，加强地面轨道电路的传输系统与机车信号的技术改造，积极研究新一代机车信号系统，努力提高机车信号系统的可靠性和安全性。

在双线区段，应大力发展自动闭塞，新建和增建第二线的双线区段，原则上应同步建成自动闭塞。在能力紧张的单线区段，根据运输需要有计划地积极发展单线自动闭塞和站间自动闭塞。

第 2 章　半自动闭塞

2.1　半自动闭塞概述

2.1.1　概述

目前在我国铁路线上，人工闭塞(路签和路牌闭塞)已基本被淘汰，而半自动闭塞到"十五"末期占区间里程的 61.7%，半自动闭塞不断得到改进和提高。由简易半自动闭塞发展到继电半自动闭塞，从 58 型继电半自动发展到 60 型，直到目前被广泛采用的 64 型继电半自动闭塞。

半自动闭塞是人工办理闭塞手续，列车凭信号显示发车后，出站信号机自动关闭的闭塞方法。利用继电器电路来实现分界点间联系的半自动闭塞叫做继电半自动闭塞。为了适应各种运行情况的需求，64 型继电半自动闭塞又分为单线区段的 64D 型、复线区段应用的 64F 型和单线带预办 64Y 型三种类型。

自动闭塞能确保行车安全，提高运输效率，是区间闭塞系统的发展。然而，在铁路线路的运量尚未达到自动闭塞的时候，半自动闭塞是一种较好的制式。

我国铁路运营线路绝大部分还是单线区段，采用 64D 型继电半自动闭塞类型系统。

2.1.2　半自动闭塞的基本概念

半自动闭塞是用人工来办理闭塞及开放出站信号机而由出发列车自动关闭出站信号机并实现区间闭塞的一种闭塞方式。

继电半自动闭塞是以继电电路的逻辑关系来完成两站间闭塞作用的闭塞方式。我国单线铁路采用的是 BJ-64D 型继电半自动闭塞。

图 2-1 是单线继电半自动闭塞示意图。在一个区间的相邻两站设一对半自动闭塞机(BB)，并经过两站间的闭塞电话线连接起来，通过两站半自动闭塞机的相互控制，保证一个区间同时只有一列列车运行。半自动闭塞机具有以下作用。

(1)甲站要向乙站发车，必须区间空闲并得到乙站同意，才能开放出站信号机。

(2)列车从甲站出发后，区间闭塞，两站都不能向该区间发车。

(3)列车到达乙站，车站值班员确认列车整列到达，办理到达复原后，区间才能解除闭塞。

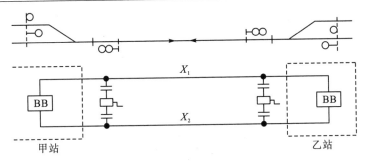

图 2-1 单线继电半自动闭塞示意图

64D 型继电半自动闭塞是结合我国铁路运输的实际情况研制的,它的主要特点如下:

(1)发车站和接车站值班员按照"请求-同意"方式共同办理闭塞,大大提高了设备的可靠性。

(2)采用 3 个不同极性的脉冲构成允许发车信号,而且请求发车信号检查了接车车站闭塞机和外线的良好状态,从而提高了闭塞设备的安全性。

(3)在办理闭塞后、开放进站或出站信号机前,允许进行站内调车、变更进路和取消闭塞,因而提高了车站作业效率,适应我国铁路运输的需要。

(4)闭塞电路设计严密,办理手续简单,表示方式清楚。闭塞外线可与既有的闭塞电话线共用;使用的继电器和元件类型少;功耗低,可以用于无交流电源区段;能与各种车站信号设备相结合。

64D 型继电半自动闭塞适应我国单线铁路站间距离短、列车成对运行的特点,得到了迅速发展,在保证行车安全、提高运输效率、改善劳动条件等方面发挥了显著的作用,取得了突出的技术经济效果。

2.1.3 半自动闭塞的技术要求

为了保证行车安全,提高运输效率,方便使用和经济,对单线继电半自动闭塞提出以下技术要求。

1. 保证行车安全方面

(1)单线继电半自动闭塞只有在区间空闲时,由发车站发出请求信号并收到接车站的同意信号后,发车站的闭塞机才能开通,出站信号机才能开放。接车站发出同意接车信号后,闭塞机应处于闭塞状态。

(2)当列车出发进入发车轨道电路区段时,双方站的闭塞机处于闭塞状态。

(3)列车到达车站,进入并出清轨道电路区段,接车进路解锁并办理到达复原后,才能使双方站的闭塞机复原。

(4)闭塞机处于闭塞状态后,在接车站未发送到达复原信号或事故复原信号之前,发生各种故障或错误办理时,均不能使车站闭塞机复原,不能使发车站闭塞机开通。

(5)发车站闭塞机开放出站信号后,如果轨道电路发生故障,应使双方站闭塞机处于闭塞状态;列车到达接车站,如果轨道电路发生故障,允许使用事故按钮办理事故复原。

（6）继电半自动闭塞专用的轨道电路的长度应不小于 25 m。半自动闭塞专用的轨道电路最好能避免人为无意分路的影响。

（7）继电半自动闭塞外线的任何一处发生断线、接地、混线、外电干扰故障或错误办理时，均应保证闭塞机不能错误开通。

（8）继电半自动闭塞与站间闭塞电话共用外线时，应该保证电话振铃电流不干扰闭塞机的正常运行；使用闭塞机时也不应该降低通话质量和影响振铃信号。

（9）继电半自动闭塞电源设备停电恢复时，闭塞机应处于闭塞状态。只有两站值班员确认区间空闲后，用事故按钮才能使闭塞机复原。

2. 提高行车效率方面

（1）闭塞机开通后列车未出发之前，允许发车站在出站信号机关闭的状态下取消已办好的闭塞或变更发车进路。

（2）闭塞机开通后，在发车站未开放出站信号或接车站未开放进站信号之前，允许进行站内调作业。

（3）闭塞机应该动作迅速，办理简便，表示清楚。具有请求、开通、闭塞、列车出发通知和列车到达等表示。

（4）闭塞机能区分一般通话的呼叫信号和请求发车信号。

（5）闭塞机具有便于检查闭塞设备、轨道电路和外线的性能，以便能及时发现故障，迅速修复，保证正常运行。

（6）在保证"故障－安全"的原则下，应该尽量减少元件，简化电路，提高闭塞机的可靠性，保证设备安全运行。

2.1.4　半自动闭塞的技术改造

半自动闭塞存在的主要问题是区间没有空闲检查设备，必须人工确认列车的整列到达，遇有区间遗留车辆、溜逸等情况，再加上事故复原的安全操作得不到保证，所以行车安全程度不高，且影响运输效率，因此必须对半自动闭塞进行技术改造。

对于繁忙单线，应发展单线自动闭塞。对于其他单线，应逐步配套区间空闲检查设备，构成自动站间闭塞。自动站间闭塞不同于自动闭塞，它不划分闭塞分区，而是把两站间的线路区间作为一个闭塞区间；自动站间闭塞又不同于半自动闭塞，它可以监督区间的空闲和占用，可以确认列车是否整列到达，到达复原是自动完成的。区间空闲检查设备有计轴设备和长轨道电路两种。

计轴器通过设置在区间两端的计轴点，对驶入区间和驶离区间的列车轴数进行记录，并经过传输线将各自的轴数传输到对端进行校核。当两端所记录的轴数一致时，则确认列车完整到达，区间空闲。它不受轨道状况、线路状况的影响，抗电气化干扰能力强。它不需要安装轨道绝缘轨距杆，控制长度可以达到 20 km，这是轨道电路无法比拟的，因而安装使用及维修均较方便。

长轨道电路方式将区间分为三个轨道电路区段，两端为原上下行接近区段轨道电路，中间一段采用 25 Hz 轨道电路。只有这三段轨道电路都空闲时，才能办理闭塞。列车到达车站后，只有其全部出清区间，并完成列车进路的两点检查，半自动闭塞设备才能复原。出站信号机开放后，若区间轨道电路发生故障，便自动关闭。25 Hz 长轨道电路发送端的铁磁分频器将 50 Hz 交流电分频为 25 Hz 作为信号源送至轨面。接收端是电子继电器，经其内部的控制电路控制轨道继电器。当区间空闲、线路状态良好时，轨道电路衰耗很小，轨道继电器吸起。当区间被占用时，轨道电路衰耗很大，轨道继电器落下。25 Hz 长轨道电路是目前我国使用的各型轨道电路中在相同钢轨和道碴泄漏条件下，传输距离最长的一种，一般可以达到 5~6 km。

采用计轴装置检查区间空闲的自动站间闭塞称为计轴自动站间闭塞，采用长轨道电路检查区间空闲的自动站间闭塞称为长轨道电路自动站间闭塞。

在自动站间闭塞区间，原有半自动闭塞可以作为备用闭塞设备，区间检查设备正常，区间空闲未办理闭塞时，经操作，自动站间闭塞方式与半自动闭塞方式可以互相转换；区间检查设备故障停用后，经确认区间空闲并具备行车条件后，可按规定改为半自动闭塞。

2.2 64D 型继电半自动闭塞原理

2.2.1 半自动闭塞电路构成原理

在继电半自动闭塞区段，出站信号机显示的绿灯是列车向区间运行的凭证，所以对出站信号机必须严格控制。在单线区段，为了确保"一个区间只能允许一列列车运行"的原则，首先应排除区间两端的出站信号机同时开放的可能性，当区间内已有一列列车运行时，两站的出站信号机应不能开放。

因此，为了保证行车安全，64D 型单线继电半自动闭塞电路按下列原则进行设计。

(1)为了防护外界电流的干扰，采用+、-、+3 个不同极性的直流脉冲组合构成允许发车信号。即发车站要发车时，先向接车站发送一个正极性的请求发车信号，随后由接车站自动发回一个负极性的脉冲回执信号，并且要求收到接车站发来一个正极性脉冲的同意接车信号之后，发车站的出站信号机才能开放。

(2)列车自发车站出发，进入发车站轨道电路区段时，使发车站的闭塞机闭塞，并且自动向接车站发送一个正极性脉冲的列车出发通知信号。这个信号断开接车站的复原继电器电路，保证在列车未到达接车之前，任何外界电流干扰或发车的错误办理既不能构成发车站允许发车条件，也不能构成接车站闭塞机的复原条件，从而保证了列车在区间运行的安全。

(3)只有列车到达，并出清车站轨道电路区段，车站值班员确认列车完整到达，并发送负极性脉冲的到达复原信号之后，才能使两站闭塞机复原，区间才能解除闭塞。

(4)闭塞机的开通和闭塞等控制电路是以闭路式原理构成的，并采用安全型继电器，因此当发生瞬间停电或断线事故时，均能满足"故障－安全"要求。

根据单线继电半自动闭塞电路的构成原理要求，并考虑到当发车站办理请求发车后的取消复原，以及闭塞发生故障时的事故复原，两站间应该传送以下 7 种闭塞信号：

①请求发车信号"＋"；

②自动回执信号"－"；

③同意接车信号"＋"；

④出发通知信号"＋"；

⑤到达复原信号"－"；

⑥取消复原信号"－"；

⑦事故复原信号"－"。

在 64D 型单线继电半自动闭塞中，用正极性脉冲作为办理闭塞用的信号，用负极性脉冲作为闭塞机的复原信号。为了提高安全性，在请求发车和同意接车两个正极性信号之间又增加了一个负极性的自动回执信号。因此，构成允许发车条件，必须具有＋、－、＋3个直流脉冲的组合；而接发车一列列车，应在线路上顺序传送＋、－、＋、＋、－5个直流脉冲组合。所以，如果外来单一极性脉冲或者多个不同顺序的脉冲干扰既不能构成发车条件，也不能完成一次列车的接发车过程。单线半自动闭塞两站间传送的闭塞信号如图 2-2 所示。

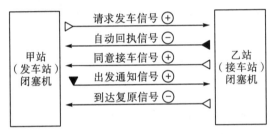

图 2-2　64D 型单线半自动闭塞两站间传送的闭塞信号

2.2.2　闭塞设备

64D 型继电半自动闭塞是由半自动闭塞机、半自动闭塞用的轨道电路、操纵和表示设备、闭塞电源、闭塞外线等部分组成。此外，在控制电路中还包括了车站的进出站信号机的控制条件，它们之间以电线相连，借以实现彼此间的电气联系。为了实现闭塞设备之间的相互联系与控制，在相邻两车站上属于同一区间的两台闭塞机之间用两外线连接。64D 型继电半自动闭塞设备之间的联系如图 2-3 所示。

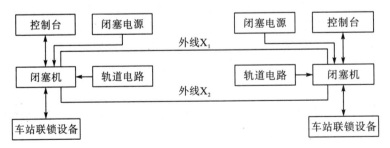

图 2-3　64D 型继电半自动闭塞设备间的联系

1. 轨道电路

对于 64D 型继电半自动闭塞，应在每个车站两端进站信号机的内方设一段不小于 25 m 的轨道电路。其作用一是监督列车的出发，使发车站闭塞机闭塞；二是监督列车的到达，然后由接车站值班员办理到达复原。由于这两个作用(尤其是第一个作用)的重要性，即轨道电路的动作直接影响行车安全，所以要求轨道电路不仅能够稳定可靠地工作，而且能满足"故障-安全"的要求。

继电半自动闭塞的发车轨道电路应采取闭路式，因为当轨道电路发生断线或瞬间断电等故障时，轨道继电器衔铁落下，使闭塞机处于闭塞状态。而继电半自动闭塞的接车轨道电路应采用开路式。因为当发生断线或瞬间断电事故时，轨道继电器不动作，不会使闭塞机构成虚假到达。单线继电半自动闭塞区段由于接发车轨道电路是共用的，故采用闭路式较好。

当采用一段开路式轨道电路时，只要一处断线，列车出发时就会产生闭塞机不闭塞的故障，可能造成重大行车事故。所以为了保证行车安全，不允许只采用一段开路式轨道电路。

由上述分析，单线继电半自动闭塞专用轨道电路最好采用一段开路式和一段闭路式。这样既能满足接车轨道电路的要求，又能满足发车轨道电路的要求。

2. 操作和表示设备

单线继电半自动闭塞的操纵和表示设备有按钮、表示灯、电铃、计数器等，这些元件安装在信号控制台上。

1)按钮

为了办理两站之间的闭塞和复原需要设以下按钮。

(1)闭塞按钮 BSA：二位自复式按钮，办理请求发车或同意接车时按下。

(2)复原按钮 FUA：二位自复式按钮，办理到达复原或取消复原时按下。

(3)事故按钮 SGA：二位自复式按钮，平时加铅封。当闭塞机因故不能正常复原时，破铅封按下，使闭塞机复原。

2)表示灯

车站的每一个接发车方向各设继电半自动闭塞表示灯两组。

(1)发车表示灯 FBD：由黄、绿、红三个光点式表示灯组成。表示灯经常熄灭，黄灯点亮表示本站请求发车，绿灯点亮表示对方站同意发车，红灯点亮表示发车闭塞。

(2)接车表示灯 JBD：由黄、绿、红三个光点式表示灯组成。表示灯经常熄灭，黄灯点亮表示对方站请求接车，绿灯点亮表示本站同意接车，红灯点亮表示发车闭塞。当接发车表示灯同时点亮红灯时，表示列车到达。

每组三个表示灯用箭头围在一起，箭头表示列车运行的方向。表示灯的排列顺序从箭头的方向起为黄、绿、红。若车站为计算机联锁采用显示器时，在屏幕上分别用黄、绿、红箭头作为半自动闭塞联系信号，接车方向箭头指向本站，发车方向箭头指向对方站。

3)电铃

电铃 DL 是闭塞机的音响信号，在闭塞电路总采用直流 24 V 电铃，它装在控制台里。当对方站办理请求发车、同意接车或列车从对方站出发时，本站电铃鸣响；当对方站办理取消复原或到达复原时，本站电铃也鸣响。此外，如果接车站轨道电路发生故障，当列车自发车站出发后，接车站电铃一直鸣响(但此时因电路中串联一个电阻，音量较小)，以提醒接车站及时修复轨道电路，准备接车。

为了区别运行方向，车站两端的闭塞电铃可调成不同的音响(可以调整电铃上的螺丝，或者在电路上适当地串联一个电阻)。

4)计数器

计数器 JSQ 用来记录车站值班员办理事故复原的次数。每按下一次 SGA，JSQ 自动转换一个数字。因为事故复原是在闭塞设备发生故障时的一种特殊复原方法，当使用事故按钮使闭塞机复原时，行车安全完全由车站值班员人为保证，因此必须严格控制。使用时要登记，用后要及时加封，而且由计数器自动记录使用的次数。

3. 闭塞机

闭塞机是闭塞设备的核心，由继电器、电阻、电容器等元器件组成。在电气集中联锁车站采用组合式，即将插入式继电器、电阻、电容器安装在组合架上。

1)继电器

64D 型继电半自动闭塞机每台有 13 个继电器，它们构成继电电路，完成闭塞作用，它们的名称和作用分别如下。

(1)正线路继电器 ZXJ，接收正极性的闭塞信号。

(2)负线路电器 FXJ，接收负极性的闭塞信号。

(3)正电继电器 ZDJ，发送正极性的闭塞信号。

(4)负电继电器 FDJ，发送负极性的闭塞信号。

(5)闭塞继电器 BSJ，监督和表示闭塞机的状态。闭塞机在定位状态时，表示区间空闲；作为发车站时列车占用区间时它落下，作为接车站时发出同意接车信号后它落下，表示区间闭塞。

(6)选择继电器 XZJ，选择并区分自动回执信号和复原信号，在办理发车进路时，监督出站信号机是否开放。

(7)准备开通继电器 ZKJ，记录对方站发来的自动回执信号。

(8)开通继电器 KTJ，记录接车站发来的同意接车信号，并控制出站信号机的开放。

(9)复原继电器 FUJ，接收复原信号，使闭塞机复原。

(10)回执到达继电器 HDJ，和同意接车继电器一起够构成自动回执电路发送回执信号以及记录列车到达。

(11)同意接车继电器 TJJ，记录对方站发来的请求发车信号，并使闭塞机转入接车状态，与 HDJ 一起构成自动回执电路。

(12)通知出发继电器 TCJ，记录对方站发来的列车出发通知信号。

(13)轨道继电器 GDJ，是现场轨道继电器的复示继电器，监督列车出发和到达。

这 13 个继电器中，除了 ZXJ 和 FXJ 采用偏极继电器(JPXC-1000 型)外，其余均为直流无极继电器(JWXC-1700 型)。

2)电阻器和电容器

电阻器和电容器的作用是使继电器缓放。将它们串联后连接在继电器线圈上，即构成了继电器的缓放电路。电阻器用来限制电容器的充放电电流，只要适当地选择它们的数值，便可以获得较长的缓放时间。这里，电阻器的规格为 510 Ω/2 W，电容器为 CDM 型 100 μF、200 μF 和 500 μF 三种。耐压 25 V 以上。电容器除了上述作用以外，还串联在闭塞电话电路中，以防止闭塞信号的直流电流影响通话，一般采用 2 μF 的 CZM 型密封纸介质电容器。

4. 闭塞电源

闭塞电源应该连续不断地供电，且保证继电器的端电压不低于 120%，进而保证闭塞机的可靠动作。64D 型继电半自动闭塞采用直流 24 V 的电压，可以用于交流电源的整流供电。

继电半自动闭塞的电源分为线路电源和局部电源，前者用于向邻站发送闭塞信号，后者供本站闭塞电路使用。当站间距离较长，外线环线电阻超过 250 Ω 时，允许适当提高线路电源电压。线路电源最低电压 U_Z 可以按照以下式子计算：

$$U_Z = 1.2 I_J (R_Z + R_J) \tag{2-1}$$

式中，U_Z 为线路电源电压，V；R_Z 为线路阻抗，Ω；I_J 为线路继电器工作电流，A；R_J 为线路继电器阻抗，Ω；1.2 为安全系数。

一个车站两端的闭塞机电源应分别设置，目的是若一端的电源发生故障，不影响另一端。半自动闭塞设备的供电与所在车站联锁设备的供电不同。半自动闭塞的局部电源可以和电气集中继电器控制电源合用。凡是电源屏中设置半自动闭塞线路电源的，可以直接引用。若电源屏中未设半自动闭塞线路电源，则必须要在半自动闭塞组合中设一台整流器。原来使用 ZG-130/0.1 型整流器专供线路电源，ZG-130/0.1 型整流器的交流输入电压为 220 V 或 110 V，输出功率为 10 W，直流输出电压有 50 V、80 V、130 V 三种，可以根据需要选用。以后研制了专用的 ZG1-42/0.5 型整流器，包括变压器、桥式整流器和电容器三部分，额定容量为 21 W，输入电压（交流）为 220 V，额定输出电流为 0.5 A，直流输出电压有 24 V、28 V、32 V、36 V、42 V 这 5 挡。

5. 闭塞机外线

继电器半自动闭塞的外线原是与站间闭塞电话是共用的，为了防护外界电源对闭塞机的干扰，提高闭塞电话的通话质量，应采用两根外线。当采用电缆作为闭塞外线时，应将闭塞机外线和闭塞电话外线分开。

原闭塞外线为架空明线时，一般采用 4.0 mm 镀锌铁线，其环线电阻为 22 Ω/km。当采用电缆线路时，由于电缆芯线的线径只有 0.9 mm 或 0.6 mm，其环线电阻为 57 Ω/km 或 128 Ω/km。若在线路的电源电压一定的条件下，闭塞机的控制距离将缩短。为了提高闭塞机的控制距离，可在线路继电器上并联二极管，其电路如图 2-4 所示。当二极管击穿时，线路继电器被短路而不能吸起；当二极管断线时，则线路继电器不能正常工作，满足"故障-安全"原则，但此时闭塞机与闭塞电话不能合用外线。

闭塞外线的任一处发生断线、接地、混线、混电等外电干扰时，均不应使闭塞机发生危险侧故障。

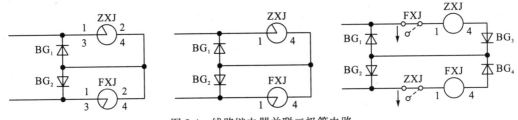

图 2-4　线路继电器并联二极管电路

2.2.3　办理闭塞手续

单线继电半自动闭塞要求两个车站的值班员共同办理闭塞手续，其办理手续分为正常办理、取消复原和事故复原三种，根据列车运行情况和设备状态分别采用之。

1. 正常办理

所谓正常办理是指两站间列车的正常运行以及闭塞机处于正常状态时的办理方法，共有 5 个步骤。设甲站为发车站，乙站为接车站，办理步骤如下。

(1)甲站请求发车。甲站要向乙站发车时，甲站值班员应先检查控制台上的接、发车表示灯处于灭灯状态，并确认区间空闲后，通过闭塞电话与乙站联系，然后按下闭塞按钮，向乙站发送请求发车信号。此时，乙站电铃鸣响。当甲站值班员松开闭塞按钮后，乙站自动向甲站发送自动回执信号，使甲站发车表示灯亮黄灯，同时电铃鸣响。当发完自动回执信号后，乙站接车表示灯也亮黄灯。这说明甲站办理请求发车的手续已经完成。

(2)乙站同意甲站发车。乙站如果同意甲站发车，乙站值班员在确认接车表示灯亮黄灯后，按下闭塞按钮，向甲站发送同意接车信号。此时，乙站接车表示灯黄灯熄灭，绿灯点亮，甲站发车表示灯黄灯也熄灭，改亮绿灯，同时电铃鸣响。

至此，两站间完成一次列车占用区间的办理闭塞手续。闭塞机处于区间开通状态，表示乙站同意甲站发车，甲站至乙站方向区间开通，甲站出站信号机可以开放。

(3)列车从甲站出发。甲站值班员看到发车表示灯亮绿灯，即可办理发车进路，开放出站信号机。当出发列车驶入出站信号机内方，出站信号机自动关闭。当列车驶入进站信号机内方第一个轨道区段时，甲站发车表示灯变为点亮红灯，并自动向乙站发送出发通知信号，使乙站接车表示灯也变点红灯，同时电铃鸣响。

至此，双方站的闭塞机均处于区间闭塞状态，表明该区间内有一列列车在运行，此时双方站的出站信号机均不能再次开放。

(4)列车到达乙站。乙站值班员在同意接车后，应准备好列车进路。当接车表示灯由绿变红及电铃鸣响后(说明列车已从邻站出发)，应该根据列车在区间运行时间的长短，及时建立接车进路，开放进站信号机，准备接车。当列车到达乙站，进入乙站进站信号机内方第一个轨道区段时，乙站的发车表示灯和接车表示灯都亮红灯，表示列车到达。此时，乙站进站信号机自动关闭。

(5)到达复原。列车全部进入乙站轨道后，接车进路解锁。乙站值班员在确认列车完整到达后，按下复原按钮，办理到达复原。此时，乙站接、发车表示灯的红灯均熄灭。同时向甲站发送达到复原信号，使甲站的发车表示灯红灯熄灭，电铃鸣响。

至此，两站闭塞机均处于定位状态。两站间正常办理闭塞步骤，闭塞机状态示意图如图2-5所示。

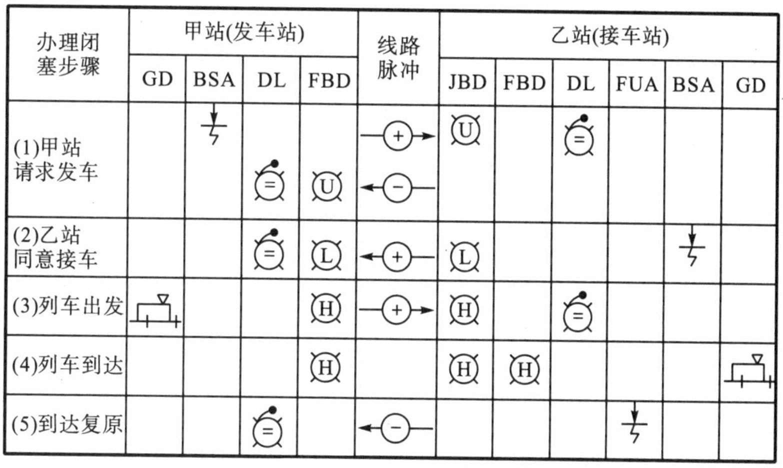

办理闭塞步骤	甲站(发车站)				线路脉冲	乙站(接车站)					
	GD	BSA	DL	FBD		JBD	FBD	DL	FUA	BSA	GD
(1)甲站请求发车		⌇			⊕(+)→	Ⓤ		🔔			
			🔔=	Ⓤ	⊖(-)←						
(2)乙站同意接车			🔔	Ⓛ	⊕(+)←	Ⓛ				⌇	
(3)列车出发	⎍			Ⓗ	⊕(+)→	Ⓗ		🔔=			
(4)列车到达				Ⓗ		Ⓗ	Ⓗ				⎍
(5)到达复原			🔔=		⊖(-)←				⌇		

图 2-5　正常办理步骤与闭塞机状态示意图

2. 取消复原

取消复原是指办理闭塞手续后，列车因故不能发车时采用的取消闭塞的方法。取消复原有以下三种情况。

(1)发车站请求发车，收到接车站的回执信号后取消复原。此时，发车站的发车表示灯、接车站的接车表示灯均亮黄灯，如果接车站不同意对方站发车或发车站需要取消发车，经过双方联系后，可由发车站值班员按下复原按钮办理取消复原。

(2)发车站收到对方站的同意接车信号后，但其出站信号机尚未开放以前取消复原。这时发车站的发车表示灯和接车站的接车表示灯均亮绿灯，如果需要取消闭塞，也必须经过两站值班员联系后，由发车站值班员按下复原按钮办理取消复原。

(3)在电气集中联锁的车站，发车站开放出站信号机后，列车尚未出发之前取消复原。此时，若要取消复原，必须经过两站值班员电话联系后，确认列车尚未出发，发车站值班员先办理发车进路的取消或人工解锁(视列车接近的情况)。在出站信号机关闭，发车进路解锁后，再按下复原按钮办理取消复原。

以上三种情况的取消复原，执行者均为发车站值班员。如果由接车站值班员办理取消复原，则是无法实现的。

3. 事故复原

使用事故按钮使闭塞机复原的方法称为事故复原，事故复原是在闭塞机不能正常复原时所采用的一种特殊的复原方法。由于事故复原不检查任何条件，行车安全全靠人为保护，所以两站车站值班员必须共同确认区间没有被占用(列车没有出发，区间没有车运行，列车整列到达)，双方出站信号机均关闭，并应在《行车设备检查登记簿》中登记，然后由发生故障的一方车站值班员打开铅封，按下事故按钮使闭塞机复原。

在下列情况下，允许使用事故按钮使闭塞机复原：

①当闭塞电源断电后重新恢复供电时；

②列车到达接车站，因轨道电路故障不能办理到达复原时；

③当装有钥匙路签的车站，必须由区间返回原发车站的路用列车时。

加封的事故按钮破封后不准连续使用，装有计数器的事故按钮破封后可以继续使用。无论装不装计数器，每办理一次事故复原，车站值班员都应在《行车设备检查登记簿》中登记，并在交接班时登记计数器上的数字，以便明确责任。事故按钮使用后，应及时加封。

2.2.4　电路动作程序

64D 型继电半自动闭塞机在定位状态时，只有闭塞继电器吸起，其他继电器均处于下落状态；两站的发车表示灯 FDB 和接车表示灯 JBD 都熄灭，为方便叙述，以甲站为发车站，乙站为接车站，按办理闭塞手续的顺序说明电路的动作程序。

1. 正常办理

(1)甲站请求向乙站发车。对于单线继电半自动闭塞，由于相邻两站之间使用一对闭塞机，所以在闭塞机电路设计中，既可以作为发车站，又可以作为接车站使用。当甲站按下闭塞按钮时，甲站就成为发车站，而乙站就成为接车站，反之亦然。

甲站要向乙站发车，甲站值班员按下 BSA，此时，甲站的 ZDJ 被吸起。ZDJ 吸起后，一方面使得本站的 XZJ 吸起并自闭，给电容 C_3 充电；另一方面，向乙站发送一个正极性脉冲请求发车信号，使乙站的 ZXJ 吸起。

在乙站，ZXJ 吸起后，一方面接通电铃电路，使电铃鸣响；另一方面使 HDJ 吸起，并给电容 C_2 充电。

当甲站值班员松开 BSA 后，ZDJ 因电容器 C_1 放电缓慢落下后，请求发车信号结束，使乙站的 ZXJ 落下，电铃停响，并断开 HDJ 的励磁电路，在 ZXJ 落下和 HDJ 缓放（因 C_2 放电）的时间里接通了 TJJ 电路，使 TJJ 吸起并自闭。TJJ 吸起后与 HDJ（在缓放）共同接通 FDJ 的励磁电路，FDJ 吸起后向甲站发送一个负极性脉冲的自动回执信号。

在甲站，当收到自动回执信号时 FXJ 吸起。FXJ 吸起后，一方面使电铃鸣响，另一方面经 XZJ 的前接点使 ZKJ 吸起并自闭。ZKJ 吸起后，一方面给电容器 C_2 充电，另一方面是接通了 GDJ 的励磁电路，使 FBD 亮黄灯，表示请求发车。

在乙站，当 HDJ 缓放落下后，一方面断开了 FDJ 的励磁电路，当 FDJ 因电容器 C_1 的放电而缓放落下后，结束自动回执信号；另一方面，使 JBD 亮黄灯，表示对方站请求发车。

至此，甲站闭塞机中有 BSJ、XZJ、ZKJ、GDJ 吸起，FBD 亮黄灯，表示本站请求发车；乙站闭塞机中有 BSJ 和 TJJ 吸起，JBD 亮黄灯，表示邻站请求发车。

甲站请求向乙站发车的电路动作程序如图 2-6 所示。

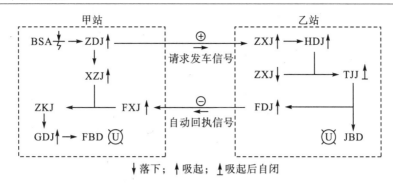

图 2-6 甲站向乙站请求发车的电路动作程序

(2)乙站同意甲站发车。乙站值班员看到接车表示灯亮黄灯,待电铃停止鸣响后,按下 BSA,表示同意接车。此时,由于乙站的 TJJ 已吸起,所以使 BSJ 落下。BSJ 落下后,一方面使 JBD 亮绿灯,另一方面接通 ZDJ 电路。ZDJ 吸起后,向甲站发送一个正极性脉冲的同意接车信号。

在甲站,当收到同意接车信号后,ZXJ 吸起,一方面接通 KTJ 电路,使 KTJ 吸起并自闭,且接通 FBD 的绿灯电路,使其亮绿灯,表示邻站同意发车。

当乙站值班员松开 BSA 后,ZDJ 经电容器 C_1 放电而缓慢落下后,停止发送同意接车信号,使甲站的 ZXJ 落下。

至此,甲站有 BSJ、XZJ、ZKJ、KTJ、GDJ 吸起,FBD 亮绿灯,乙站只有 TJJ 吸起,JBD 亮绿灯,表示甲站至乙站方向的区间开通。

乙站同意甲站发车的电路动作程序如图 2-7 所示。

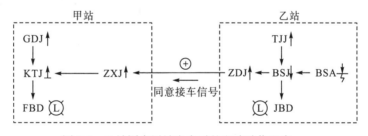

图 2-7 乙站同意甲站发车时的电路动作程序

(3)列车从甲站出发。甲站值班员看到发车表示灯亮绿灯,即可办理发车进路,开放出站信号机,此时 XZJ 落下。当列车驶入出站信号机内方,出站信号机自动关闭。当列车驶入进站信号机内方的第一个轨道区段时,由于 GDJ 落下,使 BSJ、ZKJ、和 KTJ 相继落下。因为 ZKJ 的缓放(电容器 C_2 放电所致),其落下后才使 KTJ 落下,所以在 BSJ 已经落下和 KTJ 尚未落下的时间里,使 ZDJ 吸起,向乙站发送一个正极性脉冲的出发通知信号。

在乙站,收到出发通知信号后,使 ZXJ 吸起并接通 TCJ 励磁电路,使 TCJ 吸起并自闭。TCJ 吸起后又使 GDJ 吸起,准备接车。GDJ 吸起断开了 TJJ 的自闭电路,使 TJJ 落下。

至此,甲站的全部继电器都落下,FBD 亮红灯;乙站只有 TCJ 和 GDJ 吸起,JBD 亮红灯。表示两站闭塞机转入区间闭塞状态,甲站到乙站方向的区间闭塞,并有一列列车占用。列车从甲站出发的电路动作程序如图 2-8 所示。

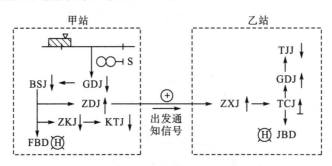

图 2-8　列车出发进入甲站轨道电路区段的电路动作程序

(4)列车到达乙站。乙站值班员看到接车表示灯由绿灯亮变为红灯亮，电铃鸣响后，表明列车已由甲站开出，应及时建立接车进路，开放出站信号机，准备接车。当列车到达乙站，进入乙站进站信号机内方第一个轨道区段时，由于 GDJ 落下，使 HDJ 吸起并自闭，发车表示灯 FBD 亮红灯。此时，乙站进站信号机自动关闭。列车出清该轨道区段后，GDJ 重新吸起。

至此，乙站有 TCJ、GDJ 和 HDJ 吸起，JBD 和 FBD 都亮红灯，表示列车到达。甲站闭塞机状态无变化，表示 FBD 仍亮红灯。列车到达乙站时的电路动作程序如图 2-9 所示。

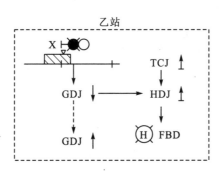

图 2-9　列车到达乙站轨道电路区段时的
电路动作程序

(5)到达复原。列车全部进入乙站轨道后，接车进路解锁，乙站值班员在确认列车完整到达后，按下 FUA，办理到达复原。此时，乙站的 FDJ 吸起，FDJ 一方面接通本站的 FUJ 电路，另一方面向甲站发送一个负极性脉冲到达复原信号。

在乙站，由于 FUJ 吸起，使 BSJ 吸起并自闭。BSJ 吸起后，使 TCJ、GDJ 和 HDJ 相继落下，JBD 和 FBD 的红灯熄灭。

在甲站，当收到到达复原信号时，FXJ 吸起，它一方面接通了电铃电路使之鸣响，另一方面使 FUJ 吸起。FUJ 吸起后又使 BSJ 吸起并自闭，FBD 红灯熄灭。

至此，甲乙两站闭塞机中只有 BSJ 吸起，两站的接、发车表示灯均熄灭，两站闭塞机恢复定位状态，表示区间空闲。乙站办理到达复原时的电路动作程序如图 2-10 所示。

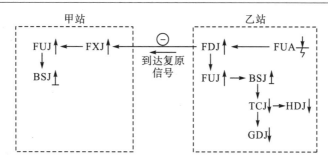

图 2-10　乙站办理到达复原时的电路动作程序

2. 取消复原

办理取消复原可以分为三种情况，它们的电路动作程序如下。

（1）甲站收到自动回执信号，FBD 亮黄灯之，当甲站请求发车之后，乙站同意接车之前 FBD 亮黄灯，如果乙站不同意甲站发车或者甲站需要取消发车时，经双方联系后，可由甲站值班员按下复原按钮办理取消复原。

此时在甲站闭塞机中有 BSJ、XZJ、ZKJ 吸起并自闭，GDJ 也已吸起，FBD 亮黄灯；乙站有 BSJ 和 TJJ 吸起并自闭，JBD 亮黄灯。甲站值班员办理取消复原时的电路动作程序如图 2-11 所示。

在甲站，当甲站值班员按下 FUA 后，使 FDJ 吸起。FDJ 吸起后，用它的后接点断开 ZKJ 和 XZJ 的自闭电路；用 ZKJ 的前接点断开 GDJ 电路；用 GDJ 的前接点断开 FBD 的黄灯电路。同时，经 FDJ 前接点，通过外线向乙站发送一个负极性取消复原信号。

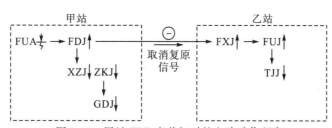

图 2-11　甲站 FBD 亮黄灯时的电路动作程序

在乙站，当收到取消复原信号时，FXJ 吸起，电铃鸣响，同时接通 FUJ 励磁电路。FUJ 吸起后，用 FUJ 的后接点断开 TJJ 的自闭电路；TJJ 落下后，又用其前接点断开 JBD 的黄灯电路。

至此，两站闭塞机中只有 BSJ 吸起，表示灯熄灭，闭塞机恢复定位。

（2）甲站收到同意接车信号，FBD 亮绿灯，尚未开放出站信号机之前。此时，需要取消闭塞。经过两站值班员的联系后，由甲站值班员按下 FUA 办理取消复原。

在这种情况下，甲站闭塞机除 BSJ、XZJ、ZKJ 和 GDJ 吸起外，尚有 KTJ 吸起，FBD 亮绿灯。乙站闭塞机中只有 TJJ 吸起，JBD 亮绿灯。此时办理取消复原的电路动作程序如图 2-12 所示。

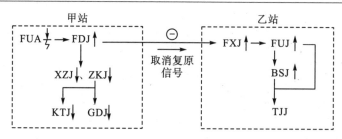

图 2-12　甲站 FBD 亮绿灯后办理取消复原时的电路动作程序

当甲站值班员按下 FUA 时，使 FDJ 吸起，FDJ 吸起后，用其后接点断开 ZKJ 和 XZJ 的自闭电路；ZKJ 落下后，用其前接点断开 KTJ 的自闭电路和 GDJ 电路。KTJ 落下后，用其前接点断开 FBD 绿灯电路，FBD 熄灭。

在乙站，当收到取消复原时，FXJ 吸起，电铃鸣响，同时使 FUJ 吸起。FUJ 吸起后，使 BSJ 吸起并自闭。用 BSJ 的后接点断开 TJJ 的自闭电路和 JBD 的绿灯电路，JBD 熄灭。

至此，两站闭塞机中只有 BSJ 吸起，表示灯熄灭，闭塞机恢复定位。

（3）在电气集中联锁车站，甲站开放出站信号机之后，列车尚未出发之前。在这种情况下要取消闭塞时，需要经过两站值班员联系后，确认列车未出发，甲站值班员先人工解锁发车进路。在出站信号机关闭，发车进路解锁后，XZJ 重新吸起，再按下 FUA，办理取消复原。

3. 事故复原

由于事故复原不检查任何条件，行车安全完全靠两站值班员人为保证，所以在办理事故复原时，两站值班员必须充分确认列车未出发，区间无车占用，列车完整到达，双方出站信号机均关闭，然后由发生故障的一方车站值班员打开铅封，按下事故按钮，办理事故复原。

根据继电半自动闭塞使用方法的规定，只准在下列三种情况下使用事故复原。

（1）闭塞机停电恢复时。闭塞机停电恢复后，BSJ 等所有的继电器均落下，FBD 亮红灯，闭塞机处于发车闭塞状态。此时，停电车站（如甲站）的值班员打开铅封，按下 SGA，使闭塞机复原，其电路动作程序如图 2-13 所示。

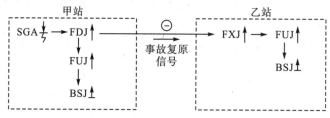

图 2-13　停电恢复后办理事故复原时的电路动作程序

当甲站按下 SGA 后，FDJ 吸起。FDJ 吸起后，一方面使 FUJ 吸起，继而使 BSJ 吸起并自闭，用 BSJ 的后接点断开 FBD 红灯电路，使甲站闭塞机恢复定位；另一方面向乙站发送一个负极性事故复原信号，乙站的 FXJ 吸起，电铃鸣响。FXJ 吸起后，使 FUJ 吸起，继而使 BSJ 吸起并自闭，用 BSJ 后接点断开 FBD 红灯电路，使乙站闭塞机恢复定位。

（2）当列车到达接车站后，因轨道电路故障不能办理到达复原时。当列车到达，进入并出清接车站进站信号机内方第一个轨道电路区段后，因轨道故障，轨道继电器不能再次吸起，若此时接车站值班员按下 FUA，则因 GDJ 的落下不能使 FDJ 吸起，故 FUJ、BSJ 也不能吸起，闭塞机不能复原，应经双方车站值班员联系，确认列车整列到达，根据列车调度员命令，由接车站值班员登记破封，按下 SGA，办理事故复原，其电路动作如图2-14所示。

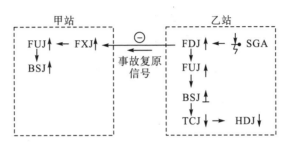

图 2-14　接车站轨道电路故障办理事故复原时的电路动作程序

（3）装有钥匙路签的车站办理由区间返回原车站的路用列车时。当路用列车由区间返回发车站后，发车站闭塞机中的继电器全部处于落下状态，FBD 亮红灯，接车站闭塞机中的 TCJ 和 GDJ 吸起，JBD 亮红灯，两站闭塞机均处于闭塞状态。此时，发车站值班员向司机取回钥匙路签放入控制台，登记破封，用事故按钮办理事故复原，使 FDJ 吸起，FDJ 吸起后，一方面使 FUJ 吸起，继而使 BSJ 吸起并自闭，继而断开 FBD 红灯电路，使闭塞机恢复定位；另一方面向接车站发送一个负极性事故复原信号，使接车站的 FXJ 吸起并接通电铃电路，接车站值班员在电铃鸣响过程中，应按下 FUA，使本站闭塞机中的 FUJ 吸起，继而使 BSJ 吸起并自闭，TCJ 和 GDJ 相继落下，JBD 红灯熄灭，闭塞机恢复定位。路用列车由区间返回原发车站时办理事故复原的电路动作程序如图 2-15 所示。

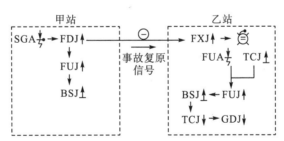

图 2-15　路用列车由区间返回原发车站时办理事故复原的电路动作程序

未装钥匙路签的车站需要办理由区间返回原车站的路用列车时，应停止使用半自动闭塞，改由电话闭塞。

2.2.5　电路工作原理

为了使电路简单明了，便于掌握，将 64D 型继电半自动闭塞电路按不同功能设计成独立的单元式电路。它由线路继电器电路、信号放送器电路、发车接收器电路、接车接收器电路、闭塞继电器电路、复原继电器电路、轨道继电器电路和表示灯电路 8 个单元电路组成。

1. 线路继电器电路

线路继电器电路如图 2-16 所示，其作用是发送和接收闭塞信号，由正线路继电器 ZXJ 和负线路继电器 FXJ 组成。每个闭塞区间两端的线路继电器是对称的，每端串联两个线路继电器，ZXJ 接收正极性的闭塞信号，FXJ 接收负极性的闭塞信号。线路继电器之所以采用偏极继电器，是因为偏极继电器具有选择电流极性的特性。为降低继电器的工作电压，线路继电器两个线圈并联使用。

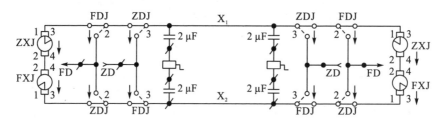

图 2-16　线路继电器电路

为了向线路发送正负两极性的闭塞信号，在线路继电器电路中接有两组 ZDJ 的接点和两组 FDJ 的接点。ZDJ 吸起时向线路上发送正极性的闭塞信号，FDJ 吸起时向线路上发送负极性的闭塞信号。由于 ZDJ 和 FDJ 的两组接点是互相照查的，所以两个继电器同时吸起时，不会向线路上发送任何闭塞信号。

为了防护外线混电，电路由 ZDJ 和 FDJ 的双断接点接通电源，因此当一条外线混电时，不会引起线路继电器的错误动作。

闭塞电话与线路继电器电路共用一对外线，为了防止直流闭塞信号进入电话机，在闭塞电话电路中串联两个 $2\ \mu F$ 的电容器。

甲站请求乙站发车，按下 BSA，使 ZDJ 吸起，向乙站发送正极性的请求发车信号，使乙站 ZXJ 吸起，励磁电路为：

甲站 ZD —ZDJ_{32-31}—外线 X_1—乙站 ZDJ_{31-33}—FDJ_{21-23}—$ZXJ_{1,3-1,4}$—$FXJ_{2,4-1,3}$—ZDJ_{23-21}—FDJ_{33-31}—外线 X_2—甲站 FDJ_{31-33}—ZDJ_{21-22}—FD。

乙站 ZXJ 吸起后，使 HDJ 吸起。甲站松开 BSA，乙站 ZXJ 落下，使 TJJ 吸起，TJJ 吸起后与正在缓放中的 HDJ 共同接通 FDJ 电路，FDJ 吸起后向甲站发送负极性的自动回执信号，使甲站 FXJ 吸起，励磁电路为：

乙站 ZD —FDJ_{32-31}—外线 X_2—甲站 FDJ_{31-32}—ZDJ_{21-23}—$FXJ_{1,3-2,4}$—$ZXJ_{2,4-1,3}$—FDJ_{23-21}—ZDJ_{33-31}—外线 X_1—ZDJ_{31-33}—FDJ_{21-22}—FD。

乙站同意甲站发车，按下 BSA，由于 TJJ 已被吸起，使 BSJ 落下，接通 FDJ 电路，向甲站发送正极性的接车同意信号，使甲站的 ZXJ 吸起，励磁电路为：

乙站 ZD —ZDJ_{32-31}—外线 X_1—甲站 ZDJ_{31-33}—FDJ_{21-23}—$ZXJ_{1,3-2,4}$—$FXJ_{2,4-1,3}$—ZDJ_{23-21}—FDJ_{33-31}—外线 X_2—乙站 FDJ_{31-33}—ZDJ_{21-22}—FD。

列车从甲站出发，驶入进站信号机内方第一个轨道区段时，GDJ 落下，使 BSJ、ZKJ、KTJ 相继落下，在 BSJ 已落下和 KTJ 因 ZKJ 缓放尚未落下时，使 ZDJ 吸起，向乙站发送正极性的出发通知信号，使乙站 ZXJ 吸起，励磁电路同请求发车的 ZXJ 励磁电路。

列车到达乙站，乙站在确认整列到达后办理到达复原，按下 FUA，使 FDJ 吸起，向甲站发送负极性的到达复原信号，使甲站 FXJ 吸起，其励磁电路与接收自动回执信号时相同。

取消复原，甲站按下 FUA 后，使 FUJ 吸起，向乙站发送负极的取消复原信号，使乙站的 FXJ 吸起，励磁电路为：

甲站 ZD —FDJ$_{32-31}$—外线 X_2—乙站 FDJ$_{31-33}$—ZDJ$_{21-23}$—FXJ$_{1,3-2,4}$—ZXJ$_{2,4-1,3}$—FDJ$_{23-21}$—ZDJ$_{33-31}$—外线 X_1—甲站 ZDJ$_{31-33}$—FDJ$_{21-22}$—FD。

为了引起车站值班员的注意，在收到对方站发来的各种闭塞信号时电铃都鸣响，为此用 ZXJ$_{21-22}$ 或者 FXJ$_{21-22}$ 接通电铃电路。

2. 信号发送器电路

信号发送器电路如图 2-17 所示，其作用是发送闭塞信号，由正电继电器 ZDJ 和负电继电器 FDJ 组成，ZDJ 吸起向闭塞外线发送正极性的闭塞信号，FDJ 吸起向闭塞外线送负极性的闭塞信号。

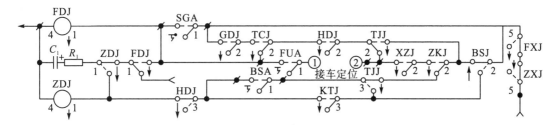

图 2-17 信号发送器电路

1）ZDJ 电路

ZDJ 吸起向闭塞外线发送发车请求信号、同意接车信号和出发通知信号三种正极性的闭塞信号。

（1）请求发车信号。这是闭塞机在定位状态时才能发出的信号，此时 ZDJ 的励磁电路要检查的条件如下：

①区间空闲，闭塞机在定位状态（BSJ↑）；

②双方站未请求发车（HDJ↓）；

③本站闭塞机未转到接车状态（TJJ↓）；

④本站闭塞机未转到准备开通状态（ZKJ↓）。

请求发车信号的控制条件是 BSA，当本站值班员按下闭塞按钮时，经过 BSA$_{11-12}$ 接通 ZDJ 励磁电路，ZDJ 吸起后向闭塞外线发送正极性的请求发车信号。

因为 BSA 是自复式按钮，所以当车站值班员松开 BSA 后，即断开 ZDJ 电路。

为了保证电路的可靠动作，要求发送闭塞信号有足够的长度，故 ZDJ 和 FDJ 电路共用由电阻 R$_1$（510 Ω，2 W）和电容器 C$_1$（500 μF）构成的阻容缓放电路。电容器 C$_1$ 平时经过 ZDJ$_{11-13}$ 和 FDJ$_{11-13}$ 处于充电状态。当 ZDJ 吸起时，经过 ZDJ$_{11-12}$ 使 C$_1$、R$_1$ 并联在 ZDJ 的线圈上。而当 FDJ 吸起后，经过 ZDJ$_{11-13}$ 和 FDJ$_{11-12}$ 使 C$_1$、R$_1$ 并联在 FDJ 的线圈上。当 ZDJ 或 FDJ 断电时，C$_1$ 向 ZDJ 或 FDJ 的线圈放电，使其缓放，其缓放时间应不小于 1.6 s。

因为 C_1 采用经常充电的方式，所以 ZDJ 和 FDJ 只缓放不缓吸，缓放时间稳定，保证了闭塞机长度的一致，从而不受本站值班员按压按钮时间长短的影响。

ZXJ_{51-53} 和 FXJ_{51-53} 接在信号发送器的总电路中，其作用是保证闭塞机在接收完对方站发来的闭塞信号后，才能使 ZDJ 或 FDJ 吸起，以防止车站值班员抢先按办理闭塞时使电路无法动作。

(2)同意接车信号。这是在收到对方站的请求发车信号、本站闭塞机转为接车状态后才能发送的信号，此时，ZDJ 的励磁电路要检查以下条件：

①闭塞机转为接车状态（TJJ↑）；

②车站值班员同意接车，按下 BSA（BSA_{11-12}）；

③闭塞机转为闭塞状态（BSJ↓）。

HDJ_{31-33} 是综合电路时并入的，它保证在发送回执信号时断开 ZDJ 的励磁电路，以保证自动回执信号的脉冲长度。当 HDJ 落下时，证实自动回执信号已经完成。

(3)出发通知信号。这是在列车自发车站出发，进入发车站进站信号机内方第一个轨道区段时，闭塞机自动发出的信号，此时，ZDJ 的励磁电路要检查以下条件：

①列车出发进入进站信号机内方第一个轨道区段（GDJ↓）；

②闭塞机转入闭塞状态（BSJ↓）。

应该指出的是，在出发通知信号电路中并没有 GDJ 的后接点，它是通过 BSJ_{21-23} 来证明的。在发车站的 BSJ 电路中，由于此时 KTJ 是吸起的，当列车出发进入轨道电路区段时，GDJ 落下，BSJ 才落下。

列车出发通知信号是自动接通和断开的。电路的接通条件是 BSJ_{21-23}，而断开的条件是 KTJ_{31-32}。因为列车出发时，电路动作顺序是 GDJ↓→BSJ↓→ZKJ↓→KTJ↓，且 ZKJ 的线圈上并联电容器 C_2，有一定的缓放时间，当 ZKJ 落下后，KTJ 才落下。此时的 ZDJ 电路通过 BSJ 的落下来接通，通过 KTJ 的落下来断开，以保证 ZDJ 有一定的吸起时间。

2)FDJ 电路

FDJ 吸起向闭塞外线发送自动回执信号、到达复原信号、取消复原信号和事故复原信号 4 种负极性的闭塞信号。

(1)自动回执信号。这是接车站收到请求发车信号之后，自动向发车站发送的证实信号，此时 FDJ 的励磁电路要检查的条件如下：

①本站闭塞机在定位状态（BSJ↑）；

②收到请求发车信号（HDJ↑）；

③本站闭塞机已经转为接车状态（TJJ↑）。

TCJ 第二组接点用来区分自动回执电路和到达复原电路。当 TCJ 落下，FDJ 吸起时，向闭塞外线发送的是自动回执信号；当 TCJ 吸起，FDJ 吸起后，向闭塞机外线发送的是到达复原信号。这样，可使自动回执电路和到达复原电路合用一组 HDJ 的前接点。

TJJ_{21-22} 和 HDJ_{21-22} 在电路中起着自动接通和断开自动回执电路的作用。用 TJJ_{21-22} 接通 FDJ 电路，开始发送自动回执信号。HDJ 经过一段时间的缓放后落下，用 HDJ_{21-22} 断开 FDJ 电路，终止发送自动回执信号。

自动回执的脉冲长度近似等于 HDJ 和 FDJ 缓放时间之和，起控制作用的是 HDJ 缓放时间的长短。FDJ 吸起后，经过 FDJ_{11-12} 接通 C_1 放电电路，使 FDJ 有足够的缓放时间。

（2）到达复原信号。这是在列车完整到达接车站后，由接车值班员办理到达复原发送的信号，此时，FDJ 的励磁电路检查的条件如下：

①收到出发通知信号（TCJ↑）；

②列车到达本站（HDJ↑）；

③列车出清接车站接车进路第一个轨道电路区段（GDJ↑）。

接车定位条件是结合车站联锁设备的情况，用能证实接车进路解锁的继电器接点；本站值班员办理到达复原，按下 FUA。TJJ_{21-23} 接点是为了进一步证实列车已从对方站出发而加入的。TCJ 第二组接点和 TJJ 第二组接点是区分电路用的，加入这两个条件后，自动回执电路和到达复原电路可共用一组 HDJ_{21-22} 接点。

（3）取消复原信号。这是在本站请求发车之后和列车未出发之前由值班员办理取消闭塞时发送的信号，此时，FDJ 的励磁电路要检查条件如下：

①本站办理请求发车并收到自动回执信号（BSJ↑和 ZKJ↑）；

②出站信号机未开放（XZJ↑）；

③本站值班员办理取消复原按 FUA（FUA_{11-12}）。

为了防止列车出发后，进入发车轨道电路之前，行驶在电路无法检查的危险区段（存在于非集中联锁车站）上时错误地取消闭塞。造成列车在没有闭塞的情况下进入区间，FDJ 为取消复原而励磁的电路要检查 XZJ 前接点。

接车定位条件不是本电路的必要条件，是合并电路时加入的。

（4）事故复原信号。这是当闭塞机发生故障不能正常复原而办理事故复原时发送的信号。因为故障情况可能随时发生，所以在事故复原电路中，除了 ZXJ 和 FXJ 后接点外，不检查任何条件，只要车站值班员按事故按钮（SGA_{11-12}），即可构成 FDJ 的励磁电路；松开 SGA，FDJ 落下。

3. 发车接收器电路

发车接收器电路的作用是记录发车站闭塞机状态。它由选择继电器 XZJ、准备开通继电器 ZKJ 和开通继电器 KTJ 组成。

1）XZJ 电路

XZJ 电路有两个作用：①区分自动回执信号和复原（到达复原、取消复原、事故复原）信号；②请求发车后检查出站信号机是否开放。XZJ 电路如图 2-18 所示。

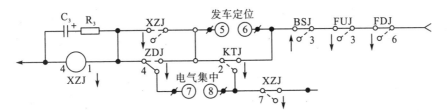

图 2-18　选择继电器电路

自动回执信号和复原信号都是从对方站发来的负极性脉冲，为了区分这两种代表不同意义的负极性信号，在 ZKJ 和 FUJ 电路中分别检查 XZJ_{31-32} 和 XZJ_{61-63}。XZJ 吸起后，通过 XZJ_{31-32} 证明接收的是自动回执信号；而 XZJ 落下时，通过 XZJ_{61-63} 证明接收的是复原信号。

XZJ 是办理请求发车时经过 ZDJ_{42-41} 吸起的，然后经过 XZJ_{11-12} 自闭，并一直保持到收到同意接车信号 KTJ 吸起和车站值班员开放出站信号机后才落下。开放出站信号机前，XZJ 吸起，允许调车和取消闭塞；出站信号机开放后，XZJ 落下，则不允许调车和取消闭塞。这样，在出站信号机开放前后，闭塞机状态就有了一个变化。

当本站办理取消复原时，用 FDJ_{61-63} 断开 XZJ 电路；当对方站办理事故复原时，用 FUJ_{31-33} 断开 XZJ 电路。当一个区间两端的车站值班员同时办理请求发车，按下 BSA 时，两站的 XZJ 都吸起并自闭，但是由于两个正极性的闭塞信号在外线相顶，双方都接收不到自动回执信号。在这样的情况下，如果某站再次办理请求发车，接车站在发送自动回执信号时，FDJ 吸起，用其第六组后接点断开 XZJ 的自闭电路，使 XZJ 落下。

在因故障收不到对方站发来的自动回执信号的情况下办理事故复原时，也是用 FDJ_{61-63} 断开 XZJ 的自闭电路的。

电路中的 BSJ_{31-32} 是与 ZKJ 共用的，它表明只有闭塞机在定位状态（BSJ 吸起）时，才能办理请求发车，XZJ 才能吸起。XZJ 要有一定的缓放时间，由于在办理取消复原时，FDJ_{61-63} 接点一断开，XZJ 就落下，这样 XZJ_{21-22} 将切断 FDJ 的励磁电路，为了使 FDJ 可靠吸起，XZJ 应缓放。为此，在 XZJ 的线圈上并联 C_3、R_3 缓放电路，其中 $C_3 = 100\ \mu F$，$R_3 = 510\ \Omega$。

2）ZKJ 电路

ZKJ 电路如图 2-19 所示，其作用是接收自动回执信号，收到自动回执信号后，ZKJ 吸起并自闭，将闭塞机转至准备开通状态。

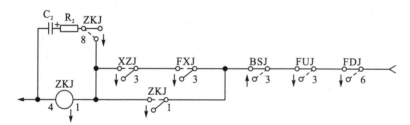

图 2-19　准备开通继电器电路

ZKJ 的励磁条件是：区间空闲，闭塞机在定位状态（BSJ↑）；本站已办理请求发车（XZJ↑）；收到了对方站的自动回执信号（FXJ↑）；吸起后经 ZKJ_{11-12} 自闭。

ZKJ 的失磁条件是：列车出发，区间闭塞时由 BSJ_{31-32} 断开其自闭电路；本站办理取消复原时，用 FDJ_{61-66} 断开其自闭电路。

在办理取消复原时，用的是 FDJ 的后接点，而不用 FUJ 的后接点来断开其自闭电路。这是因为在请求发车后办理取消复原时，FDJ 吸起后即向对方站发送取消复原信号，而本站的 FUJ 要经过 FDJ_{61-62} 才能吸起，如果本站的 FUJ 电路因为故障不能吸起，则用 FUJ 后接点时不会使 ZKJ 落下，这就发生对方站闭塞机复原，本站闭塞机仍保留着发车条件的故障，保证在办理取消复原时双方闭塞机工作的一致性。

ZKJ 要求有一定的缓放时间（不小于 0.32 s）以保证办理取消复原时使 FDJ 可靠吸起，这和 XZJ 的缓放要求是相似的。ZKJ 的缓放还有另一个作用，即当列车出发时，因 BSJ 先落下，ZKJ 缓放，使 KTJ 也缓放，这样才能通过 BSJ_{21-22} 和 KTJ_{31-32} 构成 ZDJ 的励磁电路。从而能可靠地发送列车出发通知信号，并使之有足够的长度。

3)KTJ 电路

KTJ 电路的作用是接收对方站发来的同意接车信号，并将闭塞机转到开通状态，其电路如图 2-20 所示，其励磁条件是：闭塞机收到自动回执信号(ZKJ↑)；闭塞机收到同意接车信号(ZXJ↑)；半自动闭塞用轨道电路良好(GDJ↑)；吸起后，经 KTJ$_{11-12}$自闭。

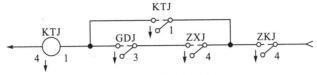

图 2-20　开通继电器电路

KTJ 的失磁条件和 ZKJ 的一样，当 ZKJ$_{41-42}$断开时，KTJ 也落下。在发车接收器电路中，ZXJ、ZKJ 和 KTJ 按办理闭塞的顺序依次动作，保证了两站间在区间空闲、电路动作正常情况下，必须往返 3 次不同极性的闭塞信号时，发车站闭塞机才能表示区间开通，从而提高了发车接收器电路的抗干扰能力。

4. 接车接收器电路

接车接收器电路的作用是记录接车站闭塞机的状态。它由回执到达继电器 HDJ、同意接车继电器 TJJ 和通知出发继电器 TCJ 组成。

1)HDJ 电路

HDJ 电路如图 2-21 所示，它有两个作用，一是接收对方站发来的请求发车信号，与 TJJ 一起构成自动回执信号电路；二是记录列车到达。因为这两个作用不是同时完成的，所以可由一个继电器来兼用，而设计成两组电路，用 TCJ 第五组接点来区分这两组电路。在收到列车出发通知信号之前，TCJ 落下，此时 HDJ 吸起作为发送回执信号之用。当收到列车出发通知之后，因 TCJ 吸起，此时，HDJ 吸起作为记录列车到达之用。

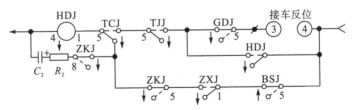

图 2-21　回执到达继电器电路

(1)HDJ 自动回执电路的励磁条件是：区间空闲(BSJ↑)；收到对方站的请求发车信号(ZXJ↑)。

电路中的 ZKJ$_{51-53}$是为了区别请求发车信号和同意接车信号用的。因为两者都使 ZXJ 吸起，当发车站闭塞机转到准备开通状态之后，再收到同意接车信号时，由于 ZKJ$_{51-53}$断开，所以不会错误地构成 HDJ 电路。

随着请求发车信号的终止，ZXJ 落下，HDJ 依靠 C$_2$和 R$_2$组成的电路缓放。在 HDJ 落下后，停止发送自动回执信号。

(2)HDJ 到达电路的励磁条件是：收到列车出发通知信号(TCJ↑)；接车进路也建立；列车到达进入进站信号机内方第一个轨道区段(GDJ↓)；HDJ 吸起后自闭。

在办理到达复原时，TCJ 落下后断开 HDJ 自闭电路，HDJ 落下。在 HDJ 的到达电路

中接入了 TJJ_{51-53} 接点，因为 GDJ 在 TCJ 吸起后才能吸起，如果在 HDJ 的到达电路中没有 TJJ_{51-53} 接点，那么在列车出发前，接车站过早地开放进站信号机，则在 TCJ 吸起后 GDJ 尚未吸起前，会使 HDJ 错误地吸起，造成列车虚假到达的故障。加入 TJJ_{51-53} 后，它们的动作顺序是 TCJ↑→GDJ↑→TJJ↓。由于 TCJ 吸起后 GDJ 尚未吸起时，TJJ 处于吸起状态，即防止了上述错误。

电路中接有接车反位条件，是为了在进站信号机尚未开放前，可以利用正线进行调车作业。此时，HDJ 不会吸起。

对 HDJ 要求有一定的缓放时间（不小于 0.6 s），因为在接收请求发车信号时，HDJ 经 ZXJ_{11-12} 而吸起，当请求发车信号终了 ZXJ 落下后时，则断开了 HDJ 的励磁电路，但是要用 ZXJ_{11-13} 和 HDJ_{61-62} 构成 TJJ 的励磁电路，而用 TJJ_{21-22} 和 HDJ_{21-22} 构成 FDJ 的励磁电路发送自动回执信号，因此，为了使 TJJ 可靠吸起，并可靠地发送自动回执信号，要求 HDJ 缓放。它是通过在 HDJ 的线圈上并联 C_2(200F)、R_2(510 Ω) 而实现的，C_2、R_2 是与 ZKJ 共用的，用 ZKJ 的第八组接点来区分。

2)TJJ 电路

TJJ 电路如图 2-22 所示，其作用是接收请求发车信号，TJJ 吸起后将闭塞机转为接车状态，并为发送同意接车信号作好准备。

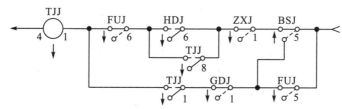

图 2-22　同意接车继电器电路

TJJ 的闭塞条件是：闭塞机在定位状态(BSJ↑)；收到请求发车信号(HDJ↑)；请求发车信号终了(ZXJ↓)；吸起后经 TJJ_{81-82}、TJJ_{11-12} 自闭。

TJJ 的失磁条件是：收到对方站的列车出发通知信号，用 GDJ_{11-13}(TCJ↑→GDJ↑) 断开其自闭电路；收到对方站的取消复原信号，用 FUJ_{51-53}、FUJ_{61-63} 断开其自闭电路。

在 TJJ 的励磁电路中，加入 FUJ_{61-63} 接点，是防止在办理到达复原时，因 BSJ 吸起后，HDJ 落下前(BSJ 先吸起，HDJ 后落下)，使得 TJJ 误吸起。

在 TJJ 的自闭电路中，加入 FUJ_{51-53} 接点的作用是：在发车站办理请求发车以后(FBD 亮黄灯时)，办理取消复原时，用以切断 TJJ 的自闭电路。加入 BSJ_{51-53} 接点的作用是：在接车站办理同意接车后(JBD 亮绿灯时)，发车站办理取消复原时，使接车站的 FBD 不闪红灯。因此使接车站的 FUJ 先吸起，在 BSJ 尚未吸起的瞬间 TJJ 会落下，使 FBD 闪红灯。若加入 BSJ_{51-53} 接点后，在上述情况下，TJJ 就不会落下，当 BSJ 吸起后，才断开 TJJ 的自闭电路，从而避免了 FBD 闪红灯的现象。

在 TJJ 的电路中，TJJ_{81-82} 接点的作用是：防止 TJJ 的自闭电路断线后，由于车站值班员错误办理闭塞而使两站闭塞机错误复原。当发车站办理请求发车并收到自动回执信号后，FBD 亮黄灯。由于接车站的 TJJ 自闭电路断线而不能自闭，所以在发完自动回执信号后，TJJ 落下，JBD 无显示。如果接车站此时办理请求发车，XZJ 吸起并自闭，其请求发车信号送到发车站后变成了同意接车信号，使发车站的 FBD 亮绿灯。发车站办理发车进路开放出站信号机，列车出发进入发车站进站信号机内方第一个轨道区段时，FBD 亮红灯，并向接车站发送列车出发通知。由于接车站的 BSJ 仍处于吸起状态，所以列车出发通知信号变成请求发车信号，并向发车站送出自动回执信号，而接车站的 TJJ 吸起后不再自闭而又落下。由于发车站的 BSJ 在列车出发时已经落下，此时在收到自动回执信号后，因 FUJ 的吸起又使其吸起，FBD 红灯熄灭，闭塞机复原。如果发车站值班员继续错误办理请求发车，接车站在发送自动回执信号时，因 FDJ 的吸起切断了 XZJ 的自闭而使其落下，而 TJJ 吸起后因不能自闭又落下，此时，接车站的闭塞机复原，发车站的 FBD 亮黄灯。若发车站值班员再次错误办理取消闭塞，则造成列车在区间运行时两站闭塞机均恢复定位，这是决不允许的。为此，在 TJJ 励磁电路中的 HDJ_{61-62} 接点上，并联 TJJ_{81-82} 构成另一条自闭电路。这样，如果 TJJ 的自闭电路断线，则 TJJ 会经过 BSJ_{51-52}、ZXJ_{11-13}、TJJ_{81-82} 和 FUJ_{61-63} 而保持自闭。当接车站值班员办理同意接车时，由于 BSJ 的落下而使 TJJ 也落下，使故障导向安全。

3）TCJ 电路

TCJ 电路如图 2-23 所示，其作用是接收列车出发通知信号，励磁条件是：闭塞机在接车闭塞状态（BSJ↓、TJJ↑）；收到出发通知信号（ZXJ↑）；吸起后经 TCJ_{11-12} 自闭；当闭塞机复原时，用 BSJ_{41-43} 断开其自闭电路。

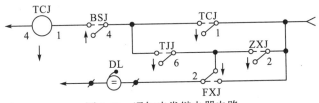

图 2-23 通知出发继电器电路

在收到列车出发通知信号后，如果接车站轨道电路发生故障，TCJ 吸起后 GDJ 未吸起，则 TJJ 不会落下。此时经过 TCJ_{11-12}、TJJ_{62-61}、FXJ_{23-21} 接通电铃电路，使电铃连续鸣响，发出报警，以便在列车到达之前及时修复轨道电路。

5. 闭塞继电器电路

闭塞继电器 BSJ 电路的作用是反映区间的闭塞状态。BSJ 吸起时，表示区间空闲，闭塞机处于定位状态；BSJ 落下时，表示区间闭塞，闭塞机处于闭塞状态。BSJ 电路如图 2-24 所示，BSJ 平时处于吸起状态，并经 BSJ_{11-12}、TJJ_{41-43}、KTJ_{41-43} 自闭。

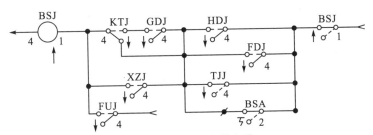

图 2-24 闭塞继电器电路

作为发车站，当办理发车后，列车出发进入进站信号机内方第一个轨道电路区段时，BSJ 落下。BSJ 失磁条件是：收到请求发车信号，由 TJJ_{41-43} 断开一条电路；车站值班员同意接车按下 BSA，由 BSA_{21-23} 断开另一条电路。

在办理接车时，为了防止车站值班员过早地按下 BSA 而影响自动回执信号的发送，将 FDJ_{41-42} 和 HDJ_{41-42} 接点并联在 BSA_{21-23} 接点上，从而保证了在发送自动回执信号期间，即使车站值班员过早地按下 BSA，也不会使 BSJ 落下，从而不影响发送自动回执信号。

在 BSJ 的自闭电路中，KTJ_{42} 与 GDJ 相连，KTJ_{43} 与 GDJ_{41} 相连，在两接点上再并联 XZJ_{41-42}。这样连接可使 BSJ 在平时未办理闭塞或已办理闭塞出站信号机开放后，其自闭电路接通。当列车运行在无联锁区段（对电锁器联锁车站而言）时，任何一个继电器断线落下，都能达到故障－安全要求。如 BSJ 断线，直接使闭塞机闭塞；GDJ 断线时，即使 BSJ 不落下，出站信号机已关闭，XZJ 早已落下，发车站不能办理取消复原，也不能再办理发车手续，这样就保证了安全。

另外，这种接法避免了发车站在请求发车后（FBD 亮黄灯）办理取消复原时，FBD 闪红灯的现象。如果 KTJ_{43} 与 GDJ_{43} 相连，当发车站 ZKJ 吸起后办理取消复原，若 XZJ 缓放时间不足，会使 BSJ 瞬间落下，造成 FBD 闪红灯。

在 BSJ 电路中加入 XZJ_{41-42} 接点的作用是，在收到同意接车信号但出站信号机未开放之前，进行站内调车作业车列进入发车轨道电路区段时，GDJ 落下，BSJ 仍保持吸起状态，而不影响闭塞机的工作。

当本站或对方站办理复原时，由于 FUJ 吸起，使 BSJ 吸起并自闭。

6. 复原继电器电路

复原继电器 FUJ 电路的作用是使闭塞机复原，其电路如图 2-25 所示。它的励磁有以下 4 种情况。

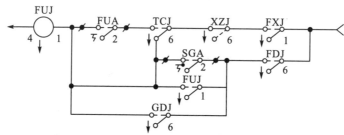

图 2-25　复原继电器电路

（1）对方站办理复原（取消复原时为接车站，到达复原时本站为发车站）时，FUJ 的励磁条件为：收到对方站发来的负极性脉冲（FXJ↑），并证实此负极性脉冲是复原信号，而不是自动回执信号（XZJ↓）。

电路中 TCJ_{61-63} 接点的作用是保证接车站收到列车出发通知信号（TCJ↑）后，区间有列车运行时，即使发车站送来复原信号或外线上有负极性脉冲干扰（FXJ↑），也不能使接车站 FUJ 吸起，以保证列车在区间的运行安全。

（2）在本站办理到达复原（本站为接车站）或取消复原（本站为接车站）时，FUJ 的励磁条件是：车站值班员按下 FUA，使 FDJ 吸起（FDJ_{61-62}）。办理到达复原时，GDJ_{61-62} 表示列车出清接车站进站信号机内方第一个轨道区段，而在办理取消复原时，GDJ_{61-62} 表示列车在出发站尚未出发；吸起后经 FUJ_{11-12} 自闭，FDJ 落下使 FUJ 复原。

（3）在本站办理事故复原时，车站值班员按下 SGA，FDJ 吸起后，FUJ 即吸起。FUJ

吸起后经 FUJ_{11-12} 自闭，直到 FDJ 落下后 FUJ 才落下。由于 FDJ 有足够的缓放时间，所以车站值班员在办理复原时，只要按下 SGA 即可，不必过长。

（4）为中途折返列车复原用的励磁条件是：当在路用列车或机外调车需越出进站信号机占用区间时，车站值班员都应按照发车手续办理闭塞，然后开放出站信号机。当路用列车或机外调车进入区间后，两站闭塞机都闭塞。待路用列车或调车车列返回本站时，由本站值班员确认后，按下 SGA 使 FUJ 吸起，办理事故复原。此时对方站的 TCJ 已吸起，为使对方站的闭塞机复原，需要对方站车站值班员在听到电铃声时按下 FUA。然后通过 TCJ_{61-62} 和 FUA_{21-22} 使 FUJ 吸起，从而使闭塞机复原。

7. 轨道继电器电路

闭塞机中的轨道继电器 GDJ 是现场轨道继电器的复示继电器，其作用是监督列车的出发和到达，并以此来控制闭塞电路的动作，其电路如图 2-26 所示。

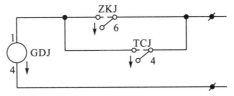

图 2-26 轨道继电器电路

对于发车站，在办理请求发车并收到自动回执信号后，经 ZKJ_{61-62} 接通电路。GDJ 吸起后，用 GDJ_{41-42} 为接通 BSJ 的自闭电路准备条件；用 GDJ_{71-72} 使 FBD 亮黄灯。当列车进入发车站进站信号机内方第一个轨道区段时，GDJ 落下，以监督列车出发。

对于接车站，在收到列车出发通知之后，经 TCJ_{41-42} 接通电路。此时 GDJ 吸起后，用 GDJ_{11-13} 断开 TJJ 的自闭电路；在 FDJ 和 FUJ 电路中，用 GDJ_{21-22} 和 GDJ_{61-62} 监督列车出清轨道电路区段，以便办理到达复原。当列车进入进站信号机内方第一个轨道区段时，GDJ 落下，在 HDJ 电路中，用 GDJ_{51-53} 监督列车的到达。

8. 表示灯电路

表示灯电路的作是表示闭塞机的各种状态。发车表示灯 FBD 和接车表示灯 JBD 电路如图 2-27 所示。

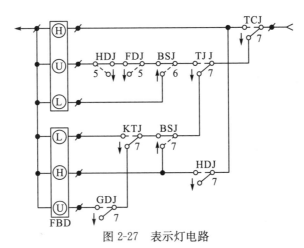

图 2-27 表示灯电路

FBD 有以下 5 种状态。

①定位状态：BSJ↑，无表示。

②请求发车：BSJ↑，GDJ↑，亮黄灯。

③区间开通：BSJ↑，KTJ↑，亮绿灯。

④发车闭塞：BSJ↓，亮红灯。

⑤列车到达：作为接车站时，TCJ↑，HDJ↑，亮红灯。

JBD 有以下 4 种状态。

①定状态：BSJ↑，无表示。

②邻请求发车：BSJ↑，TJJ↑，亮黄灯。

③同意接车：BSJ↓，TJJ↑，亮绿灯。

④接车闭塞：TCJ↑，亮红灯。

表示灯电路中每个接点的作用如下。

在办理接车时，必须保证 FBD 灭灯，为此在 FBD 的 3 个点灯电路中都检查了 TCJ 和 TJJ 的后接点。当收到发车站的请求发车信号并向发车站发送同意接车信号时，用 TJJ 后接点切断 FBD 的点灯电路；当收到发车站的列车出发通知信号时，用 TCJ 后接点切断 FBD 的点灯电路。为了简化表示灯电路，在列车到达时 JBD 和 FBD 都亮红灯，此时，经过 YCJ$_{71-72}$ 和 HDJ$_{71-72}$ 接通 FBD 的红灯电路。

在接车站，当收到列车出发通知信号时，TCJ 吸起后，JBD 亮红灯，表示列车已从对方站出发。而在 JBD 亮黄灯或绿灯时，为了证实列车未出发，必须检查 TCJ 的后接点和 TJJ 的前接点。

为了防止接车站值班员在办理接车时过早地按下 BSA，在 JBD 的黄灯电路中加入了 HDJ$_{51-53}$，以保证在发完自动回执信号（JBD 亮黄灯）后，当车站值班员看到亮黄灯时再按下 BSA，向对方站发送同意接车信号。

在发车站，为了在办理请求发车后能随时监督轨道电路的状态，以免影响发车，应在 FBD 的黄灯电路中检查 GDJ 的前接点。

2.2.6 64D 型继电半自动闭塞电路的改进

对于 64D 型继电半自动闭塞，为了在处理故障时使半自动闭塞设备复原而专门设置了事故按钮，从电路设计上来看，不检查区间是否有车占用条件，只要按下事故按钮，闭塞设备就能复原。因此，平时事故按钮应加铅封，必须使用时，由相邻两站值班员确认区间空闲后，应按严格的检查和登记制度，并根据调度员的命令，由发生故障车站的值班员打开铅封，按事故按钮，从而使闭塞设备复原。这种操作只按一次就可使已建立的闭塞复原。若误按了事故按钮，也会使不该取消的闭塞取消，显然这种工作方式是很不安全的。为此，对事故复原电路进行了改进，采用"延时确认，两次办理"的方式。这种办理方式是当第一次按事故按钮后，用音响和红色闪光灯来提醒值班员，以引起值班员注意，延时 30 s 后，音响停止，闪光表示仍然亮着灯。值班员应在 13 s 内第二次按事故按钮，这时原半自动闭塞的事故复原电路生效，半自动闭塞设备复原。显然，两次动作要比一次动作可靠性高得多。

事故复原按钮延时电路如图 2-28 所示，事故按钮 SGA 和事故按钮继电器 SGAJ 仍采用原电路的设备。另外增设了第一事故按钮继电器 SGAJ$_1$（JWXC−1700 型），第二事故按钮继电器 SGAJ$_2$（JWXC−H340 型），第一、第二时间继电器 YSHJ$_1$、YSHJ$_2$（JSBXC−850 型），YSHJ$_1$ 延时 30 s，YSHJ$_2$ 延时 13 s。报警指示灯选用发光二极管，音响报警器可用语言提示器、蜂鸣器或电铃。

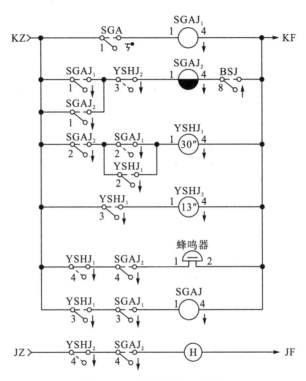

图 2-28 事故复原延时电路

事故复原延时电路的动作程序如下。

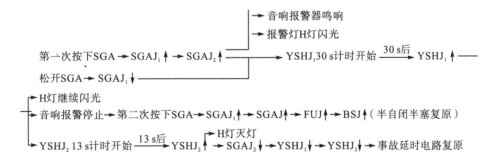

从事故复原延时电路动作程序可知，在设计事故按钮延时电路时，未改动原定型电路，只是在事故按钮继电器 SGAJ 动作之前增加一些电路环节，从而达到延时、报警确认的目的。若值班员第一次按 SGA 确属误办，则不会第二次按 SGA。这样，音响停止 13 s 后闪光灯灭灯，第一次按 SGA 所预办的延时电路会自动恢复到常态，不会误以为是事故复原电路，也不会影响以后事故复原的正常办理。

如果值班员在第一次按 SGA30 s 后第二次按，则重新延时 30 s，故障复原无效。

2.2.7 与车站联锁设备的结合

为了使继电器半自动闭塞与车站联锁设备发生联锁关系，使得半自动闭塞电路都能反映车站是否已排列好并锁闭好发车进路或接车进路，列车是否出发和到达；而车站联锁电路开放出站信号机必须检查已办好区间闭塞手续，区间开通。因此，它们必须有结合电路。

现以 6502 型电气集中为例，说明 64D 型继电半自动闭塞和电气集中联锁的结合电路。

1. 半自动闭塞

64D 型继电半自动闭塞的按钮和表示灯设在电气集中控制台上，如图 2-29 所示。

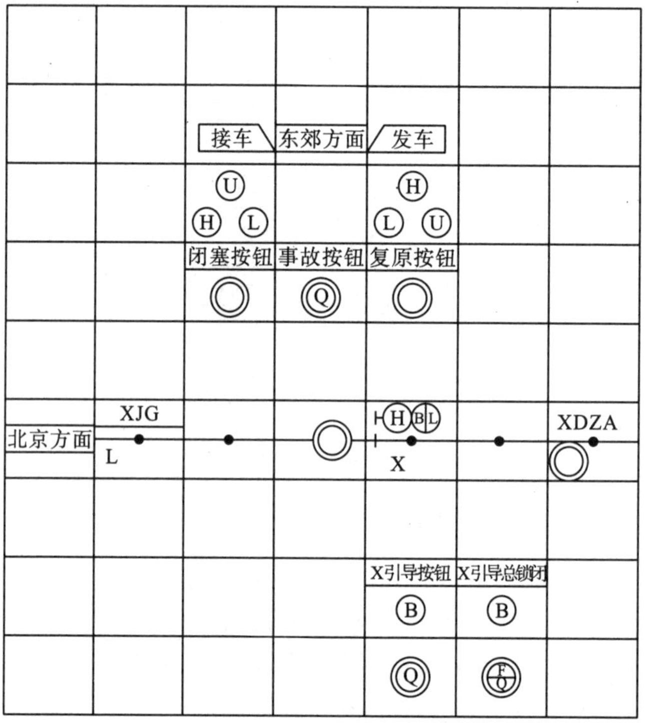

图 2-29　64D 型继电半自动闭塞区段车站控制台（局部）

为了与电气集中相统一，按钮都采用二位自复式。因为电气集中所用的按钮接点是单组的，故需要增设 BSAJ、FUAJ 和 SGAJ 三个按钮继电器，为电路结合之用，以及提高电路定型率。同时增设了接近电铃继电器 DLJ、接车锁闭继电器 JSBJ、发车锁闭继电器 FSBJ 和作为闭塞线路电源的硅整流器 ZG，这些设备连同半自动闭塞原有的 13 个继电器，一般做成定型组合，称为半自动闭塞组合 B_1、B_2，放在组合架上，若采用改进电路，则增加半自动闭塞组合 B。B_1、B_2、B 组合内的继电器及其类型如表 2-1 所示。

表 2-1   64D 型继电半自动闭塞组合

组合	继电器									
	HDJ	BSJ	KTJ	ZDJ	FDJ	GDJ	FUAJ	SGAJ	BSAJ	
B₁	JWXC-1700	JWXC-1700	JWXC-1700	JWXC-1700	JWXC-1700	JWXC-1700	JWXC-1700	JWXC-1700	JWXC-1700	
	ZXJ	FXJ	FUJ	ZKJ	XZJ	TJJ	TGJ	JSBJ	BSBJ	DLJ
B₂	JPXC-1000	JPXC-1000	JWXC-1700	JWXC-1700	JWXC-1700	JWXC-1700	JWXC-1700	JWXC-1700	JWXC-1700	JWXC-1700
	SGAJ₁	YSHJ₁	YSHJ₂	SGAJ₂						
B	JWXC-1700	JSBXC-850	JSBXC-850	JWXC-H340						

2. 结合电路

64D 型继电器与 6502 电气集中的结合电路如图 2-30 所示，它由下列电路组成。

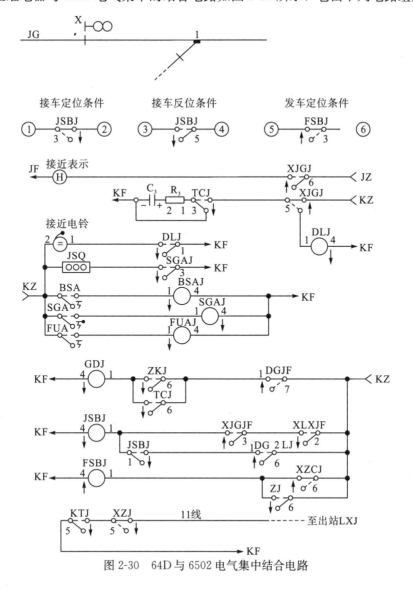

图 2-30   64D 与 6502 电气集中结合电路

(1)按钮继电器电路。用闭塞按钮继电器 BSAJ、复原按钮继电器 FUAJ 和事故按钮继电器 SGAJ 分别反映 BSA、FUA 和 SGA 的状态。按某按钮时，相应的按钮继电器吸起，松开后随即落下。

(2)接车锁闭继电器电路。接车锁闭继电器 JSBJ 平时落下，当进站信号机开放后(LXJF 吸起)，列车驶入接近区段(JGJF 落下)时，JSBJ 吸起并自闭。自闭电路中，检查了进站信号机内方第一轨道区段的进路继电器的后接点(图 2-30 中的 1DG/2LJ)，排列经由该区段的进路时，2LJ 落下。列车进站驶过该区段后，2LJ 吸起。当列车出清接车进路的第一个道岔区段，待其解锁 1DG 的 2LJ 励磁后才断开 JSBJ 的自闭电路。从而实现对列车的到达进行两点检查。这样，任何一段轨道电路故障或错误动作，都不会造成列车的虚假到达。

(3)发车锁闭继电器电路。发车锁闭继电器 FSBJ 平时吸起，电路中的 ZCJ 是发车口部位的照查继电器，排列向 1DG 的列、调车进路时 ZCJ 落下，而在 1DG 道岔区段解锁后，ZCJ 吸起。向 1DG 排列调车进路时吸起，使 FSBJ 不落下，不至于影响行车。当办理 ZCJ 和 ZJ(终端继电器)都落下来说明以该发车口为终端建立并锁闭了发车进路，使 FSBJ 落下，从而断开发车定位条件。直到发车进路解锁，才能再次构成条件。此联锁条件的作用是控制闭塞机能否取消闭塞，使闭塞机复原。

(4)接近电铃继电器电路。列车由对方站发出后，通知出发继电器 TCJ 吸起，用其第三组前接点接通电容器 C$_3$ 电路，向 C$_3$ 充电。当列车驶入接车站的接近区段时，接近轨道继电器 JGJ 落下，接通电铃继电器 DLJ 电路。由 C$_3$ 向 DLJ 放电，使之瞬间吸起。在 DLJ 吸起时间内，接近电铃鸣响。

3. 结合设计

在 64D 型继电半自动闭塞电路中要进行以下结合设计。

(1)在 FDJ 电路中的"接车定位条件"处加入确认列车进站条件——JSBJ 的第三组后接点。当列车到达接车站并出清进站信号机内方的第一个轨道区段后，JSBJ 落下，为办理到达复原时 FDJ 的励磁准备好条件。对于电气集中车站，列车进站后，进站信号机自动关闭，列车完全进入股道后，接车进路自动解锁，此时 JSBJ 落下，自动构成接车定位条件。但这只能说明列车已经到达或进入股道，并不能证实到达列车是否完整，所以还必须由车站值班员确认列车完整后，才能按下 FUA 办理到达复原手续，构成 FDJ 的励磁条件。

(2)在 HDJ 电路中的"接车反位条件"处加入接车锁闭条件——JSBJ 的第五组前接点。进站信号机开放后，列车进站进入轨道电路区段，闭塞电路才能构成列车到达状态。在电气集中车站要求对列车的到达进行两点检查。当进站信号机开放后列车进入进站信号机的接近区段时，才能构成列车到达的条件，从而实现第一点检查。这样允许接车站在区间闭塞后尚未开放进站信号机之前，进行站内调车。第二点检查是由 HDJ 电路中的轨道继电器 GDJ 第五组后接点来完成的。用以证明列车占用过接车进路的第一个轨道电路区段。这样就检查了列车顺序驶过接近区段和进站信号机内方的第一个轨道电路区段，若任何一段轨道电路故障或错误动作，都不会造成列车的虚假到达。

(3)在 XZJ 电路中，"发车定位条件"处加入 FSBJ 第三组前接点，以便在未建立发车进路前，XZJ 吸起，允许调车和取消闭塞；而在出站信号机开放后，XZJ 落下，就不允许调车和取消闭塞。对电气集中联锁的车站来说，因道岔区段全部装设轨道电路，电路能检查列车是否出发。开放出站信号机后，因故不需要发车，可取消发车进路，当出站信号机关闭后，只要发车进路解锁(FSBJ 吸起)，就说明列车确实没有越过出站信号机。由于取消复原的 FDJ 电路中检查了 XZJ 的吸起，所以用发车进路解锁条件来控制 XZJ 的吸起，实际上就满足了检查列车是否越过出站信号机的要求。

(4)在 GDJ 电路中接入进站信号机内方的第一个轨道继电器的前接点，这里因接车和发车使用同一轨道继电器，所以必须选用进站信号机内方的第一个轨道区段。在 6502 电气集中电路中，在出站信号机的列车信号继电器 LXJ 电路中接入闭塞条件予以控制，即用半自动闭塞的开通继电器 KTJ 前接点来控制出站信号机的开放。在 11 线网络(LXJ 电路)的发车口部位，接入 KTJ 的第五组前接点和 XZJ 的第五组后接点，用前者证明闭塞机开通允许发车，用后者证明确已排除取消闭塞的可能。为了满足联锁电路双断控制的要求，用 KTJ 的第五组和第六组前接点来控制出站信号机的开放。6502 电路只需单断控制，只使用 KTJ 的第五组前接点，第六组前接点可作为备用接点。

2.3　与 64D 型相结合的计轴站间闭塞

2.3.1　概述

目前，我国铁路单线区段大多采用 64D 型继电半自动闭塞，这种闭塞设备适应于我国单线铁路站间距离短、列车成对运行和追踪系数小的特点，在保证行车安全，提高运输效率，改善劳动条件等方面发挥了显著作用。但由于站间未设置轨道电路，不能检查区间的占用状态，列车是否完整到达全靠车站值班员人为确认，不能可靠地保证列车在区间的运行安全。为此，我国研制了 ZD 型计轴站间闭塞。站间闭塞是自动检查区间空闲，随办理发车进路自动办理闭塞，列车凭出站信号机显示的行进信号发车后，出站信号机自动关闭，待列车出清区间后自动解除闭塞的一种闭塞方式。计轴站间闭塞是指采用微机计轴设备检查区间空闲的站间闭塞。ZD 型是指微机计轴设备与继电半自动闭塞组合而成的站间闭塞。

微机计轴设备的基本原理是当列车从发车站出发，通过进站信号机内方无岔区段上的电磁传感器时，车轮的屏蔽作用改变了电磁传感器接收磁头中磁场的分布，接收磁头将磁场变化的信息经通信电缆传送至设置在继电器室内的计轴器，由微处理机进行识别判断并计出出站列车的轴数。当列车到达相邻的接车站后，设在接车站的电磁传感器和计轴器以同样的方式计出出站列车的轴数，并与出发的列车轴数相比较。若两站所计轴数一致，则说明列车已从区间出清，区间处于空闲状态，计轴器将通过结合电路使半自动闭塞自动复原。如相邻两站所计轴数不一致，则说明区间有遗留车辆，计轴设备通过结合电路断开半自动闭塞的复原电路，使之不能办理到达复原，并给出声光报警。

微机计轴设备与轨道电路相比，具有以不受轨道状况(道床、轨枕材质)，线路状况(隧道、坡道、桥梁，弯道等)的影响及抗电化干扰能力强等优点，适用于电化和非电化区段，适用于各种特殊行车作业，如中途折返车、跟踪调车、越站调车、区间救援列车等。能与站内不同联锁设备相结合，接口电路简单，计轴对外接口为安全型继电器。防雷部件一体化，配线方便。与 64D 型继电半自动闭塞结合时，其站间数据传输可利用闭塞外线，互不干扰。最大传输距离可达 20 km，计轴容量为 65535 轴，适应列车速度为 0～200 km/h。由于控制微机采用双机冗余控制方式，并没有诊断与自诊设备，故计轴设备工作可靠，计轴准确。

在山区自动闭塞区段，由于地形复杂，线路坡度大，弯道多，故以钢轨作为信息传输的通道，因为轨道电路绝缘极易破损，可靠性差，维修困难，使故障时间延长。同时若某个别区间列车运行时间较长，将影响区段的通过能力，此时可将计轴设备与自动闭塞方向电路结合，在区间定点设置通过信号机，从而构成单线定点式计轴自动闭塞，以提高全区段的通行能力。

2.3.2 微机计轴设备的组成及其工作原理

微机计轴设备由传感系统、微机控制系统、站间传输系统及执行单元组成。微机计轴设备系统框图如图 2-31 所示。

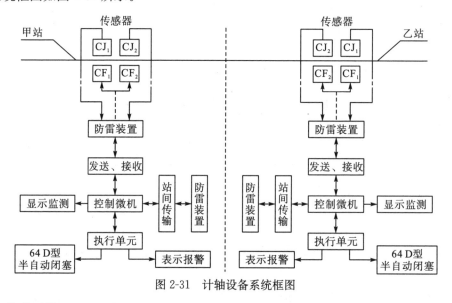

图 2-31 计轴设备系统框图

1. 传感系统

传感系统由传感器、发送电路和接收电路三部分组成。

(1)传感器。传感器为电磁有源传感器，其作用是将列车轮对通过传感磁头的次数转换成脉冲信号(采集轴信息)及辨别列车的运行方向。传感系统由两组发送和接收磁头组成，发送磁头安装在钢轨外侧，接收磁头安装在钢轨内侧，两磁头相互对应。两组磁头均设于进站信号机内方无岔区段(距进站信号机 3～5 m)的同一条钢轨上，两者相距 180～200 mm。发送及接收磁头均由绕在磁棒上的电感线圈及谐振电容器组成，磁头采用玻璃钢外壳密封。

由室内信号源同时向两个发送磁头(CF)发送等幅的 31.25 kHz 的载频信号，在发送磁头周围产生的交变磁场穿过接收磁头(CJ)中的接收线圈，则在调谐的接收线圈中产生较大幅值的感应电势，其感应电势大小与磁力线与接收线圈截面的夹角 $\sin \alpha$ 成正比。

　　当列车车轮距 CF/CJ 中心线 200 mm 以外时（无列车车轮通过时），磁力线与接收线圈的截面相交为α角［图 2-32(a)］，其感应电势最大，且相位与发送电压同相。当列车车轮进入距 CF/CJ 中心线 200 mm 范围内时，则发送线圈的磁力线与接收线圈的截面垂直。其夹角 α＝0［图 2-32(b)］，故接收线圈中的感应电势为零，其波形见图 2-33(a)中的"＊"。

　　当列车车轮压在磁头的中心线上时，发送线圈的磁力线由于车轮的屏蔽作用而与接收线圈的截面相交为－α角［图 2-32(c)］，接收线圈中的感应电势达到负的最大值，其相位与发送电压相反（相位差 180°），其波形见图 2-33(a)中的"·"。

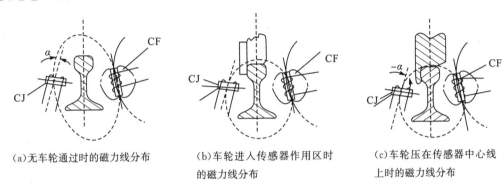

(a)无车轮通过时的磁力线分布　　(b)车轮进入传感器作用区时的磁力线分布　　(c)车轮压在传感器中心线上时的磁力线分布

图 2-32　列车车轮通过磁头时磁力线的分布

　　当列车车轮离开磁头，距 CF/CJ 中心线 200 mm 范围内时，发送磁头的磁力线与接收线圈截面垂直，夹角 α＝0，接收线圈中的感应电势又为零；当车轮距离磁头 200 mm 以上时，则接收线圈中的感应电势又达到最大值，并与发送电压同相。

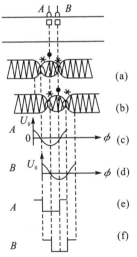

(a)、(b) A、B 接收磁头输出电压波形
(c)、(d) 鉴相器输出电压波形
(e)、(f) 轮轴脉冲信号

图 2-33　列车车轮通过磁头时的电压波形图

　　由以上叙述可知，当列车车轮经过有源电磁传感器时，车轴的屏蔽作用使接收线圈中磁力线的方向发生变化，从而产生电压幅值及相位的变化，即车轮对 31.25 kHz 载频信号进行了相位调制，此相位变化的大小可通过调整两磁头的相对位置来实现，最大可大于 170°。

(2)发送电路。发送由路的作用是向发送磁头发送载频信号，它由振荡器、分频器、选频放大器及功率放大器等电路组成，其电路框图如图 2-34 所示。

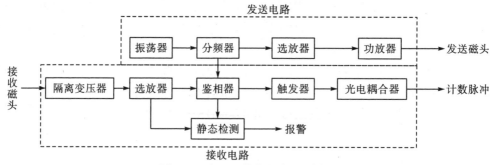

图 2-34　发送、接收电路原理框图

振荡器采用以石英晶体为振荡源的晶体振荡器，振荡频率为 4 MHz，经分频器分频后降至 31.25 kHz 的方波信号，再经选频放大器选频及功率放大器放大后，经一对电缆芯线传送给两个发送磁头。

(3)接收电路。接收电路的作用是采集轮轴信息，以形成轮轴计数脉冲。它由隔离变压器、选频放大器、鉴相器、触发器、光电耦合器及静态检测等电路组成，其电路框图如图 2-34 所示。

接收磁头所接收的感应电势分别通过两对电缆芯线传送至室内接收电路，首先经变压器隔离及阻抗变换，再经选频放大器进行滤波放大及整形器整形后，输出一方波信号作用于鉴相器的一个输入端；另外，从发送电路分频器送来的参考信号(频率与接收磁头输入信号频率相同，即 31.25 kHz)加至鉴相器的另一个输入端，两信号进行相位比较。当无车轮通过传感器时，两信号相位相同，鉴相器的输出电压为正的最大值；当车轮通过传感器接发磁头的中心线时，两信号相位反相，相位差为 180°，鉴相器的输出电压为负的最大值；当车轮进入距传感器接发磁头中心线 200 mm 的作用区段，两信号相位差为 $\pi/2$，$3\pi/2$ 时，鉴相器的输出电压均为零，其波形如图 2-33(b)所示。

显然，鉴相器的输出电压是输入信号电压与参考信号电压之间相位差的余弦函数。鉴相器的输出电压经施密特触发器整形后形成方波轮轴脉冲信号［其波形如图 2-33(c)所示］，经光电耦合器隔离送给微机计数。

接收电路具有静态检测功能，对传感器磁头发生短路、断路等故障时均能及时得到检测，并输出报警信号。

2. 微机控制系统

微机计轴设备的微机控制系统是由两套以 8031 单片机为核心，配以一定外围芯片构成的专用微机组成双机冗余控制系统，其框图如图 2-35 所示。

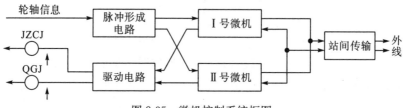

图 2-35　微机控制系统框图

微机控制系统是采用硬件结构相同、软件功能相同但处理方式相异的两套微机构成的双机控制系统。两套微机并行独立工作，由脉冲形成电路送来的轮轴脉冲信号进行双重计数，并相互核实后，一方面经站间传输系统送往对方站并与对方站送回的应答轮轴脉冲进行校核，另一方面根据所监督区间的占用或空闲状态，经驱动电路动作区间轨道电器 QGJ，同时两套微机还进行自检(对微机本身的软硬进行检测，如线间短路、断线及对各种指令，CPU 内的各寄存器、接口芯片、数据总线、地址总线等)，若发生故障，则计轴设备正常继电器 JZCJ 落下，并使 QGJ 也落下，发出报警信号，用 8279 芯片显示轴数及各种故障状态。

微机计取轮轴数的基本原理是，当列车的车轮经过传感器时，由接收磁头得到的轴信息经接收电路形成轴脉冲后送给微机计数。此轴脉冲有 1 和 2 两种状态，分别表示轴脉冲的有和无。由于每个计轴点采用了两组传感器，并按一定距离顺序安装在一条钢轨上，使得两组传感器的磁场作用范围有一个重合区。当车轮经过计轴点 A、B 传感器时，形成两个轴脉冲，如图 2-36 所示。微机计取一个完整的轮轴数及判别列车运行方向的方法是顺序读入轴脉冲的 4 种状态，如顺序为 11、10、00、01、11 时为计入轴脉冲，顺序为 11、01、00、10、11 时为计出轴脉冲。以上两种脉冲组合被微机计取，经整理鉴别后得出正确的轴数及判别列车的运行方向。

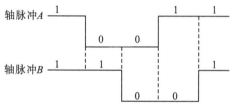

图 2-36　A、B 点传感器轴脉冲时序图

对于一个区间来说，其控制、计数、比较等经发接两站 4 套微机工作全部正常，所计轴数全部一致时，才能表示区间空闲，区间轨道继电器 QGJ 吸起，否则表示区间占用，从而保证了设备的安全和可靠。

3. 站间传输系统

站间传输系统是由调制解调器、放大器、整形器、二/四线转换器、滤波器及收发控制器等电路组成，其原理框图如图 2-37 所示。

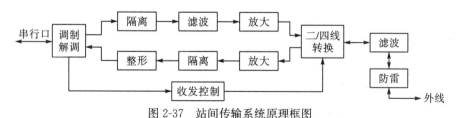

图 2-37　站间传输系统原理框图

调制解调器是由 8031 单片机配以一定的外围器件构成的，其作用是将微机输出的二进制数字信号转换为适合在外线上传输的音频信号(调制)，同时将对方站送来的音频信号转换成二进制数字信号(解调)输送给微机。其信号的调制和解调均由软件来完成。

信号传输的制式采用移频键控方式，用 f_1(5700 Hz)、f_2(3800 Hz)两种频率代表状态 1 和 0。将轮轴数等数字信息按一定格式进行编码，然后调制成音频模拟信号 f_1、f_2，经隔离、滤波、放大等电路环节，由收发控制器使二/四线转换器处于送信状态，则 f_1、f_2 通过外线传输到对方站。对方站收到此音频模拟信号（二/四线转换器处于收信状态）后，经过放大、隔离、整形后，由调制解调器转换成二进制数字信号送给 8031 单片机，其波形如图 2-38 所示。采用移频键控方式的优点是抗干扰能力强。

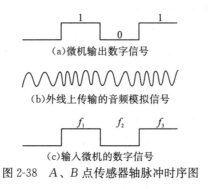

（a）微机输出数字信号

（b）外线上传输的音频模拟信号

（c）输入微机的数字信号

图 2-38　A、B 点传感器轴脉冲时序图

信息传输采用异步半双工通信方式，即相邻两站的计轴设备都可发送或接收计轴信息，但不能同时发送或接收。信息传输采用集中传送方式，即可以将轴数储存起来集中在某一时刻一起发送，只用几秒钟就可将数据往返传递数次，这样既缩短了占用外线的时间，又可减少外界的干扰。

相邻两站信息的交换方式采用复诵制，即回送对照自动重传的方式。这种信息传送过程可分 3 步：①发站向接站发送轮轴数；②接站收到计轴数据后进行校核，校核正确后生成应答信息码回送给发站；③发站收到接站回送的应答码后，与所发的计轴数据进行比较，结果一致则完成通信。若比较结果不一致，则信息传递将反复进行下去，直至数据一致为止。经一定的时间传递仍得不到一致的结果时，则证明外线或计轴设备故障，此时发出报警信号。

4. 执行电路

执行电路是由故障安全电子电路构成的驱动电路、区间轨道继电器 QGJ 和计轴设备正常继电器 JZCJ 组成。QGC 平时处于吸起状态，表示区间空闲，落下表示区间占用，该继电器受Ⅰ、Ⅱ号微机共同控制。当Ⅰ号微机设备自检及检测正常，数据效验正确，区间没有轴数，Ⅱ号微机表示空闲等条件时，则Ⅰ号微机输出 1，使控制 QGJ 驱动电路的与门打开。此时，Ⅱ号微机在其主程序循环体中每一循环所检测的内容（如程序运行的状态、数据及标志的正确与否，传感器、传输线、继电器等外部设备的工作状态，列车运行的结果，Ⅰ号微机是否表示空闲状态等）全部正常，则发出动态交流信号，使 QGJ 吸起。若有异常则 QGJ 落下并发出报警信号。

JZCJ 的作用是区分计轴设备故障还是区间占用，该继电器亦采用双机控制，由Ⅰ号微机动态驱动，Ⅱ号微机稳态控制，即Ⅱ号微机输出 0，Ⅰ号微机输出动态交流信号时，JZCJ 吸起，表示设备正常。若计轴设备故障，则 JZCJ 落下。

为了保证计轴设备故障后使区间表示占用，即满足"故障－安全"原则，将 JZCJ 的一组前接点串接在 QGJ 的励磁电路中，当计轴设备故障 JZCJ 落下时，使 QGJ 亦落下。

2.3.3　计轴站间闭塞结合电路

计轴设备与 64D 型继电半自动闭塞结合电路如图 2-39 所示，该电路由下列继电器组成。

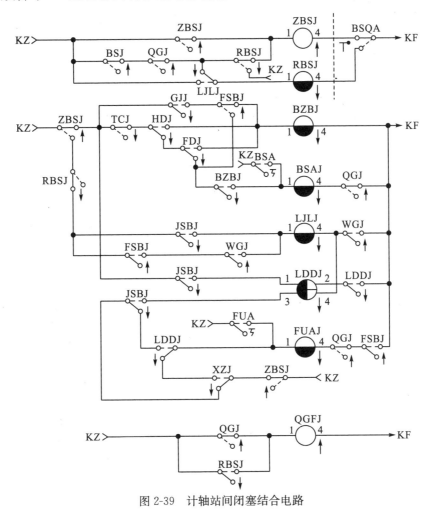

图 2-39　计轴站间闭塞结合电路

1. 站间闭塞继电器 ZBSJ（JWXC−1700）及人工闭塞继电器 RBSJ（JWXC−H340）

站间闭塞继电器 ZBSJ 及人工闭塞继电器 RBSJ 的作用是反映站间闭塞的闭塞方式，这两个继电器受设于控制台上的闭塞切换按钮 BSQA 及其他一些条件的控制。ZBSJ 励磁表示按站间闭塞方式行车，并点亮站间闭塞方式表示灯（绿灯）。

RBSJ 平时处于落下状态，当 RBSJ 励磁时，表示按半自动闭塞方式行车，并点亮半自动闭塞方式表示灯（红灯）。上述两个继电器均失磁时，表示按电话闭塞方式行车，并使红灯闪光。

2. 列车记录继电器 LJLJ（JWXC−H340）

列车记录继电器 LJLJ 的作用是当停用计轴设备时，将站间闭塞方式转为半自动闭塞的行车方式。当因某种原因停用计轴设备时，双方车站值班员确认区间空闲后，各自破铅封按闭塞切换按钮 BSQA，停用计轴设备。经用一次电话闭塞法行车确保区间空闲后，使 LJLJ 励磁，人工闭塞继电器 RBSJ 亦随之励磁，这时可按半自动闭塞方式行车。

3. 闭塞自动办理继电器 BZBJ(JWXC-H340)

闭塞自动办理继电器 BZBJ 的作用是自动办理闭塞。BZBJ 平时处于落下状态，在发车站办理发车进路时，由于进站口的股道检查继电器 GJJ 的励磁而使 BZBJ 励磁，在发车锁闭继电器 FSBJ 落下后，利用 BZBJ 的缓放而接通闭塞按钮继电器 BSAJ 电路，从而自动向接车站发送请求发车信号。对于接车站，当发送完自动回执信号 FDJ 失磁后，利用 BZBJ 的缓放而接通 BSBJ 电路，自动向发车站发送同意接车信号，从而实现办理闭塞的自动化。

4. 列车到达继电器 LDDJ(JWXC-H340)

列车到达继电器 LDDJ 的作用是记录列车到达接车站，该继电器平时处于落下状态，进站信号机开放，列车进入进站信号机内方第一个轨道电路区间段时 WGJ 落下，接通 LDDJ 的励磁电路，LDDJ 吸起并自闭。待列车完整到达、接车锁闭继电器 JSBJ 失磁后，切断其自闭电路，利用 LDDJ 的缓放瞬间(0.5 s)接通复原按钮继电器 FUAJ 电路，从而使半自动闭塞机复原，自动解除闭塞。

5. 区间轨道辅助继电器 QGFJ(JWXC-1700)

在站间闭塞方式中，QGFJ 为 QGJ 的复示继电器，当单独采用半自动闭塞方式时，通过按闭塞切换按钮使 QGFJ 保持在励磁状态。

6. 其他结合电路

当站间闭塞时，为使列车完整进站后自动解除闭塞，需使轨道继电器 GDJ 及 JSBJ 提前动作，在 GDJ 电路中增加了一条由 QGFJ 前接点构成的励磁电路。在 JSBJ 自闭电路中，将进站信号机内方第一轨道电路区段进路继电器的后接点条件改为 QGFJ 的后接点。当列车完整进站后 QGFJ 励磁，一方面接通 GDJ 的励磁电路，另一方面切断 JSBJ 的自闭电路。

为使区间有车占用时不得办理闭塞、取消闭塞、事故复原及开放出站信号机，在 BSAJ、FUAJ、SGAJ 及 KTJ 电路中均串入 QGFJ 的前接点。

在 FUAJ、SGAJ 电路中还串入了 FSBJ 的前接点，以保证在发车进路未解锁时，不能办理取消复原和事故复原。

取消发车进路，发车进路解锁后，利用选择继电器 XZJ 前接点及 FSBJ 前接点接通 FUAJ 电路，自动解除闭塞。

2.3.4 计轴站间闭塞工作过程

发车站值班员办理发车进路时进站口的股道检查继电器 GJJ 吸起，用其前接点接通闭塞自动办理继电器 BZBJ 的励磁电路。当发车进路锁闭，FSBJ 失磁后，BZBJ 的励磁电路被切断,利用 BZBJ 缓放瞬间(0.5 s)接通 BSAJ 的励磁电路,从而向接车站发送请求发车信号。

接车站收到请求发车信号后,使 HDJ 吸起,从而接通了接车站的 BZBJ 励磁电路。当自动回执信号发送完毕后,通过 HDG、FDJ 的后接点及 BZBJ 的前接点(缓放)使接车站的 BSAJ 励磁,向发车站发送同意接车信号。发车站收到同意接车信号后,出站信号机自动开放。

列车从发车站出发进入传感器计轴点时,计轴设备中的控制微机开始计数,并判定列车运行方向。当计入第一个轴时,微机停止向区间轨道继电器 QGJ 发送脉冲,使 QGJ 落下。同时向接车站发送某一频率的 1 占用信息,使接车站的区间轨道继电器 QGJ 落下。此时,两站的区间占用表示灯红灯亮,表示区间占用。

当列车通过发车站传感器计轴点后,等待 3 s 后,由微机将所计的轴数及计入状态等进行编码,使引导位、起始位、两组软件计轴数、状态、结束位等形成串行发送码,向接车站传送。

当接车站收到起始位后,将串行数据按位寄存,并将两组数据进行比较。如果发现两组数据不相同,则等待对方重发。校核正确后,编制应答码向发车站发送。

发车站收到应答码,对收发进行校核,如果相同,则停止发送;如果不同或收不到应答,则重新向对方站发送。如 4 次往返收发出错或收不到应答,则发出故障警告。

当接车站收数正确,发车站接收应答也正确停止再发后,两站同时显示驶入区间的列车计轴数。

接车站值班员办理接车进路,开放进站信号机。当列车进站,经过接车在站的传感器计轴点时,接车站的计轴设备开始计数并判定列车运行方向。此时,接车站的列车到达继电器 LDDJ 经 JSBJ 的后接点及进站信号机内方第一轨道继电器 WGJ 的后接点励磁并自闭。

当列车全部通过计轴点后,接车站的计轴设备将所计轴数及计出状态等发往发车站。经两站微机对轴数进行比较后,轴数相等时,表明列车完整到达。此时两站的微机送出交流信号,使各自的 QGJ 吸起,表示区间空闲。此时,接车站的 FUAJ 经 JSBJ 的后接点、LDDJ 的前接点(缓放 0.5 s)及 QGJ、FSBJ 的前接点而励磁,使两站闭塞机自动复原。

若两站计轴设备所计轴数不等,由于 QGJ 落下切断了 FUAJ 的电路,半自动闭塞机不能复原,并发出报警信号。

当计轴设备发生故障时,计轴设备正常继电器 JZCJ 落下,发出报警信号,并使计轴设备停止工作。此时,车站值班员确认区间空闲后,按闭塞切换按钮 BSQA(带铅封),从而断开计轴条件,按半自动闭塞方式行车。

思考题

1. 什么叫半自动闭塞?它有哪些优点?其主要缺点是什么?应如何克服?

2. 64D 型继电半自动闭塞两站间传递几个正极性闭塞信号?说明发送这些正极性闭塞信号的时机和条件。

3. 64D 型继电半自动闭塞有几个闭塞信号是自动发送的?是如何实现自动发送的?

4. 简述继电半自动闭塞的设备组成。其中哪些与电气集中联锁有联系？

5. 简述继电半自动闭塞正常办理的手续。在什么情况下办理取消复原？应如何办理？在哪些情况下办理事故复原？应如何办理？

6. 简述线路继电器电路的工作原理。

7. 简述信号发送器的工作原理。

8. 发车接收器电路的各个继电器的励磁条件和失磁条件是什么？

9. 接车接收器电路的各个继电器的励磁条件和失磁条件是什么？

10. 闭塞继电器何时失效？失磁后何时励磁？

11. 复原继电器在各种复原时如何励磁？

12. GDJ 在什么情况下复示现场轨道继电器的状态？

13. 64D 型继电半自动闭塞与 6502 电气集中有哪些联系？

14. 当发车站的发车表示灯及接车站的接车表示灯均亮黄灯时，接车站能否办理取消复原？为什么？

15. 当两站的值班员同时办理请求发车（同时按 BSA 又同时松开）时，其闭塞机的状态如何？如何恢复？

16. 在接车站同意接车后（JBD 点绿灯），发车站办理取消复原时，如何切断同意接车继电器 TJJ 的自闭电路？

17. 若与 FDJ 线圈并联的电容器 C_1 断线，当接车站办理到达复原时，会出现什么现象？

18. 若将两站闭塞机的闭塞外线接反，写出此时发车站办理事故复原时的电路动作程序。

19. 若本站的线路电源接反，当本站闭塞机停电恢复时会产生什么现象？

20. 区间空闲检查设备有哪两种？

第3章 区间自动闭塞基础

3.1 自动闭塞概述

3.1.1 自动闭塞的基本概念

目前，我国铁路采用的行车闭塞方法主要有半自动闭塞和自动闭塞两种。

半自动闭塞由人工办理闭塞手续，列车凭出站信号机的允许信号显示出发，出站信号机在列车出发后自动关闭，列车到达接车站经人工确认整列到达后办理到达复原，解除闭塞。半自动闭塞利用车站来隔离列车，即两站间的区间同时只允许一列列车运行。半自动闭塞具有设备简单、使用方便、维修容易、投资少、安装快等优点，因此得到了广泛使用，采用半自动闭塞虽然在一定程度上保证了行车安全，但不能充分发挥铁路线路（尤其是双线）的能力。而且由于区间没有空闲检查设备，必须由人工确认列车的整列到达，尤其是事故复原的安全操作得不到保证，所以行车安全程度不高，且影响运输效率。

自动闭塞是根据列车运行及有关闭塞分区状态自动变换通过信号机显示而司机凭信号行车的闭塞方法，它是一种先进的行车闭塞方法。自动闭塞是在列车运行过程中自动完成闭塞作用的。双线单方向自动闭塞如图3-1所示，它将一个区间划分为若干小段，即闭塞分区，在每个闭塞分区的起点装设通过信号机（图3-1中的1、3、5、7和2、4、6、8信号机均为通过信号机），用以防护该闭塞分区。每个闭塞分区内都装设轨道电路（或计轴器等列车检测设备）；通过轨道电路将列车和通过信号机显示联系起来，根据列车运行及有关闭塞分区的状态使通过信号机的显示自动变换。由于闭塞作用的完成不需要人工操纵，故称为自动闭塞。

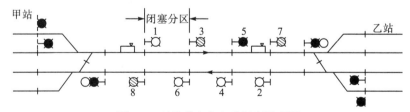

图 3-1 双线单方向自动闭塞示意图

自动闭塞不需要办理闭塞手续，并可开行追踪列车，既保证了行车安全，又提高了运输效率。与半自动闭塞相比，自动闭塞具有以下优点。

（1）由于两站间的区间允许续行列车追踪运行，大幅度地提高了行车密度，显著提高了区间通过能力。

（2）由于不需要办理闭塞手续，简化了办理接发列车的程序，因此既提高了通过能力，又大大减轻了车站值班人员的劳动强度。

（3）由于通过信号机的显示能直接反映运行前方列车所在位置以及线路的状态，确保了列车在区间运行的安全。

（4）自动闭塞还能为列车运行超速防护提供连续的速度信息，构成更高层次的列车运行控制系统，保证列车高速运行的安全。

由于自动闭塞具有明显的技术经济效益，所以广泛应用于各国铁路（尤其是双线铁路）。同时由于自动闭塞便于和列车自动控制、行车指挥自动化等系统相结合，它已成为现代化铁路必不可少的基础设备。

3.1.2　自动闭塞的基本原理

自动闭塞通过轨道电路（或计轴器等列车检测设备）自动检查闭塞分区的占用情况，根据轨道电路的占用和空闲状态，通过信号机自动变换其显示，以指示列车运行。

图 3-2 所示为三显示自动闭塞基本原理图，通过信号机的不同显示是调整列车运行的命令。三显示自动闭塞通过信号机的显示意义如下。

一个绿色灯光——准许列车按规定速度运行，表示运行前方至少有两个闭塞分区空闲。

一个黄色灯光——要求列车注意运行，表示运行前方只有一个闭塞分区空闲。

一个红色灯光——列车应在该信号机前停车。

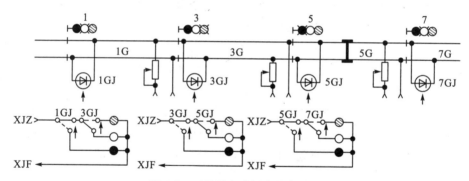

图 3-2　三显示自动闭塞基本原理

通过信号机平时显示绿灯，即定位开放式，只有当列车占用该信号机所防护的闭塞分区或线路发生断轨等故障时，才显示红灯——停车信号。

每架通过信号机处为一个信号点，信号点的名称以通过信号机命名。例如，通过信号机 1 处就称为 1 信号点。

现以图 3-2 为例说明自动闭塞的工作原理。当列车进入 3G 闭塞分区时，3G 的轨道电路被列车车轮分路，轨道继电器 3GJ 落下，通过信号机 3 显示红灯，则通过信号机 1 显示黄灯。当列车驶入 5G 闭塞分区并出清 3G 闭塞分区时，轨道继电器 3GJ 起，5GJ 落下，因而通过信号机 5 显示红灯，通过信号机 3 显示黄灯，通过信号机 1 显示绿灯。

通过对三显示自动闭塞基本原理的叙述，可得出以下几点结论。

（1）通过信号机的显示是随着列车运行的位置而自动改变的。当显示黄灯时，列车运行前方只有一个闭塞分区空闲；当显示绿灯时，列车运行前方至少有两个闭塞分区空闲。

（2）通过信号机的禁止信号（红灯显示）是利用轨道电路传送的，而其他显示信息可以利用轨道电路，也可利用电缆传送。对于三显示自动闭塞必须传递 3 种以上的信息。

（3）若利用轨道电路传送信息，在每个信号点处不但有接收本信号点信息的接收设备，同时还必须有向前方信号点发送信息的发送设备。

虽然自动闭塞有不少制式，但它们有着共同的特点，即大多是以轨道电路为基础构成的，也就是说是采用轨道电路来传输信息的.

3.1.3　自动闭塞的技术要求

自动闭塞设备应符合现行的铁道行业标准《铁路自动闭塞技术条件》（TB/T1567）、《铁路技术管理规程》（简称《技规》，下同）、《铁路信号设计规范》（TB10007）的规定，主要介绍如下。

（1）自动闭塞制式分为三显示和四显示两种，一般采用三显示自动闭塞，在新建或改建铁路上，列车运行速度超过 120 km/h 的区段应采用四显示自动闭塞。

（2）电气化区段的双线或多线自动闭塞，运输需要时可按双方向运行设计，其他区段的自动闭塞亦宜按双方向运行设计。当双线按双方向运行设计时，反方向可不设通过信号机，根据机车信号指示运行，也可设计为自动闭塞或自动站间闭塞运行。

（3）在客货列车混运的双线自动闭塞区段，列车追踪运行间隔应符合下列规定。

①双线三显示自动闭塞区段宜采用 7 min 或 8 min，有条件的区间可采用 6 min。

②采用四显示自动闭塞时，其列车追踪间隔宜采用 6 min 或 7 min。

③单线三显示自动闭塞宜采用 8 min。

④闭塞分区的划分根据实际情况可按规定的列车追踪间隔时间增加或减少，当根据需要增加时，不得超过规定追踪时间的 10%，反向运行的列车追踪间隔时间可大于正向运行的列车追踪间隔时间。

（4）三显示自动闭塞宜在规定的列车追踪间隔时间内划分 3 个闭塞分区排列通过信号机。在区间内遇有困难的上坡道或从车站发车时划分 3 个闭塞分区有困难，可按两个闭塞分区划分（按两个闭塞分区设置通过信号机，不得增加规定的列车追踪间隔时间，包括司机确认信号变换显示的时间）。从车站发车还应考虑确认出站信号机显示、车站值班员指示发车信号、车长指示发车信号及列车启动所需的时间。

三显示自动闭塞分区的最小长度应满足列车的制动距离（该制动距离包括机车信号、自动停车装置动作过程中列车所行走的距离，其动作时间不应大于 14 s），其长度不应小于 1200 m，但采用不大于 8 min 运行间隔时间时，不得小于 1000 m。进站信号机前方第一个闭塞分区长度一般不大于 1500 m。

四显示自动闭塞在确定的运行间隔时间内按 4 个闭塞分区排列通过信号机，四显示自动闭塞每个闭塞分区的长度应满足速差制动所需的列车制动距离。列车运行速度超过 120 km/h 时，紧急制动距离由两个及两个以上闭塞分区长度来保证。

双线双方向运行的自动闭塞反方向运行时，宜沿用正方向运行时划分的闭塞分区，当闭塞分区的长度不能满足列车制动距离时，可将相邻两闭塞分区合并。

(5)通过信号机的设置除应满足列车牵引计算的有关规定外，还应符合下列原则。

①通过信号机应设在闭塞分区或所间区间的分界处，不应设在停车后可能脱钩的处所，并尽可能不设在启动困难的地点。

②在确定的运行时隔内按3个或4个闭塞分区排列通过信号机时，应使列车经常在绿灯下运行。

(6)自动闭塞的通过信号机采用经常点灯方式，并能连续反映所防护闭塞分区的空闲和占用情况。

在单线自动闭塞区段，当一个方向的通过信号机开放后，另一方向的通过信号机必须处于灭灯状态，与其衔接的车站向区间发车的出站信号机开放后，对方站不能向该区间开放出站信号机。

(7)当进站或通过信号机红灯灭灯时，其前一架通过信号机应自动显示红灯。

(8)在自动闭塞区段，当闭塞分区被占用或有关轨道电路设备失效时，防护该闭塞分区的通过信号机应自动关闭。在双向运行区段，有关设备失效时，经两站有关人员确认后，可通过规定手续改变运行方向。

(9)自动闭塞应有与本轨道电路信息相适应的连续式机车信号，四显示自动闭塞必须有超速防护设备。

(10)在自动闭塞区段内，当货物列车在设于上坡道上的通过信号机前停车后启动困难时，在该信号机上应装容许信号。但在进站信号机前方第一架通过信号机上不得装设容许信号。

(11)自动闭塞电路及设备应满足铁路信号"故障－安全"原则。

(12)自动闭塞必须采用闭路式轨道电路，轨道电路应能实现一次调整。在空闲状态下，当道碴电阻为最小标准值、钢轨阻抗为最大标准值，且交流电源电压为最低标准值时，轨道电路设备应稳定可靠地工作。当电源电压和道碴电阻为最大标准值时，用标准分路电阻(0.06 Ω)在轨道电路任意点进行分路，接收设备应确保不工作。轨道电路的设计长度应不大于极限传输长度的80%。轨道电路钢轨绝缘破损时，通过信号机不应错误地出现升级显示。轨道电路在工频交流、断续电流和其他迷流干扰的作用下，应有可靠的防护性能。

在电气化区段发生扼流变压器断线时，在两根轨道中无牵引电流及最不利道碴电阻的条件下，接收设备应确保不工作，若不能满足此要求，应满足扼流变压器断线条件下轨道电路的分路要求。

(13)当自动闭塞设备故障或受外电干扰时，不使敌对信号机开放。

(14)自动闭塞信号显示应变时间不应大于4 s。

(15)三显示自动闭塞信息量不应少于4个信息，四显示自动闭塞不应少于5个信息。

(16)自动闭塞的故障监测和报警设备应满足以下要求。

①监测和报警设备发生故障时，应不影响自动闭塞正常工作。

②监测设备应能连续监督有关设备的工作状态。无论主机或副机发生故障均应报警，在双机并联使用时，其中一机故障应不中断系统的正常工作，当采用主、副机倒换方式时，若主机发生故障，应能自动接入副机工作。

③监测设备应能准确判断故障地点和故障性质。

(17)自动闭塞设备宜集中装设。

(18)自动闭塞应有防雷措施，并符合铁路信号有关防雷的规定。

3.1.4　自动闭塞的分类

自动闭塞一般是根据运营上和技术上的特征来进行分类的。

1. 按照行车组织方法分类

自动闭塞按照行车组织方法可分为单线双向自动闭塞和双线单向自动闭塞和双线双向自动闭塞。

在单线区段，只有一条线路，既要运行上行列车，又要运行下行列车。为了调整双方向列车的运行，在线路的两侧都要装设通过信号机，这种自动闭塞称为单线双向自动闭塞，如图 3-3 所示。

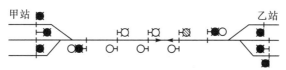

图 3-3　单线双向自动闭塞

在双线区段，以前一般采用列车单方向运行的方式，即一条铁路线路只允许上行列车运行，而另一条铁路线路只允许下行列车运行。为此，对于每一条铁路线路仅在一侧装设通过信号机，这样的自动闭塞称为双线单向自动闭塞，如图 3-1 所示。

为了充分发挥铁路线路的运输能力，在双线区段的每一条线路上都能双方向运行列车，这样的自动闭塞称为双线双向自动闭塞，如图 3-4 所示。正方向设置通过信号机，反方向运行的列车是以机车信号的显示作为行车命令的，即此时以机车信号作为主体信号。

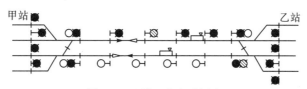

图 3-4　双线双向自动闭塞

双线单向自动闭塞只防护列车的尾部，而单线双向或双线双向自动闭塞必须对列车的尾部和头部两个方向进行防护。为了防止两方向的列车正面冲突，平时规定一个方向的通过信号机亮灯，另一个方向的通过信号机灭灯（或另一个方向的机车信号没有信息），只有在需要改变运行方向，而且在区间空闲的条件下，由车站值班员办理一定的手续后才能允许反方向的列车运行。

2. 按通过信号机的显示制式分类

自动闭塞按照通过信号机的显示制式可分为三显示自动闭塞和四显示自动闭塞。

三显示自动闭塞的通过信号机具有 3 种显示，能预告列车运行前方两个闭塞分区的状态。当通过信号机所防护的闭塞分区被列车占用时显示红灯，仅它所防护的闭塞分区空闲时显示黄灯，其运行前方有两个或两个以上的闭塞分区空闲时显示绿灯。

三显示自动闭塞能使列车经常按规定速度在绿灯下运行，并能得到前方一架通过信号机显示的预告，基本上能满足运行要求，又能保证行车安全，因此得到了较广泛的应用。

　　列车运行在三显示自动闭塞区段，越过显示黄灯的通过信号机时开始减速，至次架显示红灯的通过信号机前停车，因此要求每个闭塞分区的长度绝对不能小于列车的制动距离。随着列车速度和密度的不断提高，在一些繁忙的客货混运区段，各种列车运行的速度和制动距离相差很大，如市郊列车等需经常停车，且制动距离短，要求实现最小运行间隔，闭塞分区长度越短越好，而高速客车、重载货车制动距离长，闭塞分区长度不能太短。三显示自动闭塞不能解决这一矛盾，提高区间通过能力的最好方法是采用四显示自动闭塞。

　　四显示自动闭塞是在三显示自动闭塞的基础上增加一种绿黄显示，如图 3-5 所示。它能预告列车运行前方 3 个闭塞分区的状态，列车以规定的速度越过绿黄显示后必须减速，以使列车在抵达黄灯显示下运行时不大于规定的黄灯允许速度，保证在显示红灯的通过信号机前停车；而对于低速、制动距离短的列车，越过绿黄显示后可不减速。由于增加了绿黄显示，就化解了上述矛盾。

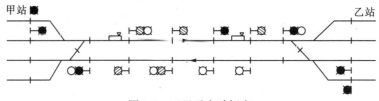

图 3-5　四显示自动闭塞

　　四显示自动闭塞的信号显示具有明确的速差含义，是真正意义上的速差式自动闭塞，列车按规定的速度运行能确保行车安全。四显示自动闭塞能缩短列车运行间隔，缩短闭塞分区长度，提高运行效率。

3. 按闭塞设备放置方式分类

　　按自动闭塞设备放置方式可将自动闭塞分为分散安装式自动闭塞和集中安装式自动闭塞。

　　分散安装式自动闭塞的设备放置在每个信号点处。分散安装方式造价较低，设备安装在铁路沿线，受环境温度影响大，所以设备工作稳定性较差，故障率较高，也不利于维护。集中安装式自动闭塞的设备集中放置在相近的车站继电器室内，用电缆与通过信号机相联系。集中安装式自动闭塞极大地改善了设备的工作条件，提高了设备的稳定性和可靠性，便于维修，但需大量电缆，造价较高。

4. 按传递信息的特征分类

　　按自动闭塞传递信息的特征可将自动闭塞分为交流计数电码自动闭塞、极频自动闭塞和移频自动闭塞等。

　　交流计数电码自动闭塞以交流计数电码轨道电路为基础，以钢轨作为传输通道传递信息，不同信息的特征靠电码脉冲和间隔构成不同的电码组合来区分。交流信号的频率在非电气化区段是 50 Hz，而在电气化区段是 25 Hz，以与 50 Hz 牵引电流相区别。用不同的电码周期的方法解决相邻轨道电路的干扰。交流计数电码自动闭塞采用电磁元件，电路简单，对工作环境要求不高，工作稳定，传输性能好，轨道电路长度可达 2600 m，具有断轨检查性能。但是在技术上已落后，信息构成简单，抗干扰性能不强，绝缘节破损时可能出现升级显示；当区间发送设备有一处故障时，会同时造成两相邻信号机亮红灯的故障，影响效率；接点磨损严重，维修周期短；信息量少，不能满足所需要的信息要求；应变时间长，最长达 20 s，不能适应铁路运输发展的需要，而且存在着冒进信号的危险，但经过微电子改造后，性能有所改善。

极性频率脉冲自动闭塞（简称极频自动闭塞）以极性频率脉冲轨道电路为基础，以钢轨作为通道传递信息，不同信息的特征是靠两种不同极性和每个周期内不同数目的脉冲来区分的。其设备采用电子电路组匣方式。采用工频电源相位交叉来防止相邻轨道电路的干扰，用锁相原理使发送系统设备故障后导向安全，接收端设有抗交流工频连续干扰的抑制电路。极频自动闭塞设备简单，原理简明，容易掌握；轨道电路传输性能较好，长度可达 2600 m；断轨检查性能较好。但其信息简单，抗来自外界的交直流连续干扰性能差，对于邻线干扰和不规则的脉冲干扰没有防护措施，对于一般离散的脉冲干扰以及脉冲尾的干扰很难防护，不适用于电气化区段，因其对接触网火花、晶闸管调速机车的牵引和再生制动、斩波器机车牵引所引起的谐波干扰难以防护。

移频自动闭塞以移频轨道电路为基础，用钢轨传递移频信息，是一种选用频率参数作为信息的制式，利用调制方法把规定的调制信号（低频信息）搬移到载频段形成振荡，由上下边频构成交替变化的移频波形，其交替变化的速率就是调制信号频率，其信息特征就是不同的调制信号频率。采用不同载频交叉来防护相邻轨道电路绝缘节的破损、上下行邻线的串漏、站内相邻区段的干扰。对工频及其谐波的防护采用躲开的方法，站内将载频选在工频的偶次谐波上，区间选在奇次谐波上。移频自动闭塞抗干扰性能强；设备无接点化，组匣化，工作寿命长，维修方便；信息量相对较大，技术较先进；适用于电气化和非电气化区段。但在站内相邻线路干扰和绝缘节破损的情况下，因轨道电路载频单边互相侵入曾发生过险性事故，对电力机车的干扰也存在一定的问题；检查断轨性能差，因频率较高，轨道电路长度受到限制，传输长度为 1950 m；设备较复杂，造价较高，对防雷需特殊电路，调整困难，对元件参数要求过严，尤其是在电气化区段使用时受吸流线、回流线的电流等影响，使轨道电路性能变坏而造成许多不良后果，乃至危及行车安全。

另外，20 世纪 80 年代出现的 25 Hz 相敏自动闭塞，以 25 Hz 相敏轨道电路为基础，有较强的抗干扰性能，特别适用于电气化区段。但 25 Hz 相敏轨道电路不能发送机车信号信息，故必须在其上叠加移频轨道电路。

5. 按是否设置轨道绝缘分类

自动闭塞按照是否设置轨道绝缘分为有绝缘自动闭塞和无绝缘自动闭塞。

传统的自动闭塞在闭塞分区分界处均设有钢轨绝缘，以分割各闭塞分区。但钢轨绝缘的设置不利于线路向长钢轨、无缝化发展，钢轨绝缘损坏率高，影响设备的稳定工作，且增加了维修工作量和费用。尤其是在电气化区段，牵引电流为了通过钢轨绝缘，必须安装扼流变压器，缺点更显著，于是出现了无绝缘自动闭塞。无绝缘自动闭塞以无绝缘轨道电路为基础，无绝缘轨道电路分谐振式和感应式两种，取消了区间线路的钢轨绝缘，满足了铁路无缝化、电气化发展的需要。

6. 按列车牵引方式分类

自动闭塞按列车牵引方式可分为非电气化区段自动闭塞和电气化牵引区段自动闭塞。

电气化区段的轨道电路不但是轨道电路的回路，而且是列车牵引电流的回线，因此，电气化区段的自动闭塞必须具有抗不平衡牵引电流的能力。

3.2　区间通过信号机的设置

自动闭塞是利用通过信号机的不同显示来指挥列车追踪运行的一种行车闭塞方式，两列续行列车之间的空间间隔是由通过信号机的位置决定的。通过信号机的设置位置是根据规定的运行时隔、列车速度曲线以及路线地形，采用规定的设计方法，以及给定列车运行时隔来确定的，而不是等间隔设置的。

3.2.1　三显示自动闭塞通过信号机的布置

自动闭塞通过信号机的布置关系着整个区段的通过能力和行车安全，因而必须仔细考虑。所谓通过能力就是铁路线路每昼夜通过的列车对数。例如，双线自动闭塞区段追踪列车之间按 8 min 时间间隔运行时，通过能力为

$$N = 1400/8 = 180(对)$$

由上式知，列车运行间隔越长，通过能力越小，间隔时间越短，通过能力越大。但间隔时间不能太短，否则就会影响列车运行安全。所以确定列车追踪间隔时间，以在保证列车安全的条件下，以最大限度地提高区间通过能力为原则。

1. 三显示区间通过信号机的布置原则及要求

布置原则和要求是指导性的文件，在布置信号机之前必须逐点了解掌握，其主要原则和要求如下。

(1)区间通过信号机应在进出信号站位置确定后开始布置。进站信号机与正线上的出站信号机应视为一个区间，其长度应满足制动距离的要求。

(2)一般情况下必须按间隔 3 个闭塞分区布置区间通过信号机。在上坡道上，按间隔 3 个闭塞分区布置信号机，不能满足最小闭塞分区为 1200 m 的要求时，可按间隔 2 个闭塞分区布置区间通过信号机。

(3)在停车站发车时，应按间隔 2 个闭塞分区布置通过信号机。技术作业站、单线区段中间站均按停车站考虑。

(4)闭塞区间的长度不得小于 1200 m，特殊情况下，考虑到通过能力的要求，经铁道部批准可小于 1200 m，但必须确保达到制动距离的要求。闭塞分区的长度最好不要超过轨道电路的极限长度，否则要增加分割点设备。

(5)预告信号机至进站信号机的距离一般要求不小于 1200 m，同时不大于 1500 m。

(6)通过信号机不准设在大型桥梁上和隧道内，质量大的货物列车停车后不易启动的地点，易使列车断钩的地点，须利用动能闯坡的地点。若通过信号机必须设在启动困难的地点，即坡度大于启动坡度时，必须附设容许信号，但预告信号机上禁止附设容许信号。

(7)为了保证安全，在大型桥梁上和隧道内一般不能装设通过信号机，信号机应尽可能设在桥梁或隧道的入口前面。

(8) 为了节省建筑费用及维修方便，上下行方向的信号机在不影响通过能力及瞭望的情况下，应尽可能并列设置。为了达到此目的，必要时可在一个方向增加信号机，但每个区间不应超过一架。另外在调整信号机位置时，应尽量保证追踪列车最小间隔时间。当不能保证最小间隔时间时，可根据实际情况允许按确定的最小间隔时间增加 1 min。但按 2 个闭塞分区划分排列信号机时，则不允许增加确定的间隔时间。

(9) 信号机应尽量布置在直线上或便于司机瞭望的地方，在最困难的地段也要保证不小于 200 m 的显示距离。在长轨线路上布置通过信号机时，应尽量设在长轨缝上，避免锯轨。如因条件限制不能设在轨缝上，则应提出锯轨坐标和数量。

(10) 信号机位置确定之后，应进行编号。号码由信号机的坐标千米数和百米数组成，下行方向编奇数，上行方向编偶数。

2. 速度曲线的绘制和时间点的刻划

速度曲线 $V = f(s)$ 是按照"列车牵引计算规程"进行计算后作出的，具体作法可参考运营基础方面的资料。

得到速度曲线后，在曲线上刻划时间点，时间点以分钟为单位，在要求精确的情况下可以半分钟为单位。在速度曲线上刻划时间点的方法如下。

首先用透明纸绘制一个等腰三角形。三角形的高表示速度，按照速度曲线所使用的比例尺为 60 km/h，即 1 km/min，而其底边的长度的比例尺为 1km，如图 3-6 所示。列车由 A 行至 B 行时需要 1 min，当作一平行于 AB 的直线 EF 时，线段 EF 同样表示列车运行 1 min 的距离。在要求精确时，可作半分板的三角形。刻划时间点的方法是：将三角形放在速度曲线上，如图 3-7 所示，使三角形的顶点与速度等于零的 O 点重合，底边线与线路平行，将三角形平行右移，使左边的腰与速度曲线上的时间点 1 重合，这时三角形右边的腰与速度曲线的交点就是时间点 2，由时间 1 到时间点 2 相当于列车在区间内又运行了 1 min；这样继续将三角形右移，就可得到时间点 3～时间点 5。根据此时间点就可按照确定的间隔时间布置通过信号机。

时间点的刻划也可通过计算机计算后，在绘制速度曲线时直接刻划在速度曲线上。

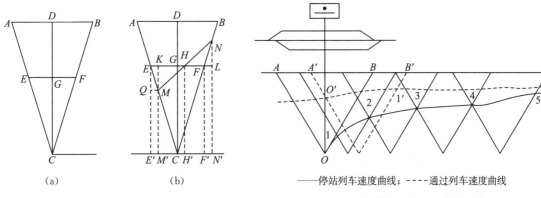

(a)　　　　　　　　　(b)　　　　　　——停站列车速度曲线；- - - -通过列车速度曲线

图 3-6　运行速度三角形　　　　　图 3-7　速度曲线上刻划时分点的方法

3. 确定列车运行时间间隔

(1) 列车间隔 3 个闭塞分区，在绿灯下运行，如图 3-8(a) 所示。

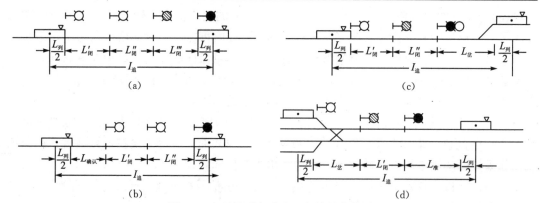

图 3-8　三显示列车追踪运行的基本情况

注：$L'_{闭}$、$L''_{闭}$、$L'''_{闭}$ 为闭塞分区长度；$L_{确认}$ 为司机确认信号显示所需时间内列车运行的长度；

$L_{岔}$ 为进站信号至警冲标的距离

从图 3-8(a)中可看出，按 3 个闭塞分区间隔运行时，最小间隔时间可按式(3-1)求得，即

$$I_{追} = \frac{0.06(3L_{闭} + L_{列})}{V_{平均}} \tag{3-1}$$

式中，$I_{追}$ 为追踪间隔时间，min；$L_{闭}$ 为闭塞分区长度，m，按规定 $L_{闭} \geqslant 1200$ m；$L_{列}$ 为列车长度，m；0.06 为化 km/h 为 m/min 的系数；$V_{平均}$ 为绿灯追踪下的列车平均速度，km/h。

计算时应注意，$L_{闭}$ 应按最长的区段计算，即按最困难区段考虑。

(2)列车间隔两个闭塞分区，在黄灯下运行，其运行情况如图 3-8(b)所示，最小间隔时间可按式(3-2)求得，即

$$I_{追} = \frac{0.06(2L_{闭} + L_{列})}{V_{平均}} + t_{确} \tag{3-2}$$

式中，$t_{确}$ 为司机确认信号变换显示的时间，一般为 0.25 min；$V_{平均}$ 为黄灯运行下的列车平均速度，km/h。

这种方式使列车经常在黄灯下运行，不能提高车速。因此，只能在个别困难区段(在区间遇有困难的上坡道或由车站发车，当按确定的运行间隔不能满足划分 3 个闭塞分区的要求时)才采用。

根据以上公式可算出某区段的最小间隔时间的参考值，《铁路信号设计规范》规定采用 7 min 或 8 min 的最小间隔时间，有条件的区段采用 6 min 的最小间隔时间。究竟采用哪种最小间隔时间，要考虑线路运量的繁忙程度、线路状况、机车类型等。其方法可以先按机车类型初步确定采用 7 min、8 min 或 6 min 间隔时间，然后根据该区段线路进行具体分析。

其中京九线带超速防护系统的三显示移频自动闭塞按 6 min 布置。

(3)接近车站的间隔时间

如图 3-8(c)所示，其运行间隔时间可按式(3-3)计算，即

$$I_{追} = \frac{0.06(2L_{闭} + L_{列} + L_{岔})}{V_{平均}} + t_{准} \tag{3-3}$$

式中，$t_{准}$ 为车站为第二列列车准备进路的时间(电气集中时 $t_{准} = 0.25$ min)，min。

在进站区段牵引条件困难而采用间隔两个闭塞分区时，最小运行间隔时间按式(3-4)计算，即

$$I_追 = \frac{0.06(L_闭 + L_列 + L_盆)}{V_平均} + t_准 + t_确 \quad\quad (3-4)$$

(4)自动闭塞区段车站同方向发车的间隔时间如图 3-8(d)所示，其运行间隔可按式(3-4)计算，即

$$I_追 = \frac{0.06(L_闭 + L_列 + L_盆)}{V_平均} + t_准 \quad\quad (3-5)$$

式中，$t_准$ 为车站值班员显示发车指示信号、车长指示发车信号、后行列车司机确认信号显示状态、开动列车的时间(按 1 min 计算)。

4. 区间通过信号机的布置方法

1)初步确定区间信号机位置

区间通过信号机的布置是根据牵引计算作出的 $V = f(s)$ 速度曲线和刻划时间点进行的。布置区间通过信号机的实例如图 3-9 所示。

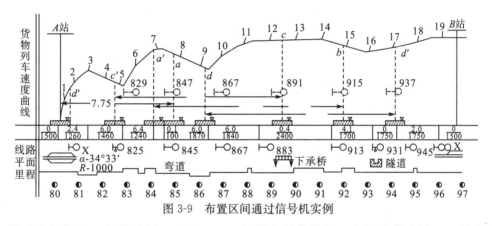

图 3-9　布置区间通过信号机实例

设 AB 区间为一复线区间，采用 8 min 间隔布置信号机；A 站为停车站，B 站为通过站；由 A 站向 B 站运行为下行方向。下行信号机首先从 A 站出站信号机开始向区间布置，其方法如下。

从 A 站速度曲线起点向 B 站间隔 7.75 min 作一 a 点(留 0.25 min 的司机瞭望时间)，从 a 点后退半个列车长布置信号机 847，然后从 847 信号机后退半个列车长作一点 a，从 a 点向前间隔一个 8 min 作一点 b，从 b 点后退半个列车长布置信号机 915，847 和 915 两架信号机之间的时间间隔大约为 7.2 min，将此时间三等分，得 2.4 min。然后由 847 信号机向 B 站每隔 2.4 min 布置一架信号机，于是分别采用 867 和 891 两架信号机。

从 891 信号机前移半个列车长作一点 c，从 c 点向 A 站方向后退 8 min 得到 c' 点，从 c' 点向 B 站方向前移半个列车长布置信号机 829。

从 867 信号机后退半个列车长作 d 点，从 d 点向 B 站方向间隔 8 min 作出 d' 点，然后从 d' 点后退半个列车长布置信号机 937。

当下行区间信号机布置完成后，开始布置上行方向信号机。若 B 站为通过站，则按

间隔 3 个闭塞分区布置信号机。当区间信号机按上述方法布置完成后，应根据区间通过色灯信号机布置原则和检查方法进行检查和调整。

2)区间通过信号机的检查和调整

区间通过信号机布置后，必须进行检查，检查是否满足布置的原则。

(1)检查闭塞分区长度是否满足制动距离。在初步布置通过色灯信号机位置后应检查闭塞分区的长度。首先检查闭塞分区的长度是否超过轨道电路的极限长度，应根据具体情况尽可能将信号机位置进行调整，以满足轨道电路的要求。

对短的闭塞分区，尤其是下坡道的闭塞分区应进行制动距离检查。对不能满足制动距离要求的闭塞分区必须进行调整，以保证行车安全。

(2)安装容许标志地点的确定。对设在上坡道的区间通过色灯信号机应进行列车启动坡度的检查。若列车在信号机前停车后启动困难时，即信号机在超时启动坡道的上坡道时，在信号机上必须复设容许信号。但超过限制动力坡道时，因为列车要越过这种坡道，必须利用动能闯坡，所以在动力坡道和动力坡道前面的线路上影响动能闯坡的地点一般不允许设立信号机。图 3-9 的 825 和 931 信号机设置了容许标志。

(3)中间站的列车进站间隔时分的检查。中间站的列车进站间隔时分是为了检查追踪列车进站时，是否会因为前行列车进站后，由于来不及准备进路而影响续行追踪列车进站。检查方法通常采用进站停车速度曲线上的时间点及进站信号机前方的第一架通过信号机的位置而求出。

进站运行间隔求出后，与自动闭塞设置的通过信号机的间隔比较，应满足进站运行间隔小于或等于区间运行间隔。若求出的间隔时间大于布置区间通过信号机的追踪列车间隔，应把预告信号机向车站方向运动，但不能小于 1200 m。

3)现场勘察

从理论上对区间通过信号机位置确定后，还必须进行现场勘察。现场勘察采用试验车沿区段进行检查，观察色灯信号机的位置是否能得到规定的运行间隔，色灯信号机是否安装在易造成列车断钩的地点，是否有良好的瞭望条件等。最后会同有关部门共同确定信号机的位置。

3.2.2　四显示自动闭塞通过信号机的布置

四显示自动闭塞的列车最小间隔距离是 4 个闭塞分区加列车长度，列车的追踪间隔时间为

$$I_{追}=\frac{0.06(4L_{闭}+L_{列})}{V_{平均}}$$

对高速、重载列车采用两个闭塞分区来满足它的最大制动距离。我国郑武线四显示自动闭塞就是按此原则设计的，郑武线的列车追踪时间按 6 min 设计，由于列车采用 TVM300 型超速防护系统，所以必须设置一个保护区段，即一个闭塞分区，其列车追踪距离为 5 个闭塞分区加列车长，如图 3-10 所示。

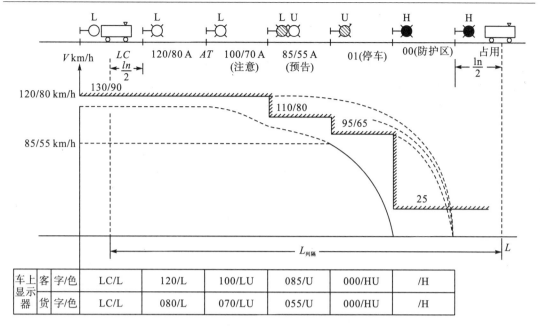

图 3-10　郑武线列车追踪间隔示意图

图 3-10 中的粗黑线所画的大阶梯为列车超速防护 TVM300 的速度监控曲线,列车运行速度与阶梯的速度相等时,列车就自动采用紧急制动,列车按虚线停在保护区段内(图中为防护区)。ln 为列车长度,下方表格为机车上的显示器在各闭塞分区的显示。

在布置区间通过信号机应考虑以下问题。

1. 中间速度

区间信号采用四显示方式,当四显示自动闭塞列车制动距离为两个闭塞分区时,除分区入口始速及出口终速外,还需增加一个中间速度。中间速度应根据列车从最高速度降到中间速度所行走的距离 S_1,与列车从中间速度降到零速时所走行的距离 S_2 两者相等的原则来确定。

根据郑武段列车制动时的有关参数,旅客列车最高速度 $V_1=120$ km/h,货物列车最高速度 $V_1'=80$ km/h 和 $S_1=S_2$ 的原则,求得旅客列车的中间速度 $V_2=87.5$ km/h,货物列车的中间速度 $V_2'=58.4$ km/h,可选 $V_2=90$ km/h,$V_2'=60$ km/h。当列车常用制动距离按 3 个闭塞分区设计时,则有两个中间速度需要确定,其确定方法应依据 $S_1=S_2=S$ 的原则。

用逐次逼近法求得的旅客列车常用制动时的四档速度为 $V_1=120$ km/h,$V_2=100$ km/h,$V_3=75$ km/h,$V_4=25$ km/h;货物列车常用制动时的四档速度为 $V_1'=80$ km/h,$V_2'=68$ km/h,$V_3'=55$ km/h,$V_4'=25$ km/h,实际上按照郑武段速度等级,客车分为 $V_1=120$ km/h,$V_2=100$ km/h,$V_3=85$ km/h,$V_4=25$ km/h;货车分为 $V_1'=80$ km/h,$V_2'=70$ km/h,$V_3'=55$ km/h,$V_4'=25$ km/h。

2. 安全停车距离与闭塞分区最小长度

在区间设有保护区段的情况下,安全停车距离与闭塞分区最小长度关系分以下几种。

(1)客车常用制动的停车过程如图 3-11 所示,设信号机 1 显示红灯,则区分 AG 发送 01 码,BG 发送 90A 码。在 BG 分区,列车制动减速过程有两种方式:一种是制动直接到零;另一种是分两个阶段制动,第一个阶段由最高速度减到中间速度后进行缓解,如果运行前方仍为红灯显示,则进行第二次减速到零。这两种制动曲线前者为 $abcd$,后者为 $abcefg$。其中 ab、ef 均为列车制动时的空走距离。由于空走时间均为 7 s,故 ab 段的空走距离为 233 m,ef 段的空走距离 175 m,fg 段为有效制动距离,其值为 $fg=578.7$ m。列车在 GB 分区走行总长度为 750 m;在 AG 分区走行总长度为 753.7 m。闭塞分区长度可定为 800 m。

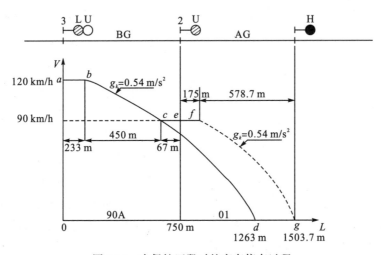

图 3-11　有保护区段时的客车停车过程

(2)客车紧急制动的停车过程中,如果司机不遵守速度命令,速度监督系统即启动紧急制动,迫使列车停车。这个过程表明,即使在司机误操作的情况下,列车也能在保护区段停车。此时,包括空走距离在内,列车在 AG 分区紧急制动的停车距离经计算为 655m,小于常用制动的停车距离。

3. 列车追踪间隔

我国机车信号与地面信号的显示关系是采用预告重复式,即机车信号的显示和司机看见前方地面的信号机的显示是一致的。按区间设有保护区段,一个常用制动距离划分为 3 个闭塞分区(两次制动),且能够使续行列车司机心情轻松地驾驶列车,经常保持在绿灯下限速的状态下运行,两列车追踪间隔应为

$$L_{列隔}=5L_{闭}+L_{车}$$

式中,$L_{闭}$ 为闭塞分区长度;$L_{车}$ 为列车长度;列车追踪时间间隔为

$$I_{追}=\frac{0.06\times(5L_{闭}+L_{列})}{V}$$

式中,V 为线路允许速度。

设货物列车在限速区段允许速度为 $V=50$ km/h,每个分区长度 $L_{闭}=800$ m,列车长度 $L_{车}=1000$ m,则货物列车追踪时间间隔为

$$I_{追}=0.06\times(5\times800+1000)/50=6(\text{min})$$

4. 现场勘察

从理论上对区间通过信号机布置好后，应进行现场勘察，并进行适当调整。

思考题

1. 简述自动闭塞的基本原理。
2. 简述自动闭塞的基本要求。
3. 自动闭塞如何分类？
4. 对闭塞分区长度有何规定？它与列车运行间隔之间的关系如何？
5. 以三显示为例简述布置通过信号机的步骤。

第4章　移频自动闭塞系统

4.1　移频自动闭塞概述

4.1.1　移频自动闭塞的基本概念

移频自动闭塞是以移频轨道电路为基础的自动闭塞，它选用频率参数作为控制信息，采用频率调制的方法，把低频信号（F_c）搬移到较高频率工程（载频 f_0）上，以形成振幅不变、频率随低频信号的幅度周期性变化的调频信号。将此信号用钢轨作为传输通道来控制通过信号机的显示，达到自动指挥列车运行的目的。其移频信号波形如图 4-1 所示。

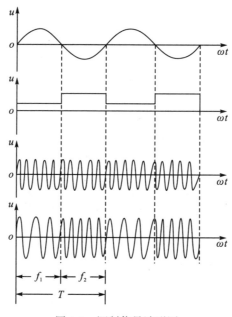

图 4-1　调制信号波形图

从图 4-1 中可以看出，调频信号的变化规律是，以载频信号 f_0 为中心作上下边频偏移。当低频调制信号输出低电位时，载频 f_0 向下偏移 Δf（称为频偏），为 $f_0 - \Delta f$（叫做低端载频或称下边频）；当低频调制信号输出高电位时，载频 f_0 向上偏移 Δf，为 $f_0 + \Delta f$（叫做高端载频或称上边频），可见调频信号是受低频信号的调制而作低端载 $f_0 - \Delta f$ 和高端载频 $f_0 + \Delta f$ 的交替变化，两者在单位时间内变化的次数与低频调制信号的频率相同。

在轨道电路中传输的信息是低端载频 $f_0-\Delta f$ 和高端载频 $f_0+\Delta f$，载频 f_0 实际上是不存在的。由于低端载频和高端载频的交替变换接近于突变性的，就像频率在移动，因此称为移频信号。应用这种移频轨道电路的自动闭塞称为移频自动闭塞。

在移频自动闭塞中，低频信号用于控制通过信号机的显示，而载频 f_0（又称中心载频）则为运载低频信号之用，其目的是提高抗干扰能力。

目前我国移频自动闭塞多为 18 信息四显示移频自动闭塞。18 信息四显示移频自动闭塞的低频、载频的使用分为两个阶段，即国产化阶段与技术引进阶段。国产化阶段沿用原 4 信息移频自动闭塞基础，增加了低频信息量，其载频 f_0 为 550 Hz、650 Hz、750 Hz、850 Hz 四种。在单线区段采用 650 Hz 和 850 Hz 两种，这是为了防止钢轨绝缘双破损后两相邻轨道电路产生错误动作，所以相邻的闭塞分区采用了不同的载频。在双线区段，由于上、下行线路之间存在邻线干扰，所以上行和下行线路也应采用不同的频率，上行线采用 650 Hz 和 850 Hz，下行线采用 550 Hz 和 750 Hz，频偏 $\Delta f = \pm 55$。其低频 F_c 为：7 Hz、8.5 Hz、9.5 Hz、11 Hz、12.5 Hz、13.5 Hz、15 Hz、16.5 Hz、17.5 Hz、18.5 Hz、20 Hz、21.5 Hz、23.5 Hz、24.5 Hz、26 Hz 这 15 种，其余三种为预留频率。这 18 种低频信息可分别用于信号机显示控制与列车速度超防控制。

采用四显示移频自动闭塞时，地面信号显示根据列车运行前方区间闭塞分区状态有 4 种：绿灯、黄灯、绿黄灯、红灯。信号显示含义如表 4-1 所示。

表 4-1 四显示信号显示含义

信号机显示	显示含义
绿灯	列车运行前方有两个以上闭塞分区空闲
绿黄灯	列车运行前方只有两个闭塞分区空闲
黄灯	列车运行前方只有一个闭塞分区空闲
红灯	列车运行前方闭塞分区有车占用

为提高我国铁路区间自动闭塞技术水平，于 20 世纪 90 年代初引进法国高速铁路的 UM71 移频自动闭塞设备，并在此基础上结合我国国情研制了更加适应我国铁路的区间移频自动闭塞设备，该设备即为目前铁道部推广使用的 ZPW-2000 无绝缘轨道电路移频自动闭塞设备。ZPW-2000 无绝缘轨道电路移频自动闭塞低频、载频延用了 UM71 技术，载频分别为 1700 Hz、2000 Hz、2300 Hz、2600 Hz 这 4 种。其中上行线使用 2000 Hz 和 2600 Hz 交替排列，下行线用 1700 Hz 和 2300 Hz 交替排列。UM71 轨道电路的频偏 Δf 为 11 Hz。UM71 低频调制信号 F_c（低频信息）在 10.3~29 Hz 按 1.1 Hz 递增共 18 种。即这 18 种低频信息分别为 10.3 Hz、11.4 Hz、12.5 Hz、13.6 Hz、14.7 Hz、15.8 Hz、16.9 Hz、18 Hz、19.1 Hz、20.2 Hz、21.3 Hz、22.4 Hz、23.5 Hz、24.6 Hz、25.7 Hz、26.8 Hz、27.9 Hz、29 Hz。

在低频调制信号的作用下，一个周期内，信号频率发生 f_1、f_2 来回变化。其中 $f_1 = f_0 - \Delta f$，$f_2 = f_0 + \Delta f$。当 f_0 为 1700 Hz 时，f_1 即为 1689 Hz，f_2 为 1711 Hz。当 f_0 为 1700 Hz 时，f_1 为 2589 Hz，f_2 为 2611 Hz。

与国产移频相比，UM71 轨道电路的载频 f_0 选得较高（1700~2600 Hz）。在这些频段上，牵引回归电流的强度已经很弱。因此，UM71 轨道电路在电气化区段的抗干扰能力强于国产移频。

UM71 轨道电路的频偏 Δf 选为 11 Hz。由于频偏较小，信号能量集中在中心频率附近，远离邻线和邻区段的干扰。在每个闭塞分区的钢轨中传输的移频信息实际上是频率为中心载频的下边频 f_1 和上边频 f_2 的两个交替变换的正弦交流信息，即 f_1、f_2 在单位时间内频率变换的次数由低频调制信号 F_c 决定。

在实际使用中，ZPW-2000 无绝缘轨道电路移频自动闭塞常见的几种低频信息与信号显示的关系如表 4-2 所示。

表 4-2　低频信息与信号显示关系

信号机显示	发送的低频码(Hz)	信号显示含义
通过或出站信号机	HU 码 26.8	前方闭塞分区有车占用
	U 码 16.9(次架信号机显示 H)	前方只有 1 个闭塞分区空闲
	U2 码 14.7(次架信号机显示 UU)	次架为进站信号机开放双黄信号
	U2S 码 20.2(次架信号机显示 USU)	次架为进站信号机开放黄、闪黄信号
	LU 码 13.6	前方只有 2 个闭塞分区空闲
	L 码 11.4	前方有 2 以上闭塞分区空闲
进站信号机	HU 码 26.8	进站信号关闭
	HB 码 24.6	进站开放引导信号
	UU 码 18	进站开放侧线停车信号
	U 码 16.9	进站开放正线停车信号
	U2 码 14.7(出站信号开放)	列车直进或弯出通过
	UUS 码 19.1	经 18 号道岔侧线通过
	LU 码 13.6	出站信号开放黄灯信号
	L 码 11.4	正线通过信号

4.1.2　移频自动闭塞的基本工作原理

移频自动闭塞以钢轨作为通道，采用移频信号的形式传输低频信号，自动控制区间通过信号机的显示指示列车运行。

在移频自动闭塞区段，移频信息的传输是按照运行列车占用闭塞分区的状态，迎着列车的运行方向自动向各闭塞分区传递信息的。如图 4-2 所示，若下行线有两列列车 A 和 B 运行，A 列车运行在 1G 分区，B 列车运行在 5G 分区。由于 1G 有车占用，防护该闭塞分区的通过信号机 7 显示红灯，这时信号点 7 的发送设备自动向闭塞分区 2G 发送以 26.8 Hz 调制的中心载频为 2300 Hz 的移频信号。当信号点 5 的接收设备接收到该移频信号后，使通过信号机 5 显示黄灯。此时信号点 5 的发送设备自动向闭塞分区 3G 发送以 16.9 Hz 调制的中心载频为 1700 Hz 的移频信号。当信号点 3 的接收设备接收到该移频信号后，使通过信号机 3 显示绿黄灯。同理，信号点 3 的发送设备又自动向闭塞分区 4G 发送以 13.6 Hz 调制的中心载频为 2300 Hz 的移频信号，当信号点 1 的接收设备接收到此移频信号后，使通过信号机 1 显示绿灯。信号点 1 的发送设备会自动向 5G 发送 11.4 Hz 调制 1700 Hz 的移频信号。由于续行列车 B 已进入 5G 分区，该区段的接收设备接收不到 11.4 Hz 调制 1700 Hz 的移频信号，防护后续区段的信号机亮红灯，道理同 1G 区段，此时 B 车司机可按绿灯显示定速运行。如果列车 A 由于某种原因停在 1G 分区，续行列车 B 进入 3G 分区时，司机见到信号机 5 显示黄灯，则应注意减速运行。当续行列车 B 进入 2G 分区时，由于信号机 7 显示红灯，司机使用常用制动措施，使列车 B 停在显示红灯的信号机的前方。这样，就可根据列车占用闭塞分区的状态，自动改变地面信号机的显示，准确地指挥列车的运行，实现自动闭塞。

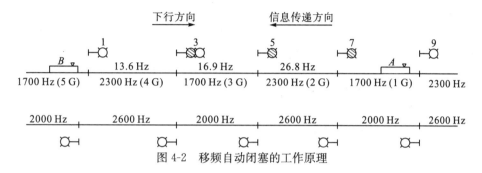

图 4-2 移频自动闭塞的工作原理

4.1.3 移频自动闭塞的特点

移频自动闭塞制式具有以下主要特点。

(1)抗干扰能力较强，既适用于内燃牵引区段，又适用于干扰较大的电力牵引区段。

(2)信息量大，除能满足目前的三显示自动闭塞和六显示的机车信号外，多信息移频自动闭塞还可满足四显示自动闭塞和列车速度控制系统对信息量的需求。

(3)信号显示的应变时间不大于 2 s，能满足我国未来高速行车的要求。

(4)可分散安装在铁路沿线，也可集中安装在邻近车站的继电器室内。

(5)移频轨道电路传输长度可达 1.5 km，当闭塞分区的长度超过移频轨道电路的极限长度时，可采用中继方式延长移频轨道电路的作用距离。

(6)设备以集成芯片、电子元件为主，因而耗电少、体积小、质量轻，在设备发生故障的情况下，能满足"故障－安全"原则。

(7)有较完善的过压防护措施，在雷电冲击下，能起到保护作用，保证设备不间断使用。

(8)采用了双重系统和设备故障自动报警装置，发送盒采用"$N+1$"、接收盒采用"0.5+0.5"双机并用冗余方式，可靠性高。

(9)移频自动闭塞信息能直接用于机车信号，因此，在装设机车信号时无须增加地面设备。

4.2 国产移频自动闭塞

国产移频自动闭塞主要指国产 8 信息和 18 信息移频自动闭塞，移频自动闭塞是一种选用频率参数作为信息的闭塞制式。它利用调制方法将低频信息搬移到高频段，形成振幅不变，频率则由高频的上下边频交替变化的信号波形，并利用两条钢轨作为传输通道，达到控制地面信号显示、向车载列控设备提供速度信息进而指挥列车运行的目的。

4.2.1 频率参数的选择

1. 牵引电流对信号系统的影响

在非电化区段，当信号电流在钢轨中传输时，会受来自钢轨阻抗和道床电阻所产生的衰耗和相移的影响。在电力牵引区段，由于牵引电流在钢轨上回流，两种不同性质的电流在同一钢轨线路上传输，牵引电流的干扰将严重影响移频自动闭塞的正常工作。为了使移频信号设备稳定可靠地工作，必须采取一定的防护措施，消除或减弱电化干扰对信号设备的影响。

在电力牵引区段，电力机车是电力系统的负载。如图 4-3 所示，从牵引变电所通过接触网供给的牵引电流，由电力机车的受电弓引入机车的主变压器，经过变压和调流后，供牵引电动机运转。在一般情况下，大约有一半的牵引电流由钢轨返回牵引变电所，其余的由大地泄漏。

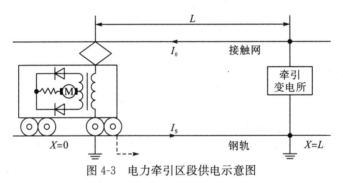

图 4-3   电力牵引区段供电示意图

为了便于返回的牵引电流 I_0 在闭塞分区的钢轨绝缘处流通，采用双轨条轨道电路。双轨条轨道电路是在钢轨绝缘处装设扼流变压器，移频信号设备通过扼流变压器接向钢轨，如图 4-4 所示。两条钢轨中的牵引电流 $I_{s1} = I_{s2} = I_s/2$，分别通过扼流变压器的上下部线圈，再经变压器的中心抽头流向第二个扼流变压器的上下部线圈，流入相邻区段的两轨条中。当上部和下部两线圈的匝数相等时，牵引电流在扼流变压器的两个线圈中产生的磁通量相等并且方向相反，所以牵引电流在扼流变压器的总磁通为零，牵引电流对信号就没有影响。实际上由于两根钢轨对地的泄漏电阻不完全相等，且两根钢轨的阻抗也不相同，因此两根钢轨中的牵引电流值也不相等，这样在扼流变压器的两线圈中所产生的磁通就不能抵消，因此，牵引电流因不平衡而产生干扰电压。

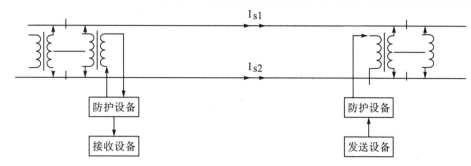

图 4-4 电气化区段移频自动闭塞原理框图

电力牵引电流在机车中经过晶闸管或引燃管整流后，使牵引电动机转动，经非线性负载由钢轨回归的牵引电流为非正弦波。它的谐波成分除基波 50 Hz 外，还含有各次谐波分量，而且其能量主要集中在牵引电流的奇次谐波上，所以干扰较大，偶次谐波的能量小，故干扰较小。为使自动闭塞系统稳定可靠地工作，必须采取减小或抑制干扰的措施。为了防止牵引电流谐波干扰，移频自动闭塞除了合理选择载频外，还采取了以下 3 条措施。

(1) 提高发送设备的功率。

(2) 在接收设备的前级增加带通滤波器，把载频中心频率相邻的奇次谐波滤掉。

(3) 在接收设备中增加一级带阻滤波器，把通带内的载频中心频率及牵引电流的奇次谐波滤掉，以提高信干比。

由牵引电流不平衡所产生的干扰电压为

$$U_N = 0.5 K_i I_s Z_e \tag{4-1}$$

式中，I_s 为牵引电流；Z_e 为接收端输入阻抗；K_i 为牵引电流不平衡系数，其值为

$$K_i = \frac{|I_{s1} - I_{s2}|}{I_s} \tag{4-2}$$

由式(4-1)可知，牵引电流在轨道中产生的干扰电压与牵引电流的大小、不平衡系数以及轨道电路设备对牵引电流的输入阻抗成正比。不平衡系数较大时，列车牵引吨数越大，牵引电流也越大，对自动闭塞设备的干扰也就越大。在自动闭塞区段中，追踪列车数越多，牵引电流越大，则干扰也越大。随着运量的不断增加，列车牵引重量也不断提高，因此牵引电流还会不断地增加。

交流电力牵引电流在机车中经过可控硅和引燃管整流后，使牵引电动机转动，牵引电流经非线性负载由钢轨回流的牵引电流是非正弦波，根据实测其波形如图 4-5 所示。

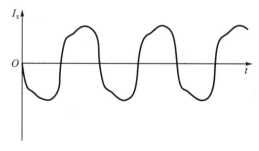

图 4-5 牵引电流波型

　　把这种非正弦波形按快速傅里叶(FFT)分析后，它的频谐成分除基波 50 Hz 外，还含有各次谐分量。基波及各次谐波百分值的数据见表 4-3。由表 4-3 可见，奇次谐波比偶次谐波的百分比大得多，谐波的百分比随谐波次数的增大而逐渐下降。

表 4-3　电力牵引区段频谱分析

电流频率/Hz	奇次谐波分量/%	电流频率/Hz	偶次谐波分量/%
50	97.30	100	0.4479
150	9.8782	200	0.5346
250	9.7433	300	0.4124
350	5.113	400	0.3553
450	2.7618	500	0.3443
550	1.6021	600	0.3426
650	0.9930	700	0.3202
750	0.7419	800	0.3208
850	0.7018	900	0.2742
950	0.715 3	1000	0.2441
1050	0.6279	1100	0.1321
1150	0.5606	1200	0.1017
1250	0.4634	1300	0.086
1350	0.3849	1400	0.08
1450	0.5348	1500	0.0985
1550	0.5239	1600	0.0944
1650	0.4758	1700	0.0899
1750	0.3847	1800	0.0753
1850	0.2706	1900	0.0504
1950	0.2009	2000	0.0407
2050	0.1480	2100	0.0427
2150	0.1178	2200	0.0465
2250	0.1054	2300	0.0503
2350	0.1202	2400	0.0537

2. 国产移频自动闭塞频率参数的选择

1)载频的选择

　　移频自动闭塞的载频选在 550 Hz、650 Hz、750 Hz 和 850 Hz。从抗牵引电流干扰的角度看，载频选得高些较好，但从轨道电路的极限长度考虑，载频选得低些较好。综合考虑，在满足轨道电路极限长度 2 km 时，根据计算，应选择在 1000 Hz 以下。从躲开大的干扰的角度出发，载频必须选在偶次谐波，而实际上移频波的载频却选在干扰大的奇次谐波上。为了说明此问题，首先必须弄清移频波的频谱。移频波的频谱是离散频谱，由许多不同能量的频率组成，如图 4-6 所示。

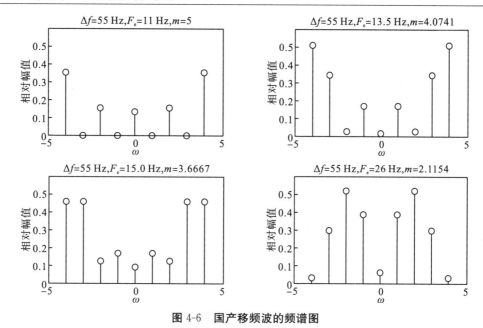

图 4-6　国产移频波的频谱图

从图 4-6 中可以看出，移频波具有下述 3 个特点。

(1)调频系数(m)增加时，信号频谱中载频的幅度下降，边频幅度则上升。m 值越大，信号的能量越向边频扩散，中心频率的能量越小。

(2)边频的相对幅度随其次数不同而不同，一般在相对幅度衰减为 0.1 以下的边频可以忽略，不会引起移频波的失真，将 0.1 以上的边频称为有效边频。

(3)当 m 为 2、4、6、8 时，由于 $\sin(m \cdot \pi/2)=0$，载频的相对幅度为零。即当 m 接近 2、4、6、8 时，移频的载频分量很小，可以忽略。

根据以上 3 个特点就可以衡量移频波能否不失真地通过滤波设备，为移频自动闭塞的频率选择提供了理论基础。

为了防止电化区段工频电流奇次谐波的干扰，可以把载频选在干扰量比较小的偶次谐波上，如 500 Hz、600 Hz、700 Hz、800 Hz。为了防止奇次谐波的干扰，在接收设备上设置了带通滤波器，它的衰耗特性如图 4-7 所示。

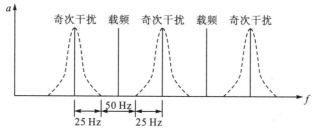

图 4-7　带通滤波器的衰耗特性

由图 4-7 可知，为了不让牵引电流的奇次谐波通过滤波器，滤波器的通带宽度最大不得大于 100 Hz，但实际滤波器的制造工艺只能使通带达到 50 Hz 左右，即中心频率的两侧各具有 25 Hz 的通带。因此，频偏 Δf 及调制频率 f_c 都不能选得太高，f_c 太高时有效边频就不能通过，会造成移频波严重失真。例如，低频 f_c 选为 26 Hz，$\Delta f = 25$ Hz，则

$m = \Delta f / f_c = 0.96 \approx 1$。由图 4-8 可知，它的有效边频为两个，而由于通带的限制只能通过一次边频，移频波失真较严重。实验证实，这样做的结果是不但使接收设备制作困难，而且抗干扰能力也差，所以载频的中心频率不能选在工频的偶次谐波上。

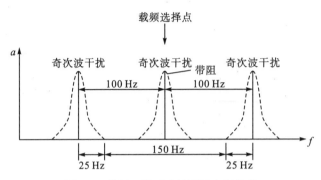

图 4-8　带阻、带通滤波器的衰耗特性

载频的中心频率选在奇次谐波上会造成什么影响呢？例如，选在 650 Hz，把相邻的奇次谱波 550 Hz 和 750 Hz 用带通滤波器抑制，这样可以得到 150 Hz 的通带。在通过移频波各边频的同时，550 Hz 的电化牵引电流的干扰也通过带通滤波器。如果在 550 Hz 处设置一个带阻滤波器，把移频信号中的载频分量也同时滤掉，也会使移频波失真。

要解决这个问题，只要选用适当的调频系数 m，使调制后的移频波中的中心频率的能量等于零或小到可以忽略。这样设置带阻滤波器后，既排除了牵引电流奇次谐波干扰，又不会造成移频波的失真。

由移频波的特性可知，当 m 为 2、4、6、8 时，移频波的载频分量为零，能量分散在各次边频上。综合上述情况，移频自动闭塞的载频只要合理地选择调频系数 $m = \Delta f / f_c$，选在工频牵引电流的奇次谐波上要比偶次谐波好，移频自动闭塞的载频选用了 550 Hz、650 Hz、750 Hz、850 Hz 这 4 种频率。

2)调制低频的频率选择原则

(1)足够的信息量。三显示移频自动闭塞在区间只需要两种信息，但考虑机车信号及站内侧线接车时机车信号显示则需要 4 种信息。信息与信息之间要有效区分，信息的频率不能太低，如果太低 LC 选频放大器就会制作困难。

(2)较大的调频系数。由于载频选在奇次谐波，所以需要在载频处设带阻滤波器。为了使移频波不失真，必须使调频系数增大。调频系数大，则要求低频频率 f_c 不能太高。

(3)移频波能顺利通过带通滤波器。

带通滤波器的通带宽度为 75×2(Hz)。由图 4-8 可知，当调频系数为 2 时，通过 3 次边频就能使移频波不失真。这样就可以按式(4-3)确定调制低频的最高频率

$$f_c = \frac{通带}{要通过的边频数} = \frac{75 \times 2}{3 \times 2} = 25 (\text{Hz}) \tag{4-3}$$

综上所述，三显示移频自动闭塞的频率参数是：载频为 550 Hz、650 Hz、750 Hz 和 850 Hz，低频调制信号频率为 11 Hz、15 Hz、20 Hz 和 26 Hz，频偏为 ± 55 Hz。

4.2.2　国产 8 信息移频自动闭塞

8 信息移频自动闭塞设备从 1995 年开始应用。8 信息移频自动闭塞系统采用双机冗余方式：电源、发送为热备机，接收双机并用，故障自动转换并报警。系统具有较高的可靠性，适用于电化、非电化的三显示和四显示自动闭塞区段，能满足速差式自动闭塞和机车信号的要求。

1. ZP-89 型移频自动闭塞的信息特征

ZP-89 移频信息频率特征见表 4-4。

表 4-4　移频信息频率特征

载频频率 f_0/Hz	550，650，750，850
低频频率 f_c/Hz	8.0(30.0)，11.0，13.5，15.0，16.5，20.0，26.0(预留 9.5)
载频频偏 Δf/Hz	±55

移频自动闭塞的信号显示制式是根据区间通过能力、行车速度和安全的需要确定的。现在铁路采用的有三显示信号制式和四显示信号制式。当列车运行速度超过 120 km/h 时，应采用四显示自动闭塞。采用三显示信号制式时，区间地面通过信号机有 3 种显示，机车信号有 6 种显示；采用四显示信号制式时，区间地面通过信号机有 4 种显示，机车信号有 8 种显示。以四显示信号制式为例，它们代表的显示意义参见表 4-5 和表 4-6。

表 4-5　地面信号显示意义

发送低频频率	地面显示信号	说明
11.0 Hz	L	运行信号，表示前方至少有 3 个或 3 个以上闭塞分区空闲
13.5 Hz	LU	警惕信号，表示前方有两个闭塞分区空闲
15.0 Hz	U	减速信号，表示只有一个闭塞分区空闲
26.0 Hz	H	停止信号，表示前方闭塞分区被占用

表 4-6　机车信号显示意义

接收低频频率	机车信号显示	说明
11.0 Hz	L	预告前方信号机显示 L 灯，按规定速度运行
13.5 Hz	LU	预告前方信号机显示 LU 灯，按规定速度运行
15.0 Hz	U	预告前方信号机显示 U 灯，采取减速措施运行
16.5 Hz	U2	预告前方信号机显示 U 灯，进站信号机是 UU 灯，减速信号准备进侧线
20.0 Hz	UU	预告前方信号机显示 UU 灯，减速信号，准备侧线停车
26.0 Hz	HU	预告前方信号机显示 H 灯，采取停止措施
无信号	B	由 11.0 Hz、13.5 Hz、15.0 Hz 进入无码区，司机应根据地面显示
无信号	H	由 26.2 Hz 进入无码区

2. ZP—89 型移频自动闭塞系统的构成

为改善移频自动闭塞的应用环境，方便维修，均采用集中设置方式，即除了通过信号机和轨道防雷单元外，其他设备均集中设于车站的机械室内，用电缆连接。

1) 系统构成

非电气化区段集中设置方式的 ZP—89 型移频自动闭塞系统构成框图如图 4-9 所示。

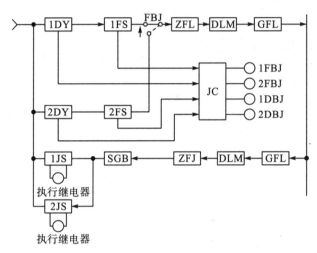

图 4-9　ZP—89 型移频自动闭塞系统构成框图

DY(电源盘)、FS(发送盘)、JS(接收盘)、SGB(衰耗隔离盘)设在移频柜内。ZFJ(室内防雷)设在防雷柜内。DLM(电缆模拟网络)设在室内，也可设在信号点处的变压器箱内。GFL(轨道防雷)设在信号点处的变压器箱内。

发送盘功出电压经站内防雷单元的变压器按 1∶5 升压后，经电缆模拟网络及室外实际电缆到区间信号点的变压器箱内的轨道防雷单元，又经其变压器按 5∶1 降压，移频轨道变压器以 3∶1 降压后，送至轨面。

轨面来的移频信息经移频轨道变压器 1∶3 升压，轨道防雷单元变压器 1∶5 升压后，经实际电缆和电缆模拟网络送至室内，由站内防雷单元变压器以 5∶1 降压后送至衰耗隔离盘，再到接收盘。接收盘解调出低频信息，动作执行继电器，控制通过信号机的显示。

ZP—89 型移频自动闭塞设备由移频柜、防雷柜(或移频防雷电缆网络组匣)、电缆、轨道变压器箱、通过信号机组成。

2) 冗余方式

为提高设备的可靠性，移频自动闭塞系统必须采用冗余手段，以保证区间信号设备不间断地使用，方便维修。ZP-89 型移频自动闭塞采用接收双机并用，发送热备、故障转换的待机系统，如图 4-9 所示。

主、副接收盘同时并联工作，检查两个执行继电器动作是否一致，若不一致即进行故障报警。主、副电源盘分别供主、副发送盘使用。

通电时，主发送盘优先投入使用，副发送盘处于热机备用状态，主发送盘故障时，通过检测盘报警，并自动将副发送盘的功出电压送至轨道。主发送盘修复后，按复位按钮恢复主发送盘工作。副发送盘工作故障时，检测盘报警。

3)电缆模拟网络

在集中设置区段引入电缆模拟网络，是为了使接收和发送设备有相同的电缆负载，便于轨道电路调整及构成双向自动闭塞。若不设电缆模拟网络，则轨道电路调整同原重信息移频自动闭塞。

电缆模拟网络相当于 9.5 km 电缆，分为 0.5 km、1 km、2 km、2 km、4 km 五单元，可根据现场实际需要进行调整。设计确定负载为 10 km。若实际使用 4 km，则需加 6 km 模拟电缆。实际使用 8 km 电缆时，则不加模拟电缆。电缆模拟网络由电阻、电容和电感组成，如图 4-11 所示。

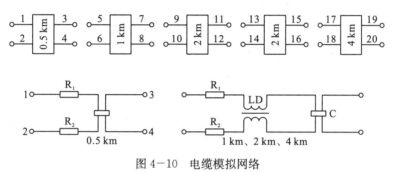

图 4-10　电缆模拟网络

4.3　UM 系列无绝缘自动闭塞

4.3.1　UM71 型移频自动闭塞

1. UM71 型自动闭塞简介

UM71 型自动闭塞是应用于法国高速铁路的自动闭塞设备，它具有成熟、稳定、可靠的特点。我国铁路自 1989 年引进 UM71 型自动闭塞后，已在京广、广深、沈山、京山等铁路干线使用。实践证明，系统运用良好，设备故障率低，工作安全可靠，日常维修工作量小，能做到轨道电路的一次调整。

UM71 型自动闭塞信息量大，能满足速差式自动闭塞和超速防护的需要，具有抗 1000 A 牵引电流和 100 A 钢轨不平衡电流电气化干扰的能力，防雷性能好，在轨道电路传输区段内具有较均衡的传输特性和断轨检查功能，并能满足双线双向自动闭塞的技术需要。

UM71 的 U 意为通用，M 意为调制，71 是研制年份。它采用谐振式无绝缘轨道电路，以谐振构成电气绝缘节，取代了机械绝缘。UM71 为移频制式，其载频为 1700 Hz、2000 Hz、2300 Hz、2600 Hz，频偏为 ±11 Hz，低频为 10.3～29 Hz 按等差数列每隔 1.1 Hz 一个，共 18 个。

UM71 型自动闭塞具有一系列明显的技术优势。

(1)实现了轨道电路的无绝缘化。由于采用谐振式电气绝缘，两相邻轨道电路具有极高的转移系数，使它们界限分明，有效地防止了越区传输。以电气绝缘节取代了机械绝缘节，满足了电气化牵引和无缝线路对无绝缘的要求。

（2）频率选择合理，抗干扰能力强。选择较高的载频频率，远离 50 Hz 牵引电流的谐波，因而谐波干扰量小，载频频偏较小，调制系数小，信号能量集中在中心载频附近，对邻线和相邻区段的干扰有较强的抑制能力。

（3）具有良好的轨道电路传输性能。由于轨道电路加装补偿电容后趋于阻性，就大幅度抵消了钢轨电感对信号传输的影响，改善了轨道电路信息的传输条件，减小了送、受电端钢轨中的电流比，改善了接收器和机车信号设备的工作条件。当道碴电阻从标准值至"∞"间变化时，对接收端信号变化幅度影响小，系统工作较为稳定。

（4）可实现电气分离式断轨检查。主轨道电路具有断轨检查功能，进一步提高了安全性。

（5）对电气化区段适应能力强。能充分满足 1000 A 牵引电流、100 A 钢轨不平衡电流条件下正常工作的要求。钢轨对地产生不平衡电位时，对轨道电路的影响较小。

（6）可实现双方向运行。不需另外增加设备便可实现正方向和反方向的自动闭塞方式。

（7）可取消地面信号机。能给机车信号提供连续可靠的信息，为机车信号作为主体信号创造了条件，从而可取消地面信号机。

（8）可实现轨道电路的一次调整。根据不同情况的轨道电路，调整发送器、接收器的不同电平，可准确地实现轨道电路的一次调整，遇晴、雨天不用再调整。

2. UM71 型无绝缘轨道电路

UM71 型无绝缘轨道电路由设于室内的发送器、接收器、轨道继电器和设于室外的调谐单元 BA、空心线圈 SVA、带模拟电缆的匹配变压器 TAD-LFS 及若干补偿电容组成，如图 4-11 所示。

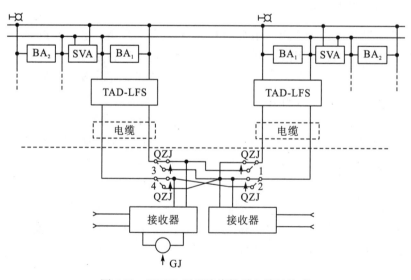

图 4-11　UM71 型无绝缘轨道电路的构成

1）电气绝缘节

两个调谐单元 BA_1 与 BA_2 间距离 26 m，空心线圈 SVA 位于 BA_1、BA_2 中间。BA_1、BA_2、SVA 及 26 m 长的钢轨构成电气调谐区。电气调谐区又称电气绝缘节，取消了机械绝缘节，实现了相邻轨道电路的隔离。

电气绝缘节原理图如图 4-12 所示，调谐单元 BA 是电气绝缘节的主要部件。相邻轨道电路的载频不同，BA 的型号也不同。BA_1 型由 L_1、C_1 构成，BA_2 型由 L_2、C_2、C_0 构成。图中，BA_1 的本区段是 1G，相邻区段是 3G；而 BA_2 的本区段是 3G，相邻区段是 1G。

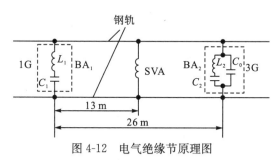

图 4-12　电气绝缘节原理图

电气绝缘节的绝缘原理是利用谐振来实现的。当载频确定后，选择 BA_1 及 BA_2 的参数，使本区段的调谐单元对相邻区段的频率呈串联谐振，只有百分之几欧姆的阻抗（称为 0 阻抗），移频信号被短路；而对本区段的频率呈容抗，与 26 m 钢轨的电感和 SVA 的电感配合产生并联谐振，有 2~2.51 Ω 的阻抗（称为极阻抗），移频信号被接收，这样，某种载频的移频信号只能限制在本区段传送，而不能向相邻区段传送，使没有机械绝缘节就像有绝缘节一样，构成了电气隔离。

如图 4-12 所示，选择 BA_1 和 BA_2 的参数，使 BA_1 对相邻区段 3G 的移频信号呈串联谐振，使 3G 的移频信号在 BA_1 处被短路。对于 3G 的移频信号，BA_1 不能接收，而且阻止其向左传送。同时，BA_1 对本区段 1G 的移频信号呈容性，与 26 m 长的钢轨和 SVA 的电感相配合，产生并联谐振，使 1G 的移频信号能向左传送或被接收。同理，BA_2 对相邻区段 1G 的移频信号并串联谐振，1G 的移频信号在 BA_2 处被短路，不能接收，也不能向右传送；BA_2 在 26 m 长的钢轨和 SVA 的电感配合下，对本区段 3G 的移频信号产生并联谐振，能向右传送或被接收。

电气调谐区长 26 m，是轨道电路的死区段，在死区段内失去了对车辆占用的检查。这个"死区段"对列车的正常运行没有妨碍，也不影响机车信号的连续显示。只是短于 26 m 的轨道车或最外轴距短于 26 m 的单机正好停在调谐区内才会造成失去检查的情况。因此，规定调谐区内禁止轻型车辆和小车停留。

电气调谐区之所以确定为 26 m，与轨道电路的载频和频偏的选择、调谐单元元件参数的选择及钢轨材质参数等因素有关，成为 UM71 轨道电路的固有问题。经理论分析，当轨道电路载频 f_0 选得再高些，电化段干扰会更小，死区段也可缩短，但移频轨道电道传输长度将更短，所需的补偿电容将更大更密。若轨道电路载频 f_0 选得低些，电气化区段干扰会变大，构成电气绝缘节时，死区段将会更长，可能会影响正常行车。当然，其他因素不变时，钢轨的型号及材质也会影响电气调谐区的长度。

综上所述，当外部各参数被确定后，UM71 轨道电路电气调谐区这一死区段问题是不可克服的。

(1)调谐单元调。调谐单元 BA 是由电感线圈和电容器组成的二端网络，共有 4 种型号：V_1F_1、V_2F_1、V_1F_2、V_2F_2，其中，V_1F_1 和 V_2F_1 称为 F_1 型，又称 BA_1 型，由 L_1、C_1 两个元件构成，分别用于上、下行频率较低的载频(1700 Hz 和 2000 Hz)。V_1F_2 和 V_2F_2 称为 F_2 型，又称 BA_2 型，由 C_0、L_2、C_2 三个元件构成，分别用于上、下行线频率较高的载频(2300 Hz 和 2600 Hz)。4 种型号调谐单元的电感、电容元件参数不同。

调谐单元 BA 设于一个白色聚酯盒内，盒的尺寸为 355 mm×270 mm×88 mm，安装在轨道旁的基础上。为防止热胀冷缩造成元件参数漂移及外力损伤，BA 内部器件被塑胶密封。BA 通过带绝缘护套的多芯铜线与两根钢轨相连，多芯铜线至两侧钢轨长分别为 3m 和 1.25 m。为提高可靠性，通常采用两根铜线，一根焊在轨底上，另一根用塞钉连接在轨腰上。

(2)空心线圈。空心线圈 SVA 由直径 1.53 mm 的 19 股铜线绕成，无铁芯，带有中间抽头。单圈可通过 200 A 电流，全圈可通过 100 A 电流。

SVA 主要用来平衡两根钢轨间的不平衡牵引回流。SVA 对钢轨中的 50 Hz 牵引回流及其奇次谐波是 10 mΩ 左右的电抗，可视为一条短路线，两根钢轨间存在的不平衡回流经 SVA 短路后，将不复存在。图 4-13 中设 I_1、I_2 有 100 A 不平衡电流，由于空心线圈的短路作用，则 $I_3 = I_4 = (I_1 + I_2)/2 = 450$ A。这就对牵引回流起到平衡作用，减小了工频及其谐波对轨道电路的干扰。

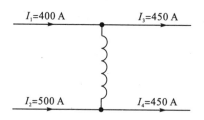

$I_1 = 400$ A $I_3 = 450$ A

$I_2 = 500$ A $I_4 = 450$ A

图 4-13 引回流得到平衡的原理

由于空心线圈没有铁芯，不存在较大电流下磁路饱和的问题，使平衡效果更好。SVA 设在电气调谐区中间，还有以下作用。

①参与和改善调谐区的工作。在电气调谐区内，SVA 的感抗值(在 1700～2600 Hz 范围内，为 0.35～0.54 Ω)与 26 m 长的钢轨的电感值一起参与对本区段频率呈并联谐振，而不是简单的分路电抗。SVA 为谐振回路提供了一个合适的品质因数 Q 值，保证了调谐区的稳定工作。

②保证维修安全。在实际使用中，每隔一定距离，上、下行线路间的两个 SVA 中间抽头连在一起并接地，即进行等电位连接。这样可平衡上、下行线路间的不平衡牵引回流，还可保证维修人员的安全。

③作扼流变压器用。在道岔弯股绝缘两侧各安装一个空心线圈，将两线圈的中间抽头连接可作为扼流变压器使用，如图 4-14 所示。

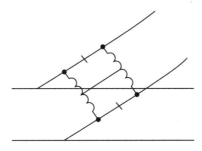

图 4-14　空心线圈作扼流变压器的原理

SVA 设在一个白色聚酯盒内，盒的尺寸同 BA。其参数为：电感值 $33.5\pm1~\mu H$，电阻值 $18.5\pm5.5~m\Omega$，对 50 Hz 交流感抗为 $10.5~m\Omega$。

SVA 通过螺栓固定在轨道旁的基础上，与钢轨的连接同 BA。

2）补偿电容

UM71 轨道电路在钢轨中传输的移频信号频率较高，钢轨相当于一个感性负载，呈现较高的电感量（1.4 mH/m），使信号衰减较快，影响了轨道电路的传输长度。为了抵消钢轨的感性，保证轨道电路的传输距离和机车信号可靠地工作，需分段加装补偿电容。

电容的补偿原理可理解为将每补偿段电感 L 与电容 C 视为串联谐振，如图 4-15 所示，在补偿段入口端 a、b 可看做一个趋于阻性的负载 R，在出口端即可获得较高的输出电平。

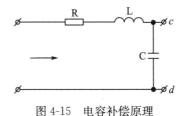

图 4-15　电容补偿原理

加装补偿电容后呈阻性，就改善了轨道电路的传输性能，减小了送、受电端钢轨电流比，保证了轨道电路入口端的信干比，改善了接收器和机车信号的工作条件。加装补偿电容后还有利于断轨状态的检查。

为简化补偿工作，每隔 100 m 设一个补偿电容。根据分析计算和实际使用，补偿电容的电容量选为 33 μF，谐振点约为 2430 Hz。

补偿电容为圆桶形，其直径为 50 mm，高为 115 mm。补偿电容带有两条多股铜线和其他金属线扭绞而成的引接线。引接线上涂长效防腐剂，并带绝缘护套。引接线端头通过塞钉与钢轨相连。补偿电容置于线路中间，原与轨枕相靠或在两轨枕之间与道碴相平。这样不便于维修，引接线易折断。后来将补偿电容固定于水泥槽内，将连接线固定于轨距杆内再连至钢轨，就保证了它的完整性。

补偿电容是否完整直接影响到 UM71 型轨道电路的调整状态，事关行车安全，必须保证它的完好状态。

3）带模拟电缆的匹配变压器

带模拟电缆的匹配变压器 TAD－LFS 的作用是实现轨道和电缆的阻抗匹配，保证最佳传输效果。同时，为解决各信号点离信号楼距离不同导致电缆长度不等使轨道电路参数不一致而调整困难的问题，设有模拟电缆。模拟电缆与匹配变压器设在同一个 TAD−LFS 白色聚酯盒内，尺寸同 BA。通常 TAD−LFS 盒和 BA 盒在一个基础上进行双体连接。

匹配变压器变比为 1∶7，钢轨侧为 1，兼有升压和降压作用。模拟电缆有 0.5 km、1 km、2 km、4 km 四级，同一轨道电路的送电端和受电端距信号楼的电缆长度均补充至 7.5km。

盒内的对称电感可用于抵消电缆的容性，改善传输效果；当列车在信号点处分路时，对移频信号限流，保护了匹配变压器。电感采用对称连接，有利于防雷。盒内还有一个防雷器件和两个隔直电容。

4）发送器

(1)UM71 发送器的作用。UM71 发送器的作用是产生 18 种 TBF 低频调制信号，4 种载频 f_0，并调制成 $f_0\pm11$ Hz 的移频信号，如图 4-16 所示。对移频信号倍频后进行差频检查，检查一致后打开与门电路，对移频信号进行功率放大，将放大后的移频信号送向钢轨并可靠驱动接收端设备。

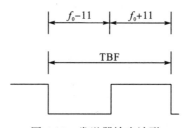

图 4-16　发送器输出波形

(2)发送器基本工作原理。发送器的工作原理框图如图 4-17 所示。发送器主要由编码发生器、辅助编码发生器、2^7 分频器、移频振荡器、倍频电路、差频 1000 Hz 检查电路、检查与门及功放电路等构成。

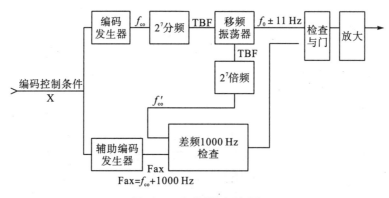

图 4-17　发送器原理框图

①低频调制信号的产生。由外部的继电器接点条件构成编码控制条件，确定发码种类。经编码发生器产生 f_0 信号。该信号频率范围为 $10.3\times2^7\sim29\times2^7$ Hz，即 1318.4～3712 Hz。f_0 信号经 2^7 分频得到 10.3～29 Hz 的低频调制信号 TBF，由它控制移频振荡器的键控开关，键控开关一方面控制振荡器产生上下边频交替的 $f_0\pm11$ Hz 移频信号，一方面采样出 TBF 信号，该信号经倍频后输出 f_{co}' 信号。

②低频调制信号的检查。由同一组外部的继电器接点条件构成编码控制条件，确定辅助编码发生器的发码种类，辅助编码发生器产生 Fax 信号，该信号频率范围为 $f_\infty +$ 1000 Hz(2318.4～4712 Hz)。

为了检查移频键控信号频率的正确性，从移频振荡器中提取 TBF 低频调制信号，经 2^7 倍频后得到 $f_\mathrm{TBF} \times 2^7 = f_\infty$。正常情况下 $f_\infty = f_\infty{}'$，$\mathrm{Fax} - f_\infty{}' = 1000$ Hz。

利用差频 1000 Hz 检查单元可实现 Fax 与 f_∞ 频率关系正确性检查。当 1000 Hz 差值偏大，大于 13 Hz 时，在 2.1 s 内输出信号消失，这是一种"故障－安全"原则。

③输出信号的产生。低频调制信号 TBF 经校核检查正确，可在差频 1000 Hz 检查输出一个条件电源供给检查与门，使得移频信号经过检查与门，然后放大输出。

5)接收器

UM71 接收器的主要作用是接收、译解 UM71 信息，检查轨道电路空闲以及进行钢轨完整性检查。

UM71 接收器的负载是轨道继电器 GJ，UM71 接收器为无选频接收，即不论低频信息是多少，只有确认钢轨有标准的 UM71 信息，GJ 便吸起。

UM71 接收器工作原理框图见图 4-18。首先将钢轨传输来的 UM71 信息经轨道电路电平调整成满足接收器限入电压要求的接收信号，该信号经限幅滤波后，排除干扰，让一定通带的有用信息通过，对电气化区段工频干扰及其他信号干扰起到抑制作用。信号鉴幅后送入鉴频环节，解调出低频信息。为保证低频信息的可靠性，实现故障－安全原则，加入低频信息检查环节，对低频信息进行"交流－直流－交流"确认。经检查确认后，动作末级执行开关。执行开关输出信号分成两部分，大部分用于动作轨道继电器 GJ，少部分则向前级鉴幅电路引入反馈环节，构成低门限控制。低门限控制的主要作用是对接收器工作进行严格的较高的门限检查，一旦信息被认为有用信号，接收器开始工作，经输出电路引回反馈量，降低对输入门限的要求，可防止接收器工作在临界状态。

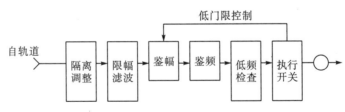

图 4-18　UM71 接收器原理框图

(1)隔离及轨道电路的调整。可稳定接收器输入阻抗，实现电缆的连接及轨道电路的调整。

(2)限幅滤波。可对强信号进行限幅以保护后级电路。滤波器为 $f_0 \pm 40\mathrm{Hz}$ 的带通滤波器，可衰减带外的干扰信号，提高接收器的抗干扰能力。

(3)鉴幅器。鉴幅器主要用于检查轨道的空闲和占用，以及接收器正常运行后，通过低门限控制将执行环节的高频信号接入来降低鉴幅器触发门限，避免在临界值工作，以提高接收器的工作稳定性。

(4)鉴频器。鉴频器主要用于检查移频信号上下边频以及低频信号的存在。

(5)低频检查。对低频信号通过"交流－直流－交流"变换，实现对其频率范围、幅度的检查，是一种"故障-安全"原则。

（6）执行开关。执行开关为轨道继电器提供电源。轨道空闲时，使之吸起；有车占用时，使之落下。

4.3.2　UM2000型移频自动闭塞

秦沈客运专线采用了基于轨道电路的列车运行控制系统，地对车信息传输通道使用的是法国UM2000数字编码无绝缘轨道电路。

1. UM2000系统的组成

UM2000无绝缘轨道电路上、下行线路分别采用2000 Hz和2600 Hz，1700 Hz和2300 Hz，使得本区段的轨道电路与相邻区段有效隔离。这种轨道电路主要由室内设备和室外设备两大部分组成，其中室内部分由发送器、接收器、方向电路板、电源板及模拟电缆板组成；室外部分由电气绝缘节（JES）、补偿电容器、钢轨、电缆及匹配变压器TAD组成，如图4-19所示。

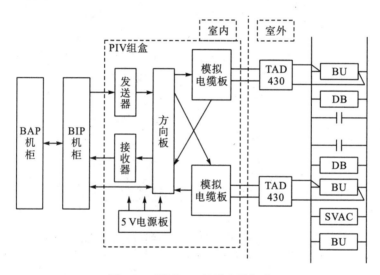

图4-19　UM2000轨道电路组成

2. UM2000自动闭塞电路原理

1）电气分隔原理

UM2000无绝缘轨道电路采用的电气绝缘节（又称为调谐区）主要包括两个通用调谐单元BU，1个空心线圈SVAC和1段钢轨。电气绝缘节的长度根据线路条件而定。秦沈客运专线电气绝缘节的长度有两种，分别为桥面19.2 m和非桥面20.4 m。通用BU有4种，分别对应不同的频率。每个BU包括1个零阻抗和1个极阻抗，对本区段的频率呈现极阻抗，对相邻区段的频率呈现零阻抗，既可用于发送，又可用于接收。

对于较低频率轨道电路（1700 Hz、2000 Hz），设置由L、C两元件组成的BU；对于较高频率轨道电路（2300 Hz、2600 Hz），设置由L、C、C三元件组成的BU。

相邻轨道区段实现电气绝缘的原理如图 4-20 所示。

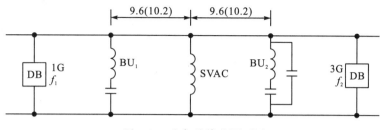

图 4-20　电气绝缘节原理图

1G 端 BU 对 3G 端的频率 f_2 为串联谐振，呈现较低阻抗，相当于短路，阻止了相邻区段信号进入本轨道电路区段，而 1G 端 BU 对本区段的频率 f_1 呈现电容性，1G 端频率 f_1 与调谐区钢轨、SVAC 的综合电感构成并联谐振，呈现较高阻抗，称为极阻抗，相当于开路，以此减少对本区段信号的衰耗。同理，3G 端 BU 对 1G 端的频率 f_1 为串联谐振，呈现较低阻抗，相当于短路，阻止了相邻区段信号进入本轨道电路段，而 3G 端 BU 对本区段的频率 f_2 呈现电容性，3G 端频率 f_2 与调谐区钢轨、SVAC 的综合电感构成并联谐振，呈现较高阻抗，相当于开路，也减少了对本区段信号的衰耗。

综合上述，通过 BU、SVAC 和调谐区钢轨电感等参数间的配合，将相邻的两个轨道电路区段信号隔离，即完成电气绝缘节的作用。为了保证轨道电路的传输距离，UM2000 无绝缘轨道电路同 UM71 一样，也采用了在钢轨中间加装补偿电容的方法来减弱电感的影响，但补偿电容的节距要根据载频和轨道电路的实际长度计算。

2)各部分的作用

电路单元包括发送器、接收器、方向板、模拟电缆板、调谐单元、补偿调谐单元、空心线圈、匹配变压器、补偿电容器等，其作用如下。

(1)补偿调谐单元的作用是当调谐单元故障时，代替调谐单元工作。当调谐单元正常工作时，起补偿调谐及电容的作用，使系统工作更可靠。

(2)空心线圈的作用是作为谐振回路的电感，提高电气绝缘节谐振的品质因数；平衡两钢轨中的牵引电流，它的中心点可与相邻相应的空心线圈的中心点做等电位连接，平衡两钢轨中的牵引电流，保证设备及人身安全。

(3)匹配变压器(TAD)的作用是实现电缆与轨道电路的匹配连接。

(4)补偿电容器的作用是补偿钢轨电感对轨道信号传输的影响，延长轨道电路的长度；使钢轨中有足够强度的信号电流，提高信干比，保证机车信号设备及轨道电路可靠地工作。

(5)发送器的作用是产生低频信息及载频为 f_0 的移频信号，并对信号进行放大。

(6)接收器的作用是检查轨道电路空闲，区分不同载频的移频信号，检查低频信号。通过比较从轨面接收到的信号与从发送板回读的信号来判断轨道电路的状态，提高轨道电路工作的可靠性。

(7)方向板的作用是接收 BIP 的指令，改变发送器、接收器的方向，从而实现双向运行。

(8)模拟电缆板的作用是通过板上的模拟电缆线(补偿网络)将不同长度的室外电缆补

充至同一长度,简化轨道电路的调整,同时使改变运行方向的电路得以简化。

(9)调谐单元的作用是对本区段的信号频率呈容性,该电容与调谐区钢轨和空心线圈的电感并联谐振,呈现较高的阻抗,可减少对本区段信号的功率损耗。对相邻区段信号频率串联谐振,呈现较低的阻抗,可以阻止相邻区段的信号进入本区段,以此实现两相邻轨道电路的电气隔离。

3)轨道电路主要技术参数

分路电阻:0.15 Ω。

分路电流:站内道岔区大于1.6 A,其他区段大于0.8 A。

道床电阻:区间2.0 Ω·km,站内道床电阻为1.5 Ω·km。

根据上述参数确定轨道电路极限长度。

区间轨道电路:两端均为电气绝缘节时极限长度为1200 m;一端为电气绝缘节,另一端为机械绝缘节;两端均为机械绝缘节时为1000 m。

站内无岔区段轨道电路:一端为电气绝缘节,另一端为机械绝缘节;两端均为机械绝缘节时极限长度为800 m,但是当邻线同频时,轨道电路极限长度缩短为450 m。

站内道岔区段轨道电路:一端为电气绝缘节,另一端为机械绝缘节;两端均为机械绝缘节时极限长度为450 m。

正线特殊轨道区段:为了保证车载设备信息的完整接收,两端为机械绝缘节时,小线轨道电路长度必须大于155 m。

4)编码规则

UM2000无绝缘轨道电路地车间的信息传输采用移频键控(FSK)的调制方式,由27位数字编码组成,最前边6位为循环冗余校验码(CRC),最后3位为预留信息码位,中间18位为实际使用信息位,其中包括坡度信息4位、目标距离信息6位和速度信息8位。

UM2000用27个低频信号0.88 Hz、1.52 Hz、2.16 Hz、…、17.52 Hz和一个反映轨道占用/出清的低频信号25.68 Hz,依次逐位和线性分组码27码元相乘,形成一个低频序列,对载频进行调制形成混合模拟移频信号发送到钢轨,地面接收设备解调出轨道占用与出清信息;车载设备解调出27bit的线性分组码信息指挥行车。

在27 bit信息中将6bit冗余码元作为校验元,有效信息为21bit,实际使用18bit,3bit预留,信息使用定义。

(1)纠错码占6bit,频率为16.24~17.52 Hz。当信号误读时,纠错码不但能检查出错误,在某种情况下还能纠正错误,纠错码采用6位循环冗余校验码。

(2)坡度码占4bit,可将坡度划分为16个等级,频率为4.72~6.64 Hz。坡度信息由整个闭塞分区情况平均而得,列车在进行速度计算时要考虑到这一因素。

(3)目标距离信息共6bit,可将目标距离分成64种情况,对应频率为7.28 Hz和10.48 Hz。闭塞分区长度可能有多种,对于计算速度十分重要。

(4)速度码占8bit,最多可以代表256种速度码,频率为0.88~4.08 Hz,包括本闭塞分区最高安全速度、本闭塞分区末端的目标速度及下一闭塞分区末端的目标速度。其代表的速度值主要有7个,在高速线路上分别表示为200,180,160,140,105,000,RRR。

(5)路网码占3bit,频率为11.12~15.60 Hz。路网码决定列车如何理解速度码,例如，在最高允许速度为 300 km/h 的高速线路上所用的路网码，与在速度限制为 160 km/h 的海峡隧道中所用的路网码不同，在秦沈客运专线作为预留信息，占 3bit。

秦沈客运专线信号系统在区间和车站内均安装了 UM2000 无绝缘数字轨道电路，实现了区间、站内轨道电路的一体化，与 UM71 相比，信息量由过去的 18 个变为 2^{18} 个，因此，其速度监督由过去的阶梯控制方式改为分段连续速度模式曲线控制方式，取消了原 TVM300 系统必须的保护区段，提高了线路通过能力。为在高速铁路区段实现高速安全行车提供了良好的技术基础。

5)UM2000 移频信号的特点

UM2000 移频信号是一个多频调制的调频信号，其中调频常数是一个关键参数。通过分析调频常数对移频信号频谱带宽以及能量分布的影响，给出了调频常数选择的一般原理。调频常数的值越大，移频信号的频谱能量越分散，带宽也就越宽。但边频所含的能力越多，抗干扰性能越强，调频常数的值越小，移频信号的频谱能量越集中，带宽也就越窄，边频所含的能量也越少，抗干扰性能也就越弱。所以应在保证带宽合适的前提下选择尽可能大的调频常数。

UM2000 移频信号的调制信号是根据要发送的数字信息码选取相应的正弦信号叠加而成的。将此调制信号调制在 1700 Hz、2000 Hz、2300 Hz、2600 Hz 中的一个载频上得到相应的移频信号，称为 UM2000 移频信号。

4.4　ZPW-2000A 型无绝缘移频自动闭塞

4.4.1　ZPW-2000A 型系统的特点

1.1　UM71 型自动闭塞存在的问题

在 UM71 型自动闭塞的使用过程中，发现其存在以下问题。

1)安全方面的问题

(1)调谐区无断轨检查功能。两轨道电路之间的 26 m 调谐区，在不利条件下，任意点断轨均无法检查。

(2)调谐区分路死区长。在不利条件下，26 m 调谐区分路死区长 20 m，因此只能规定调谐区内禁止轻型车和小车停留。

(3)调谐单元断线得不到检查。若本区段轨道电路发送端谐振单元断线，由于零阻抗的丧失，相邻区段接收的信号向本区段扩散传输，使断线得不到检查。同样，本区段轨道电路接收端谐振单元断线，也造成相邻区段发送的信号向本区段扩散，使断线得不到检查。

(4)接收设备对 7~34 Hz 范围内非 18 种标准低频信号以外的频率无防护能力。

(5)对拍频信号，接收设备采用的斜率鉴频方式无防护能力。

2)传输方面需改进之处

(1)谐振单元的参数与调谐区 26 m 长的 60 kg/m 钢轨的参数失配。

（2）在 1.0 Ω·km 道碴电阻条件下，电缆与钢轨匹配连接处于失配状态。

（3）对于钢轨电感的补偿，补偿电容的选择不能满足 1.0 Ω·km 道碴电阻的要求。

（4）轨道电路传输长度被限制在 7.5 km，不能满足站间距离 10 km 的要求；且必须采用 1.13 mm 线径的电缆，系特殊制造，造价高。

（5）调谐单元、空心线圈至钢轨的引接线采用截面 70 mm²，长 3 m 和 1.25 m 的铜线，不利于养路作业，易造成损坏和丢失。

（6）对存在电气-机械绝缘节的轨道电路（如邻接车站的接近、离去区段）采用简单的调谐单元、空心线圈并联方式，恶化了特性，缩短了轨道电路的传输长度。

这样，对于电气-电气绝缘节（JES-JES），在道碴电阻为 1.0～∞ Ω·km 时，轨道电路传输长度为 900 m，在 1.2～∞ Ω·km 时为 1100 m，1.5～∞ Ω·km 时为 1500 m。对于电气-机械绝缘节则分别为 800 m、900 m 和 1050 m。由于轨道电路传输长度不够长，就加大了自动闭塞的工程投资。此外，UM71 型自动闭塞采用分立元件和小规模集成电路，在技术上已不够先进。

为此，在进行 UM71 型自动闭塞国产化，消化吸收国外先进技术的基础上，充分发挥它的技术优势，克服其不足，采用微机技术和数字信号处理技术对其进行改进并予以提高，就构成了具有自主知识产权的新一代无绝缘移频自动闭塞 ZPW-2000A 型自动闭塞。

2. ZPW-2000A 型无绝缘移频自闭系统的特点

ZPW-2000A 型无绝缘移频自动闭塞在充分肯定、保持 UM71 和 WG-21A（国产化）型无绝缘轨道电路整体结构优势的基础上，具有如下特点。

（1）解决了调谐区断轨检查，实现了轨道电路的全程断轨检查，提高了系统的安全性。

（2）缩短了调谐区分路死区长度，由 UM71（WG-21A）的 20 m 缩短为不大于 5 m。

（3）实现了对调谐单元断线故障的检查。

（4）实现对拍频干扰的防护。

（5）通过系统参数优化，提高了轨道电路的传输长度，消除或减少了轨道电路分割，减少了工程总投资。例如，在道碴电阻为 1.0 Ω·km 时，轨道电路传输极限长度由 UM71（WG-21A）的约 1000 m 延长为 1500 m。

（6）提高了机械绝缘节轨道电路的传输长度，实现了与电气绝缘节轨道电路的等长传输。

（7）轨道电路调整按固定轨道电路长度与允许最小道碴电阻方式进行，既满足了 1.0 Ω·km 标准道碴电阻和低道碴电阻传输长度要求，又提高了轨道电路的工作稳定性。

（8）用 SPT 型国产铁路信号内屏蔽数字电缆取代法国 ZCO3 电缆，减小了铜芯线径，减少了备用芯组，加大了传输距离，提高了系统技术性能价格比，降低了工程造价。

（9）采用长钢包铜引接线取代短 75 mm² 铜引接线，利于维修。

（10）满足我国长站间隔和低道碴电阻道床轨道电路的需要。

（11）系统中发送器采用 $N+1$ 冗余，接收器采用成对双机并联运用，系统可靠性高。

4.4.2　ZPW−2000A 型自动闭塞的构成

ZPW−2000A 无绝缘轨道电路系统设备构成见图 4-21。

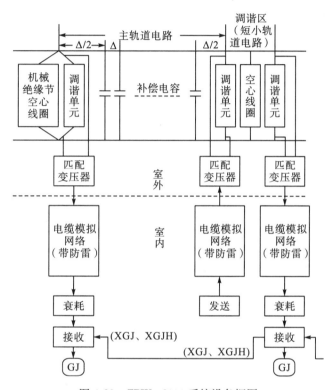

图 4-21　ZPW−2000 系统设备框图

1. 室外设备

1）调谐区

调谐区即电气绝缘节，除车站进出站口交界点外，各闭塞分区分界点均设电气绝缘节。调谐区按 29 m 长设计，它由调谐单元及空心线圈组成，其参数保持原 UM71 参数，功能是实现两相邻轨道电路的电气隔离。

空芯线圈是非电气绝缘节的必备元件，该系统在每一个轨道电路区段设置一个空芯线圈，目的是对 50 Hz 形成较低的阻抗，对不平衡电流电势起到短路、平衡作用。

另外，该线圈若设在调谐区中间，适当确定参数，可起到改善调谐区阻抗的作用。该线圈也可用做复线区段，起到上下行线路间等电位连接、渡线绝缘两端牵引电流平衡以及防雷接地等作用。

SVA 由直径 1.53 mm 的 19 股电磁线绕制而成，截面为 35 mm²。在 20 ℃时，以 1592 Hz 信号测试，电感量约 $L=33~\mu H$，电阻值 25 m$\Omega \geqslant R \geqslant$14 m$\Omega$。直流电阻 $R_0=4.5\pm0.5$ mΩ。铜线敷有耐高温的玻璃丝包。

SVA 设有中心线，每半个线圈可通过 100 A 电流，即在 100 A 不平衡电流或 200 A 中点流出牵引电流情况下可以长期工作。在通入 4 min 500 A 不平衡电流的情况下（或中心点通过 1000 A 平衡电流下），SVA 均可正常工作。不同牵引电流下，SVA 温度曲线见图 4-22。由于没有铁芯，通过大电流情况下，不存在磁路饱和问题。

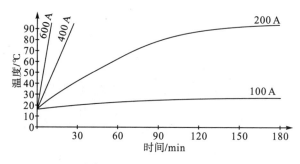

图 4-22　SVA 温度曲线图

SVA 设在调谐区，归纳起来有以下作用。

(1)平衡牵引电流回流。SVA 设置在 29 m 长调谐区两个调谐单元的中间，由于它对于 50 Hz 牵引电流呈现很小的交流阻抗（约 10 mΩ），故能起到对不平衡牵引电流电动势的短路作用，减小了工频谐波对轨道电路设备的影响。

(2)对于上、下行线路间的两个 SVA 中心线可进行等电位连接，一方面平衡电路间牵引电流，另一方面可保证维修人员及设备安全（起纵向防雷作用）。等电位连接图如图 4-23 所示。

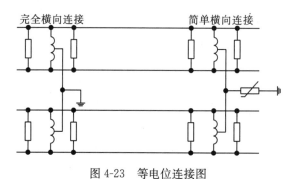

图 4-23　等电位连接图

(3)SVA 作为抗流变压器。SVA 作为抗流变压器时，其总电流不大于 200 A（长时间），在道岔斜股绝缘两侧各装 1 台 SVA，将两中心线连接，如图 4-24 所示。

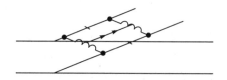

图 4-24　SVA 中心线连接图

(4)可为谐振槽路提供一个较为合适的 Q 值。SVA 对 1700 Hz 感抗值有 0.35 Ω，对 2600 Hz 也有 0.54 Ω。在调谐区中，不能把它单独作为一个低阻值分路电抗进行分析，应将其作为并联谐振槽路的组成部分。SVA 参数的适当选择能保证调谐区工作的稳定性。

(5)为调谐区两端设备纵向防雷提供方便。当复线区段设有完全横向连接线时，通过SVA 中心点直接接入地线。当设有简单横向连接或无横向连接的 SVA 中心点，则经过防雷元件接地。

2)机械绝缘节

在车站的进出站口交界处设机械绝缘节，由机械绝缘节空心线圈(SVA′)与调谐单元并接而成，其节特性与电气绝缘节相同。在车站进出站口交界处的原绝缘节上再并联BA、SVA′的目的是使该轨道电路与电气绝缘节轨道电路有相同的传输参数和传输长度。根据 29 m 调谐区 4 种载频的综合阻抗值，设计 SVA′ 与 BA 并联，能获得较好的预期效果。

机械绝缘节空心线圈的结构特征与空心线圈一致。机械绝缘节空心线圈按频率分为 4 种(1700 Hz、2000 Hz、2300 Hz、2600 Hz)，安装在机械绝缘节轨道边的基础桩上与相应频率调谐单元并联，使电气绝缘节与机械绝缘节间轨道电路的传输长度、电气绝缘节与电气绝缘节间轨道电路的传输长度相同。

3)匹配变压器

一般条件下，按 0.3~1.0 Ω·km 道碴电阻设计，用于实现轨道电路(钢轨)与 SPT 铁路数字信号电缆的匹配连接，其电路原理见图 4-25。

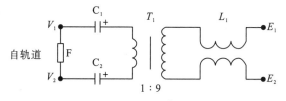

图 4-25 匹配变压器原理

(1)V_1、V_2 经调谐单元端子接至轨道，E_1 和 E_2 经 SPT 电缆接至室内。

(2)考虑到 1.0 Ω·km 道碴电阻，并兼顾低道碴电阻道床，该变压器变比优选为 9∶1。

(3)钢轨侧电路中，串联接入两个 16 V，4700 μF 电解电容(C_1、C_2)；这两个电容按相反极性串接，构成无极性连接，起到隔直及交连作用。保证该设备在直流电力牵引区段运用中，不致因直流成分造成匹配变压器磁路饱和。

(4)F 为匹配变压器的雷电横向防护元件。

(5)10 mH 的电感 L_1 用做 SPT 电缆，表现出容性的补偿。同时，与匹配变压器相对应处轨道被列车分路时，它可作为一个阻抗(1700 Hz 时约为 106.8 Ω)。该电感由设在同一线圈骨架两个槽上的单独线圈组成，以便在两条电缆线的每一条线上表现出同样的阻抗。该电感阻抗的降低将造成接收器电平的增高，故电感由富于弹性的物质灌封，以防止振动或撞击造成电感损坏，使电感值降低或丧失。

4)补偿电容

由于 60 kg，长 1435 mm 轨距的钢轨电感为 1.3 mH/m，同时每米约有几个皮法电容。对于 1700 Hz、2300 Hz 的移频信号，钢轨呈现较高的感抗值，该值大大高于道碴电阻时，对轨道电路信号的传输会产生较大的影响。为此，需在两钢轨间等距离加补偿电容。采取分段加补偿电容的方法减弱电感的影响。其补偿原理可理解为将每补偿段钢轨 L 与电容 C 视为串联谐振，见图 4-26。

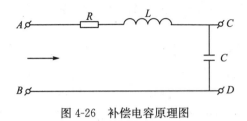

图 4-26　补偿电容原理图

在补偿段入口端(A、B)取得一个趋于电阻性负载 R，并在出口端(C、D)取得一个较高的输出电平。

一般认为补偿电容容量与载频频率、道碴电阻低端数值、电容设置方式、设置密度、轨道电路传输作用要求等有关。一般载频频率低，补偿电容容量大，最小道碴电阻低，补偿电容容量大；轨道电路只考虑加大机车信号入口电流，不考虑列车分路状态时电容容量大。为保证轨道电路电容调整、分路及机车信号同时满足一定要求时，补偿电容容量应确定一个优选范围。

补偿电容设置密度加大有利于改善列车分路，减少轨道电路中列车分路电流的波动范围，有利于延长轨道电路传输长度，设置过密又增加了成本，且带来维修的不便，因此要适当考虑。

补偿电容的设置方式宜采用等间距法，即将无绝缘轨道电路两端 BA 间的距离 L 按补偿电容总量 N 等分，其步长 $\Delta = L/N$。轨道电路两端按半步长 $\Delta/2$，中间按全步长 Δ 设置电容，以获得最佳传输效果。

补偿电容的安装方法是按照等间距设置补偿电容的方法，其具体方法如图 4-27 所示。

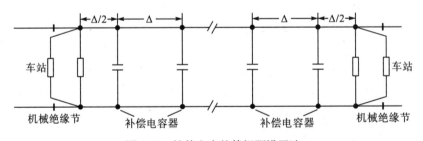

图 4-27　补偿电容的等间距设置法

在 ZPW—2000 系统中，补偿电容容量、数量均按通道具体参数及轨道电路传输要求确定。

5)传输电缆

采用 SPT 型铁路信号数字电缆，线径为 1.0 mm，总长 10 km。

SPT 数字电缆能实现 1 MHz(模拟信号)、2 Mbit/s(数字信号)以及额定电压交流 750 V 或直流 1100 V 及以下铁路信号系统中有关设备和控制装置之间的连接，传输系统控制信息及电能，可在铁路电气化和非电气化区段使用。

该电缆不适用于自动闭塞系统轨道电路相同频率的发送线对和接收线对使用同一电缆

的情况，也不适用于自动闭塞系统轨道电路相同频率的发送线对或接收线对使用同一屏蔽四线组的情况。

6）调谐区设备与钢轨间的引接线

调谐区设备与钢轨间的连接由 3700 mm、2000 mm 钢包铜引接线各两根构成，分别用于调谐单元、空心线圈、机械绝缘节空心线圈等设备与钢轨间的连接。

7）室外防雷

防雷系统由室外防雷、室内防雷两部分构成。室外横向防雷设在匹配变压器内，为压敏电阻；纵向防雷设在空心线圈处，通过中心抽头接地。

2. 室内设备

1）发送器

发送器用于产生高精度、高稳定移频的信号，系统采用发送"$N+1$"冗余方式。故障时通过 FBJ 接点转至"$+1$"FS 设备。

2）接收器

接收器用于接收主轨道电路信号，并在检查所属调谐区短小轨道电路状态（XGJ、XGJH）的条件下控制本轨道电路的轨道继电器（GJ）。同时接收器还接收相邻区段所属调谐区小轨道电路信号，向相邻区段输出小轨道电路状态（XG、XGH）条件。由此可见，在 ZPW2000 系统中，一个闭塞分区由主轨道电路与小轨道电路组成，且小轨道电路信息交由次区段接收器接收处理。本轨道区段 JS 与邻轨道区段 JS 间的关系见图 4-28。

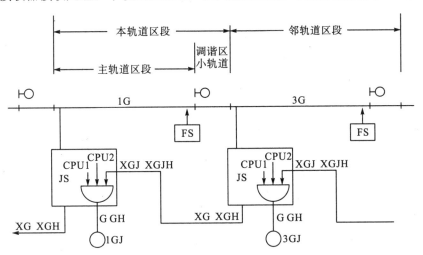

图 4-28　本轨道区段 JS 与邻轨道区段 JS 间关系示意图

3）衰耗盘

衰耗盘用于实现主轨道电路、小轨道电路的调整，给出发送和接收器故障、轨道占用表示及其他有关发送、接收用+24 V 电源电压、发送功出电压、接收 GJ 及 XGJ 测试条件等。

衰耗盘面板设有测试塞孔，可以测量发送器的电源电压、接收器的电源电压、轨道继电器的电压、发送器的功出电压、主轨道的限入电压、小轨道的限入电压等。

4）电缆模拟网络

电缆模拟网络设在室内，按 0.5 km、0.5 km、1 km、2 km、2 km、2×2 km 六节设

计，用于对 SPT 电缆长度的补偿，电缆与电缆模拟网络补偿长度之和为 10 km。防雷电缆模拟网络原理框图如图 4-29 所示。

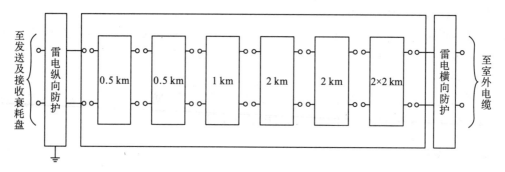

图 4-29　防雷和电缆模拟网络原理框图

5）室内防雷

室内防雷系统采用纵向与横向雷电防护。防雷设备设在电缆模拟网络盒内，纵向为低转移系数的防雷变压器，横向为带劣化显示的压敏电阻。

6）无绝缘移频自动闭塞机柜

室内的发送器、接收器、衰耗盘均放置在机柜上。为便于维修，移频柜上的设备布置需按区间闭塞分区编号顺序进行。设备位置排列应考虑与线路状态相对应，便于根据设备表示及测试数据分析设备运用及故障状态。闭塞分区编号示意见图 4-30。

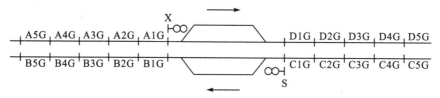

图 4-30　闭塞分区编号示意图

每台机柜可放置 10 套轨道电路设备，纵向 5 路组合，每路组合可装两个轨道电路的设备，包括发送器、接收器、衰耗盘各两台及发送、接收断路器、3×18 柱端子各两个。发送断路器保险为 10 A，接收断路器保险为 5 A。具体布置时，将移频柜设备按区间闭塞分区顺序布置。按闭塞分区示意图应将上行端 A1G～A5G、B1G～B5G 共计 10 套设备放在第一个移频架上，其顺序如下：

1—A5G，3—A4G，5—A3G，7—A2G，9A1G

2—B5G，4—B4G，6—B3G，8—B2G，10B1G

移频柜具体布置见图 4-31。

7）网络接口柜与无绝缘防雷电缆模拟网络组匣

网络接口柜与无绝缘防雷电缆模拟网络组匣均用于放置室内防雷及电缆模拟网络设备，运用时根据实际情况选用即可。网络接口柜最多可放 9 层 ZPW.XML1 组匣，每层组匣可放 10 台 ZPW.PML1 网络盘。无绝缘防雷电缆模拟网络组匣直接安装在组合架上，每个组匣可装 8 台 ZPW.PML1 网络盘。

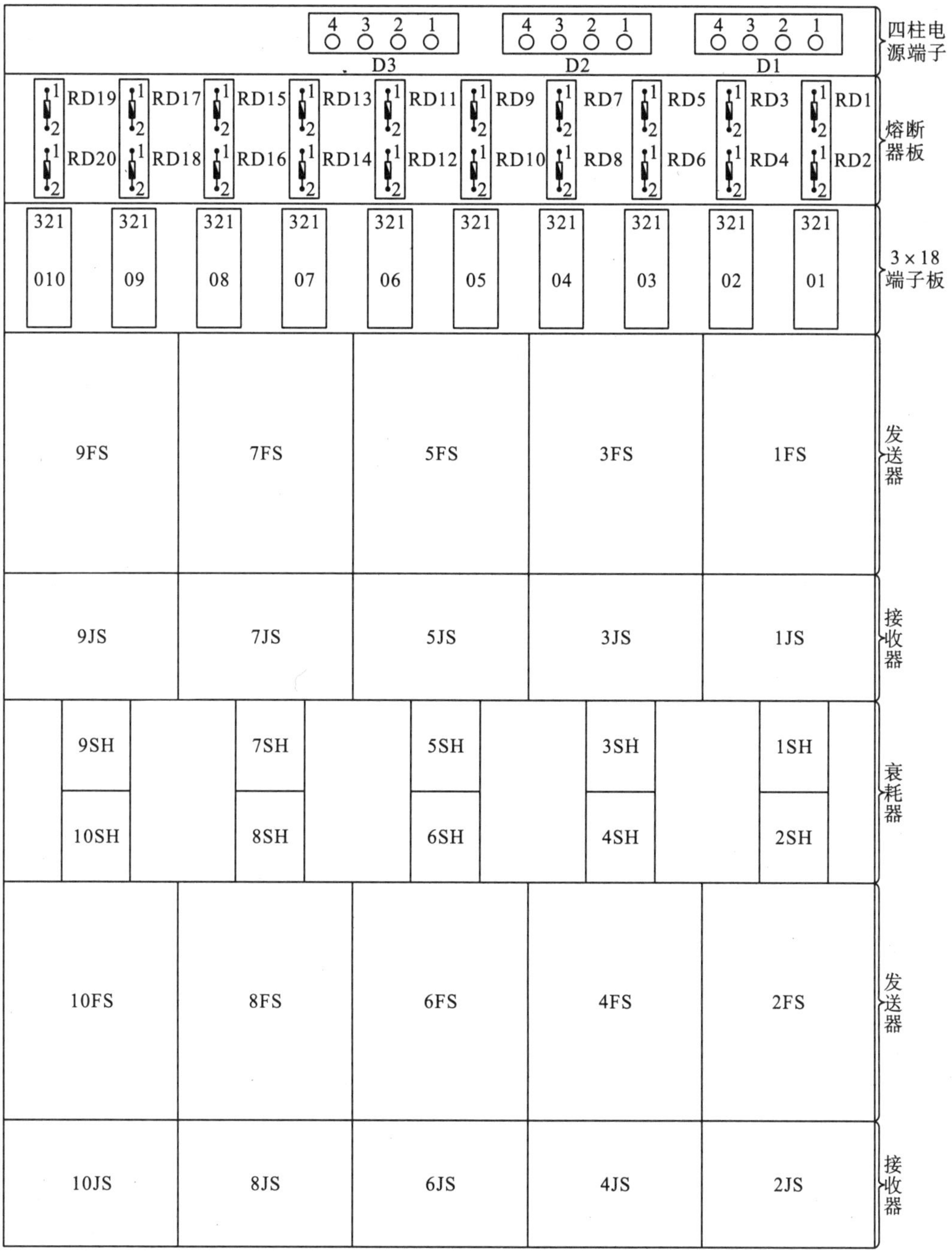

图 4-31 移频柜布置图(从配线侧看)

4.4.3 发送器

1. 发送器的作用

ZPW-2000A 型无绝缘轨道电路发送器在区间适用于非电化区段和电化区段的多信息

无绝缘轨道电路区段，在车站适用于非电化区段和电化区段站内移频电码化发送。ZPW—2000A 型无绝缘轨道电路发送器在使用中产生 18 种低频信号、8 种载频(上下行各 4 种)的高精度、高稳定性的移频信号，供自动闭塞、机车信号和超速防护使用。有足够的输出功率，且能根据需要调节发送电平，能对移频信号特征实现自检，故障时给出报警"N+1"冗余运用的转换条件。

2. 发送器原理框图及电路原理说明

1)发送器工作原理框图

通用型发送器原理框图见图 4-32。

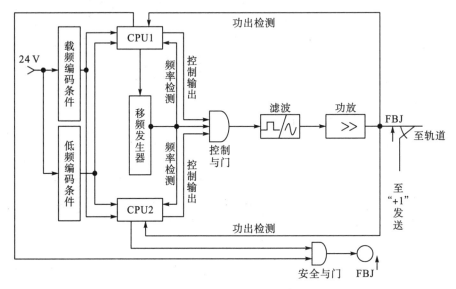

图 4-32 通用型发送器原理框图

同一载频编码条件、低频编码条件源以反码形式分别送入两套微处理器 CPU1 和 CPU2 中，其中，CPU1 控制移频发生器产生低频控制信号为 F_c 的移频信号。移频键控信号 FSK 分别送至 CPU1 和 CPU2 进行频率检测。检测结果符合规定后，即产生控制输出信号，经控制与门使 FSK 信号送至滤波环节，实现方波与正弦波变换。功放输出的 FSK 信号送至两处理器进行功出电压检测。两处理器对 FSK 信号的低频、载频和幅度特征检测符合要求后，使发送报警继电器 FBJ 励磁，并使经过功放的 FSK 信号输出至轨道。当发送输出端短路时，经检测使控制与门有 10 s 的关闭(装死或称休眠保护)。

2)微处理器、可编程逻辑器件及其作用

(1)采用双处理器、双软件、双套检测电路进行闭环检查。

(2)处理器采用 80C196，其中 CPU1 控制产生移频信号。CPU1 和 CPU2 还担负着移频输出信号的低频、载频及幅度特征的检测等功能。

(3)FPGA 可编程逻辑器件，由它构成移频发生器、并行输入/输出扩展接口、频率计数器等。

3)低频和载频编码条件的读取

读取低频和载频编码条件时，为了消除配线干扰采用功率型电路，考虑到"故障—安全"原则，应将 24 V 直流电变换成交流电，呈动态检测方式，并将外部编码控制电路与处理器等数字电路有效隔离，见图 4-33。

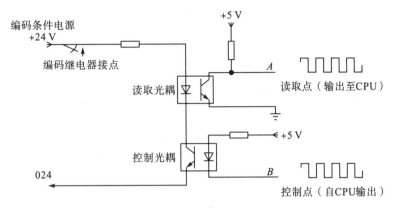

图 4-33 低频编码条件的读取

图 4-33 所示为处理器对 18 路低频或 8 路载频编码条件的读取电路。依编码继电器接点接入编码条件电源(+24 V)，为消除配线干扰，采用+24 V 电源及电阻 R 构成功率型电路。

考虑"故障－安全"原则，电路中设置了读取光耦、控制光耦。由 B 点送入方波信号，当+24 V 编码条件电源接通时，即可从读取光耦受光器一点获得与 B 点相位相同的方波信号，送至处理器，实现编码条件的读取。

控制光耦与读取光耦的设置实现了对电路元件故障的动态检查。任一光耦的发光源、受光器发生短线或击穿等故障时，读取光耦 A 点都得不到动态的交流信号，以此实现"故障－安全"原则。

另外，采用光电耦合也实现了外部编码控制电路与处理器数字电路的隔离。对于 18 路低频选择电路，该电路分别设置，共 18 个。对于载频电路则接 4 种频率及I、Ⅱ型设置共 6 个。

4）移频信号的产生

低频、载频编码条件通过并行输入/输出接口分别送到两个处理器后，首先判断该条件是否有且仅有一路。满足条件后，CPU1 通过查表得到该编码条件所对应的上下边频数值，控制移频发生器，产生相应的 FSK 信号。并由 CPU1 进行自检，由 CPU2 进行互检，若条件不满足，则将由两个处理器构成故障报警。

为保证"故障－安全"原则，CPU1、CPU2 及用于移频发生器的可编程逻辑器件分别采用各自独立的时钟源。

经检测，两处理器各产生一个控制信号，经过控制与门将 FSK 信号送至方波正弦变换器。

方波正弦变换器是由可编程低通滤波器 260 集成芯片构成其截止频率，同时满足对 1700 Hz、2600 Hz 三次及三次以上谐波的有效衰减。

5）激励放大器

为满足"故障－安全"原则，激励放大器采用射极输出器。为提高输入阻抗，提高射极输出器信号的直线性，减少波形失真，免除静态工作点的调整以及电源电压对放大器工作状态的影响，激励放大器采用运算放大器。该运算放大器采用+5 V 或−5 V 电源，如图 4-34 所示。

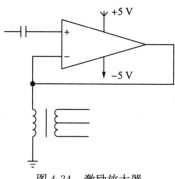

图 4-34　激励放大器

6）功率放大器

从"故障－安全"原则及提高功出电压稳定性方面考虑，功率放大器采用射极输出器，其简化电路如图 4-35 所示。FSK 信号经过 B_5 输入共集电极乙类推挽放大器，V_{30} 和 V_{18} 分别对输入信号正负半波进行放大。

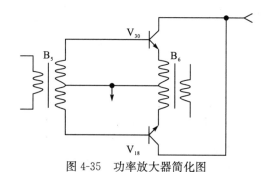

图 4-35　功率放大器简化图

7）安全与门电路

数字电路中，为保证"故障－安全"原则，往往采用相互独立的两路非"故障－安全"数字电路，该电路由统一外控条件控制，每路数字电路对信息执行结果判断符合要求后，各自送出一组连续方波动态信号。另外，专门设计一个由两个分立元件构成的具有"故障－安全"保证的安全与门，对两组连续方波动态信号进行检查。

安全与门在确认两组动态信号同时存在的情况下，方可驱动执行继电器，其原理框图如图 4-36 所示。

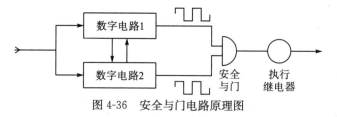

图 4-36　安全与门电路原理图

·两数字电路间的联系为数字交换或自检、互检及闭环检查等。发送器安全与门电路见图 4-37。

方波 1、方波 2 分别表示由 CPU1、CPU2 单独送出的方波动态信号。光耦 1、光耦 2 均用于模拟电路与数字电路的隔离。变压器 B_1 将方波 1 信号变化读出，经整流桥 1 整流及电容 C_1 滤波，在负载 R_0 上产生一个独立的直流电源 U_0。该独立电源反映了方波 1 的存

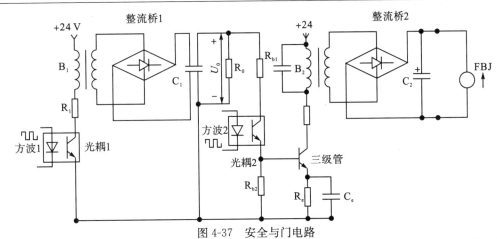

图 4-37 安全与门电路

在，并作为执行电路开关三级管的基级偏置电源。方波 2 信号通过光耦 2 控制开关三级管偏置电路。在方波 1、方波 2 同时存在的条件下，通过变压器 B_2，经整流桥 2 整流及电容滤波使发送报警继电器(FBJ)励磁。

由以上分析可以看出，FBJ 吸起反映了方波 1、方波 2 同时存在。电路中，R_1 用于限流，C_1 采用四端头，用于检查电容断线，防止独立电源 U_0 出现较大的交流纹波。R_{b1} 为上偏置电阻，R_{b2} 作为泄漏电阻，保证无方波 2 信号时，三级管的可靠关闭，作为光耦 2 长期固定导通时的恒流保护，同时作为 FBJ 电压的调整。C_e 为交流旁路电容。采用 B_1、B_2 变压器耦合提取交流信号，都是为了保证电路的"故障－安全"。

8)表示灯设置及故障检测

(1)工作表示灯。工作表示灯设在衰耗盘内，与 FBJ 线圈并联，如图 4-38 所示。R 用做限流电阻，"N"为工作指示灯，光耦提供发送报警接点。

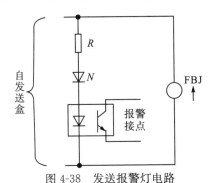

图 4-38 发送报警灯电路

发送工作正常时，工作表示灯亮，报警接点接通。发送故障时工作表示灯灭，报警接点切断车站移频报警继电器 YBJ 电路。

(2)故障表示灯。为便于检修所对复杂数字电路的维修，盒内针对每套处理器设置了一个指导维修人员查找设备故障的故障表示灯，用其闪动状况表示它可能出现的故障点。

9)发送器外线连接及端子说明

发送器外线连接示意图如图 4-29 所示。

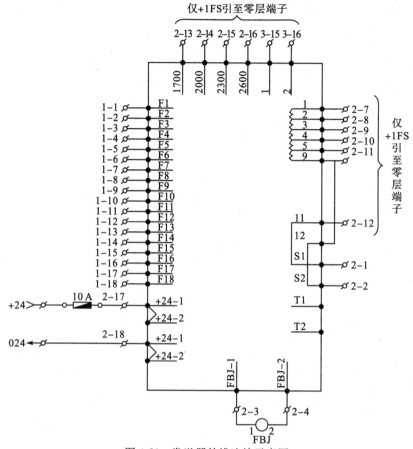

图 4-29 发送器外线连接示意图

发送器端子代号及用途说明如表 4-7 所示。

表 4-7 发送器端子代号及用途说明

序号	端子代号	用途
1	D	地线
2	+24−1	+24 V 电源外引入线
3	+24−2	载频编码用 +24 V 电源(+1FS 除外)
4	024−1	024 电源外引入线
5	024−2	备用
6	1700	1700 Hz 载频选择
7	2000	2000 Hz 载频选择
8	2300	2300 Hz 载频选择
9	2600	2600 Hz 载频选择
10	−1	1 型载频选择
11	−2	2 型载频选择
12	F1~F18	10.3~29 Hz 低频编码选择线
13	1~5、9、11、12	功放输出电平调整端子
14	S1、S2	功放输出端子
15	T1、T2	测试端子
16	FBJ−1 FBJ−2	外接 FBJ(发送报警继电器端子)

3. 发送器"N+1"冗余系统原理

在 ZPW−2000 系统中，为使"+1"发送盘 FS 随时能顶替任一发生故障的发送盘工作，必须考虑解决以下问题。

(1)载频选择。各主用发送盘 FS 用在不同的闭塞分区，各自均有固定的使用载频。上行线路按 2000 Hz、2600 Hz 交叉配置，下行线路按 1700 Hz、2300 Hz 交叉配置使用。当某一闭塞分区发送盘 FS 故障时，"+1"发送盘 FS 应自动选择在该闭塞分区所用载频上。

(2)低频编码条件选择。各闭塞分区发送盘 FS 的编码条件应是该闭塞分区的次 3 个闭塞区段空闲状态条件。当某一闭塞分区发送盘 FS 故障后，"+1"发送盘 FS 也应该按该分区所用编码条件控制"+1"发送盘 FS 编码，产生相应移频信号，并代替原主发送盘 FS (已故障的 FS 盘)将移频信号送往故障盘所对应的股道。

(3)发送通道的选择。如何将所产生的移频信号送往故障发送盘 FS 所对应的闭塞区段，这就是"+1"发送盘 FS 发送通道处理的问题。"+1"发送盘 FS 在任一主用发送盘故障时，均能准确无误地将移频信号送往故障盘所在的区段。

(4)闭塞分区有长有短，股道环境也不一样，各分区的发送盘 FS 在工作时均有不同的发送功率。这也要求"+1"发送盘 FS 在替代主 FS 设备时应考虑选择与主 FS 设备相同的发送电平，且具有自动选择功能。

以上各种选择电路均由各主 FS 设备的发送报警继电器 FBJ 接点条件构成。

4.4.4 接 收 器

1. 接收器的作用

接收器接收端及输出端均按双机并联运用设计，与另一台接收器构成相互热机并联运用系统(或称 0.5+0.5)，保证接收系统的高可靠性运用。

(1)用于对主轨道电路移频信号的解调，并配合与送电端相连接调谐区短小轨道电路的检查条件控制轨道继电器。

(2)实现对与受电端相连接调谐区短小轨道电路移频信号的解调，给出短小轨道电路执行条件并将其送至相邻轨道电路接收器。

(3)检查轨道电路是否完好，缩短分路死区长度，还用接收门限控制实现对 BA 断线的检查。

2. 接收器原理框图及原理说明

1)接收器双机并联运用原理框图

接收器由本接收主机及另一接收并机两部分构成，见图 4-30。

ZPW-2000A 系统中 A、B 两台接收器构成成对双机并联运用，即 A 主机输入接至 A 主机，且并联接至 B 并机；B 主机输入接至 B 主机，且并联接至 A 并机。A 主机输出与 B 并机输出并联，控制 A 主机相应执行对象(AGJ)。B 主机输出与 A 并机输出并联，控制 B 主机相应执行对象(BGJ)。

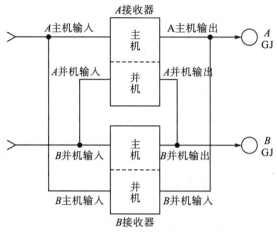

图 4-30　双机并联运用原理框图

2)接收器工作原理

(1)接收器工作原理框图。接收器工作原理框图如图 4-31 所示,其中主轨道 A/D、小轨道 A/D 为模数转换器,并机输入的模拟信号转换成计算机能处理的数字信号。

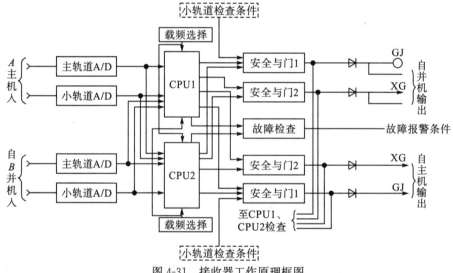

图 4-31　接收器工作原理框图

CPU1、CPU2:微机系统,用于完成主机、并机的的载频判决、信号采样、信息判决和输出驱动等功能。

安全与门 1~4:将两路处理器输出的动态信号变成驱动继电器(或执行条件)的直流输出。

载频选择电路:根据要求,利用外部的接点设定主机和并机的载频信号,由处理器进行判决,确定接收盒的接收频率。

接收盒根据外部所确定的载频条件送至两处理器,通过各自识别并通信,比较确认一致,视为正常,不一致时,视为故障并报警。外部送进来的信号分别经过主机、并机两路模数转换器转换成数字信号。两套处理器对外部四路信号进行单独运算和判决处理。这表明接收信号符合幅度、载频、低频要求时,就输出 3 kHz 的方波,驱动安全与门。安全与门收到两路方波后,就将其转换成直流电压带动继电器。如果双处理器的结果不一致,安全与门输出不能构成，就会报警。电路中增加了安全与门的反馈检查，如果处理器有动态输出，那么安全与门就应该有直流输出，否则就认为安全与门故障，接收盒也报警。如果接收盒收到的信号电压过低，就认为列车分路。

（2）载频读取电路。载频读取电路如图 4-32 所示。

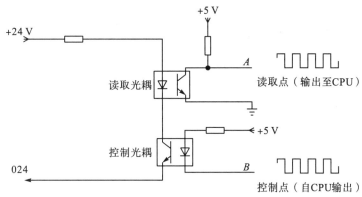

图 4-32　载频选择电路

接收器载频读取与发送器的低频载频电路类似，载频通过相应端子接通 24 V 电源确定，通过光电耦合器将静态的直流信号转换成动态的交流信号，由双处理器进行识别和处理，并实现外界电路与数字电路的隔离（详细分析此处不再给出）。

（3）微机处理器电路。微处理器电路如图 4-33 所示，采用双处理器、双软件。两套软件、硬件对信号单独进行处理，把结果相互校核，实现"故障－安全"原则。处理器采用数字信号处理器 TMS320C32。

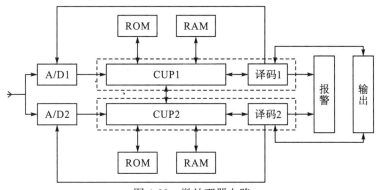

图 4-33　微处理器电路

①处理器完成信号的采样、运算判决和控制功能。该处理器能完成 1000 万次/s 加法、减法或乘法运算。

②数据存储器（随机存取储存器）用于存放采集的数据和运算的结果。数据存储器供电后可以对其进行读/写处理，断电后其内部数据就消失不保存。

③程序存储器（EPROM）是程序的载体，处理器执行的指令和运算需要的常数存储在其中。ROM 中的信息通过编程写入，断电后数据仍能保存。如果需要擦除其中的信息，可通过紫外线照射擦除，可反复使用。

④译码器完成 CPU 与 EPROM、RAM、A/D 及输入/输出接口（I/O）等之间的逻辑关系。

⑤输出电路根据处理器对输入信号分析的结果，经过通信相互校核后，输出动作相应

的继电器。

⑥在报警电路中，处理器定时对 EPROM 和处理器中的存储器进行检查，也对载频电路和安全与门电路进行检查，根据检查结果和双处理器进行通信相互校核的结果，决定给出相应报警条件，报警电路如图 4-34 所示。

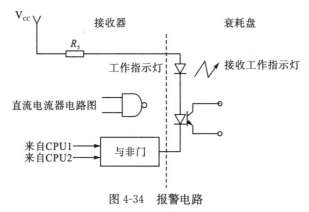

图 4-34 报警电路

来自两个处理器的信号经过一个与非门，控制报警电路。如果正常，则 CPU 输出一个高电平 1，与非门输出一个低电平 0，这时衰耗盘接收工作表示灯点亮，光耦导通。给外部提供一个导通的条件，构成总移频报警电路。如果发现故障，则处理器输出低电平 0，与非门输出高电平，工作表示灯灭，光耦断开，构成报警电路。

⑦辅助电路主要有时钟电路、通信时钟电路等。时钟是处理器工作的动力，其大小反映了处理器的工作速度，现在处理器时钟电路采用的是 40 MHz 的晶振。通信时钟电路是双处理器通信时的外部时钟，该时钟通过对处理器的输出频率分频后，提供给处理器通信用。通信时钟约 200 kHz。

⑧上电复位及看门狗的电路主要是由微处理监督定时器 MAX705 和与非门组成的。刚开机时，CPU 处理器需要一个约几百毫秒的低电位使处理器能进行复位。正常工作后，为了保证程序按照设计的流程循环运行，在程序的运行过程中，定时给 MAX705 一个信号，使其持高电平输出。如果程序的运行出了问题或接收盒出现了死机现象，MAX705 没有收到处理器的定时信号，就输出一个低电平，使处理器重新复位，使其重新开始执行。

(4)安全与门电路。安全与门电路有 4 个，分别带主机轨道继电器、并机轨道继电器以及提供主机小轨道继电器和并机小轨道继电器的执行条件。其电路原理与发送器 FBJ 电路类似，故此处不再详述。安全与门电路如图 4-35 所示。

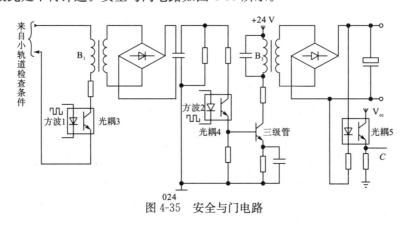

图 4-35 安全与门电路

光耦 5 用于对安全与门电路故障的检测。当方波 1、方波 2 存在、安全与门没有输出时，通过 C 点电位回送至 CPU 处理器电路，构成报警。

（5）故障表示灯。为便于检修所对复杂数字电路的维修，盒内针对每一套处理器设置了一个指导维修人员查找设备故障的故障表示灯，用其闪动状况表示它可能出现故障的点。

（6）接收器外线连接及端子说明。接收器外线连接及端子使用见图 4-36，接收器外线端子编号说明如表 4-8 所示。

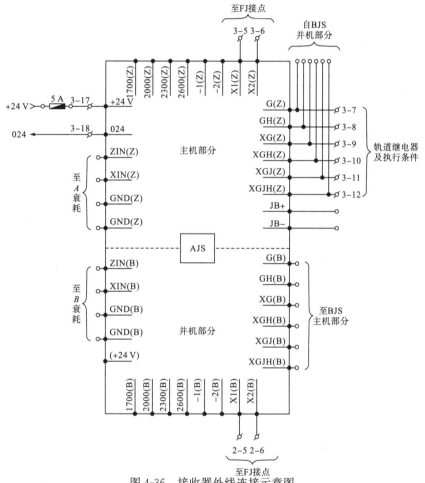

图 4-36　接收器外线连接示意图

表 4-8　接收器端子编号及说明

序号	端子编号	说明
1	D	地线
2	+24	+24 V 电源
3	（+24）	+24 V 电源（由设备内给出，用于载频及类型选择）
4	024	024 V 电源
5	1700(Z)	主机 1700 Hz 载频选择
6	2000(Z)	主机 2000 Hz 载频选择
7	2300(Z)	主机 2300 Hz 载频选择
8	2600(Z)	主机 2600 Hz 载频选择
9	1(Z)	主机 1 型载频选择

续表

序号	端子编号	说明
10	2(Z)	主机 2 型载频选择
11	X1(Z)	主机小轨 1 选择
12	X2(Z)	主机小轨 2 型选择
13	ZIN(Z)	主机轨道信号输入
14	XIN(Z)	主机邻区段小轨道信号输入
15	GIN(Z)	主机轨道信号输入共用回线
16	G(Z)	主机轨道断电器输出线
17	GH(Z)	主机轨道继电器回线
18	XG(Z)	主机小轨道继电器(或执条条件)输出线
19	XGH(Z)	主机小轨道继电器(或执行条件)回线
20	XGJ(Z)	主机小轨道检查输入
21	XGJH(Z)	主机小轨道检查回线
22	1700(B)	并机 1700 Hz 载频选择
23	200(B)	并机 2000 Hz 载频选择
24	2300(B)	并机 2300 Hz 载频选择
25	2600(B)	并机 2000 Hz 载频选择
26	1(B)	并机 1 型载频选择
27	2(B)	并机 2 型载频选择
28	X1(B)	并机小轨 1 型选择
29	X2(B)	并机小轨 2 型选择
30	ZIN(B)	并机轨道信号输入
31	XIN(B)	并机邻区段小轨道信号输入
32	GIN(Z)	并机轨道信号输入共用回线
33	G(B)	并机轨道继电器输出线
34	GH(B)	并机轨道继电器回线
35	XG(B)	并机小轨道继电器(或执行条件)输出线
36	XGH(B)	并机小轨道继电器(或执行条件)回线
37	XGJ(B)	并机小轨道检查输入
38	XGJH(B)	并机小轨道检查回线
39	JB+	接收故障报警条件"+"
40	JB−	接收故障报警条件"−"

4.4.5 衰耗盘

衰耗盘在使用中有两种类型，ZPW·PS 型与 ZPW·PS1 型。无论是 ZPW·PS 型还是 ZPW·PS1 型，其作用及原理都基本一样，两者仅在测试塞孔引出方面有差异。

1. 衰耗盘的作用

(1)对主轨道电路的接收端输入电平调整。

(2)对小轨道电路正反向的调整。

(3)给出有关发送、接收用电源电压、发送功出电压、轨道输入/输出 GJ 和 XGJ 的测试条件。

(4)给出发送、接收故障报警和轨道占用指示灯情况等。

(5)在"N+1"冗余运用中实现接收器故障转换时，主轨道继电器和小轨道继电器的落下延时。

2. 衰耗盘电路原理说明

衰耗盘内设有衰耗调整电路和工作指示灯及报警电路。衰耗调整电路用于对主轨道电路的接收端输入电平以及小轨道电路正反向的调整。工作指示灯及报警电路用于给出发送、接收故障报警和轨道占用指示灯情况等。同时在衰耗盘内还设有相应的测试端，以便给出有关发送和接收用电源电压、发送功出电压、轨道输入/输出 GJ 和 XGJ 的测试条件。

ZPW·PS 型衰耗盘调整电路原理见图 4-37。

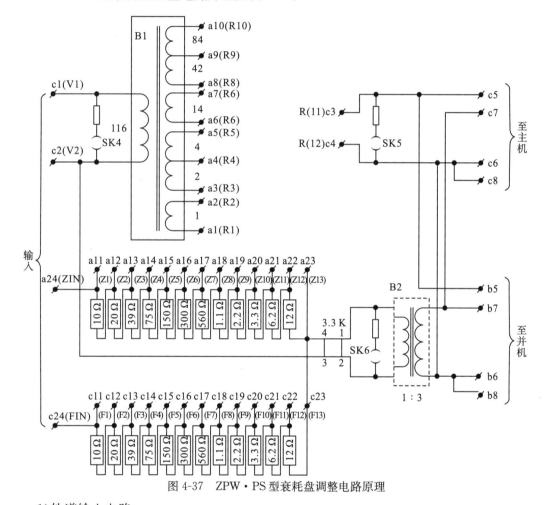

图 4-37　ZPW·PS 型衰耗盘调整电路原理

1)轨道输入电路

主轨道信号 V1、V2 自 C1、C2 变压器 B1 输入，B1 变压器的阻抗约为 $36\sim55$ Ω（$1700\sim2600$ Hz），为稳定接收器输入阻抗，该阻抗选择较低，以利于抗干扰。

变压器 B1 的匝比为 116：（$1\sim146$），次级通过变压器抽头连接，可构成 $1\sim146$ 共 146 级变化，按调整表调整接收电平。

2)小轨道电路输入电路

根据方向电路变化，接收端将接至不同的两端短小轨道电路。故短小轨道电路的调整按正、反两方向进行，正方向调整用 a11~a23 端子，反方向调整用 c11~c23 端子，负载阻抗为 3.3 kΩ。

　　为提高模数转换器的采样精度，短小轨道电路信号经过 1：3 升压变压器 B2 输出至接收器。

3. 工作指示灯及报警电路

　　ZPW·PS 型工作指示灯及移频报警电路见图 4-38。

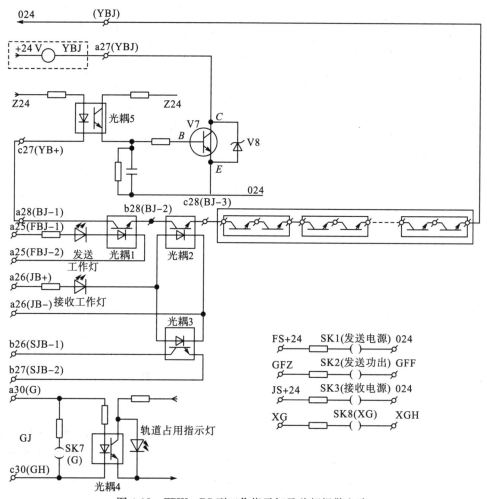

图 4-38　ZPW·PS 型工作指示灯及移频报警电路

　　1）表示灯电路

　　（1）发送工作灯即发送故障报警指示。发送工作灯通过发送器 FBJ-1、FBJ-2 将 FBJ 发送报警继电器条件接入，正常时光耦 1 输入端的发光二极管导通，发送工作灯亮。并通过光耦 1 输出端（BJ-1、BJ-2）控制移频总报警继电器 YBJ。故障时光耦 1 无输出，发送工作灯灭。

　　（2）接收工作灯即接收故障报警指示。接收工作灯通过 JB+、JB-端接入，正常时光耦 2 输入端的发光二极管导通，接收工作灯亮。同时也通过光耦 2 输出端（BJ-3、BJ-2）控制移频总报警继电器 YBJ。故障时光耦 2 无输出，接收工作灯灭。YBJ 电路仅设于移频柜第一位置的衰耗盘。

　　报警电路将所有接收工作、发送工作报警光耦的输出端串接后控制移频总报警继电器 YBJ。正常时 YBJ 保持吸起，若接收、发送设备任一故障，则 YBJ 落下报警串接接收工作、发送工作报警条件时，从移频柜第一位置的衰耗盘开始。将第一位置衰耗盘内光耦 5 输入端与本区段轨道电路发送故障条件(BJ-1、BJ-2)、接收故障条件(BJ-2、BJ-3)串接，然后将其他区段轨道电路接收工作、发送工作报警条件依次串接，接收、发送设备均正常时使光耦 5 受光器导通控制三级管 V7 导通，并使 YBJ 励磁。只要接收、发送设备之一故障，YPJ 就落下报警。电容 C_1 起到缓放作用，防止各报警条件瞬间中断，造成 YBJ 跳动。

在站内电码化及"+1"发送只有发送没有接收设备时，仅接入 BJ-1、BJ-2 条件。在车站接收设置总数为奇数，单独设置并机备用时，仅接入 BJ-2、BJ-3 条件。

(3)轨道占用灯反映轨道电路是否有车占用，轨道空闲时灯灭，有列车占用时红灯高。

其控制条件由 G、GH 端输入。轨道被占用时光耦 4 的受光器关闭，使轨道占用灯亮。轨道空闲时光耦 4 导通，其输出端发光二极管被短路，轨道占用指示灯灭。在 ZPW・PS1 型衰耗盘中，轨道空闲时绿灯亮，轨道被占用时红灯亮。

2)ZPW・PS 型衰耗盘面板布置

ZPW・PS 型衰耗盘面板布置如图 4-39 所示。

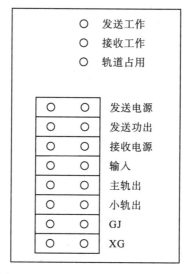

图 4-39　ZPW・PS 型衰耗盘面板布置

ZPW・PS 型衰耗盘面板设有 3 个工作指示灯、8 个测试插孔。以便维修工作人员观察设备状态，测试相关信息。

(1)表示灯。

发送工作灯：绿色，灯亮表示工作正常，灯灭表示故障。

接收工作灯：绿色，灯亮表示工作正常，灯灭表示故障。

(2)测试插孔。

SK1：发送电源接 FS+24 V、024 V，测发送器用 24 V 电压，约 23.5～24.5 V。

SK2：发送功出接发送器功出，测试发送器功出电平，与调整表一致。

SK3：接收电源接 JS+24 V、024 V，测接收器用 24 V 电压，约 23.5～24.5 V。

SK4：接收输入接来自轨道的电压 V_1、V_2，测试接收输入电压，主轨道电压大于等于 240 mV，小道电压大于等于 33 mV。

SK5：主轨道输出测试主轨道经 B_1 变压器电平级调整后的输出电压大于等于 240 mV。

SK6：小轨道输出测试经过衰耗电阻分压后的输出电平，约 38 mV。

SK7：GJ 测试轨道继电器的电压，大于等于 20 V(并机时高)。

SK8：XG 测试小轨道继电器(或执行条件)电压，大于等于 20 V，开路时大于 30 V(并机时高)。

4. 衰耗隔离盘外线连接

ZPW·PS 型衰耗隔离盘外线连接如图 4-40 所示。

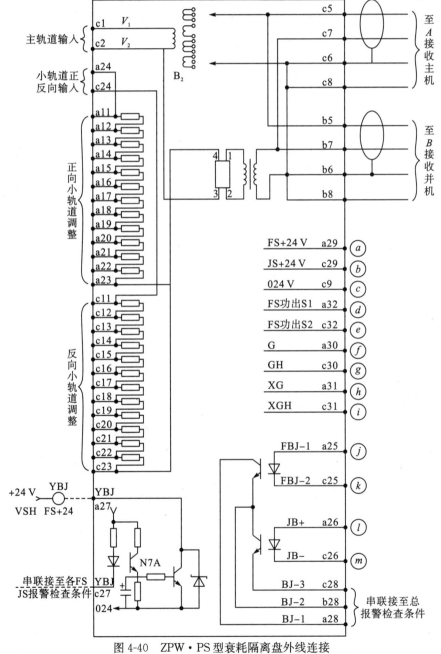

图 4-40　ZPW·PS 型衰耗隔离盘外线连接

4.4.6 站防雷和电缆模拟网络盘

防雷电缆模拟网络盘设于网络接口柜内或无绝缘防雷电缆模拟网络组匣内。

1. 作用

电缆模拟网络盘用做对通过传输电缆引入室内雷电冲击的防护(横向、纵向)。通过 0.5 km、0.5 km、1 km、2 km、2 km、2×2 km 六节电缆模拟网络,补偿实际 SPT 数字信号电缆,使补偿电缆和实际电缆总距离为 10 km,以便于轨道电路的调整和构成改变列车运行方向电路。

2. 原理

站防雷和电缆模拟网络原理框图如图 4-41 所示。

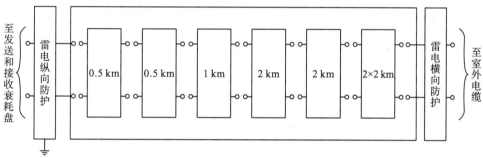

图 4-41 站防雷和电缆模拟网络原理框图

1)站防雷电路原理简要说明

室外电缆会带来雷电冲击信号,为保护电缆模拟网络及室内发送、接收设备,采用横向与纵向雷电防护。

(1)横向雷电防护。横向雷电防护采用~280 V 左右防护等级压敏电阻。从维修的角度考虑,压敏电阻应具有模块化、阻燃、有劣化指示、可带电插拔及可靠性较高等特点。

(2)纵向雷电防护。对于线对地间的纵向雷电信号,目前采用以下两种方式防雷电。

①低转移系数防雷变压器防护。低转移系数防雷变压器的结构如图 4-42 所示。

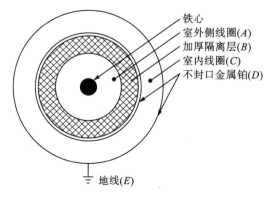

图 4-42 低转移系数防雷变压器结构

纵向雷电信号的等效电路如图 4-43 所示。

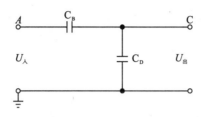

图 4-43　等效电路图

其中，

$$U_{出} = U_{入} \times \frac{C_B}{C_B + C_D}$$

当 C_B 远小于 C_D，$U_{出}$ 远小于 $U_{入}$，假设 $C_B = \frac{1}{200} C_D$，则有 $U_{出} = \frac{1}{201} U_{入}$

该结构在工艺上难以获得较低的转移系数，但是该结构漏磁小，效率高，产品性能一致性好，工作稳定。在转移系数满足实用要求的条件下，一般采用此结构。

目前，在钢轨线路旁没有设置贯通地线的条件下，该防雷变压器对纵向雷电防护有显著作用。

由于该变压器原理是尽量减小轨道侧与室内侧线圈间耦合电容的数值，所以在模拟网络设备内部以及外部，轨道侧线对与室内侧线对要尽量远离。

②室外加站间贯通地线防护。室外采用贯通地线作为钢轨对地不平衡的良好泄流线，如图 4-44 所示。

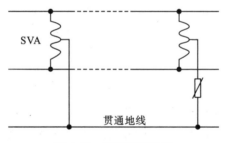

图 4-45　站间贯通地线

在复线区段上下行线路为完全横向连接时，可将 SVA 中心线直接接地，简单横向连接时，可通过防雷元件接地，室内电缆模拟网络不再考虑纵向防护。该方式防雷效果最佳，特别是在山区，以及地线电阻难以达到标准的地区。在有条件的情况下，该方式为设计首选方式。

2)电缆模拟网络电路原理简要说明

电缆模拟网络可视为室外电缆的延续，其电路原理图如图 4-45 所示。

电缆模拟网络按 0.5 km、0.5 km、1 km、2 km、2 km、2×2 km 六节对称 π 型网络，以便串接构成 0~10 km 按 0.5 km 间隔任意设置补偿模拟电缆值。

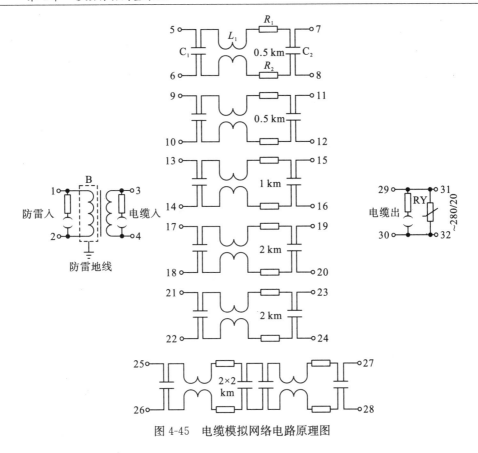

图 4-45　电缆模拟网络电路原理图

4.5　ZPW－2000 设备构成的双线双向四显示自动闭塞电路

采用 ZPW－2000 设备构成双线双向四显示移频自动闭塞系统时，应根据设备的特点，按照区间行车原则及需要设计相关电路，完成指挥列车在区间安全有效运行的任务。相关电路包括执行电路、站间分界点联系电路、车站与区间联系电路。

执行电路主要考虑不同发送设备的编码条件构成，双向运行时的接收端、发送端倒换与红灯转移以及各信号点的点灯控制。站间分界点联系电路主要考虑分界点处发送设备编码及点灯条件问题。因分界点处的设备分设在两站的信号楼内，相关编码、点灯条件就需由联系电路来解决。区间与车站的结合电路主要考虑两方面：①区间应向车站提供的接近、离去区段有无车占用的条件，以便车站信号根据这些条件判断解决车站联锁、安全等相关问题；②车站应向区间提供正反向运行时接近区段的编码条件。接近区段的运行前方是车站，该区段应根据进站信号机显示状态进行编码。

4.5.1　执行电路

1. 不同信号点的编码电路

编码电路按发送设备所需编码条件不同可分为一般信号点编码电路、三接近、二接近、一接近及一离去区段编码电路。

1)GJ、GJF、1GJ、2GJ、3GJ、4GJ、5GJ 电路

GJ、GJF、1GJ、2GJ、3GJ、4GJ、5GJ 电路主要用于构成编码、点灯电路,对应各闭塞分区均应设一套,具体电路见图 4-46,其中轨道继电器 GJ 受区段轨道继电器 QGJ 控制,相当于 QGJ 的复示继电器。为防止 QGJ 在列车运行过程中因轻车跳动或分路不良造成瞬间失去分路而错误吸起,在 GJ 电路中并联了 R、C 缓吸电路,从而保证了 GJ 的工作稳定性。

1GJ、2GJ、3GJ、4GJ、5GJ 轨道继电器为 A1G 所设继电器,它们分别受次一区段的 GJ、DJ、1GJ、2GJ、3GJ、4GJ 轨道继电器控制。当次一区段无车且灯丝完好时,次一区段即 A2G 的轨道继电器 GJ、灯丝继电器 DJ 吸起,控制本区段即 A1G 的 1GJ 吸起,当次二区段无车时,次一区段 A2G 的 1 轨道继电器 1GJ 吸起,控制本区段 A1G 的 2GJ 吸起。同理,本区段 A1G 的 3GJ、4GJ、5GJ 轨道继电器则分别由次一区段 A2G 的 2GJ、3GJ、4GJ 条件控制,有车吸起,无车落下。由此可见,本区段 A1G 中 1GJ、2GJ、3GJ、4GJ、5GJ 的吸起、落下分别反映了次一、二、三、四、五区段的空闲状态。各闭塞分区发送盘 FS 即可根据本区段的 1GJ、2GJ、3GJ、4GJ、5GJ 状态进行编码,各区间信号点即可根据 1GJ、2GJ、3GJ、4GJ、5GJ 状态控制点灯电路,开放相应信号。

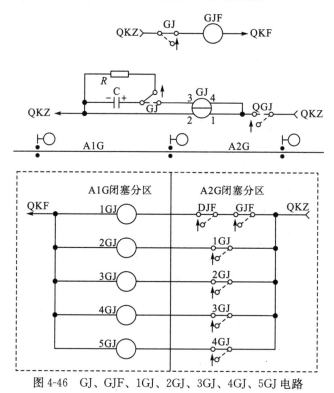

图 4-46　GJ、GJF、1GJ、2GJ、3GJ、4GJ、5GJ 电路

2)一般信号点编码电路

一般信号点编码电路由次五个闭塞分区空闲状态条件构成。次五个闭塞分区空闲状态可分别用 1GJ、2GJ、3GJ、4GJ、5GJ 轨道继电器接点反映,也可用与闭塞分区空闲状态相对应的信息码继电器条件反映。例如,次一个区段有车时用红黄码继电器(HUMJ)吸起表示,次一个区段空闲时用黄码继电器(UMJ)吸起表示,有次两个区段空闲时用绿黄码继

电器(LUMJ)吸起表示，次三个区段空闲时用绿码继电器(LMJ)吸起表示，然后用这些码继电器接点构成发送盘编码电路。

下面介绍以轨道继电器条件构成的一般信号点 FS 盘编码电路，区间信号点电路见图 4-47。

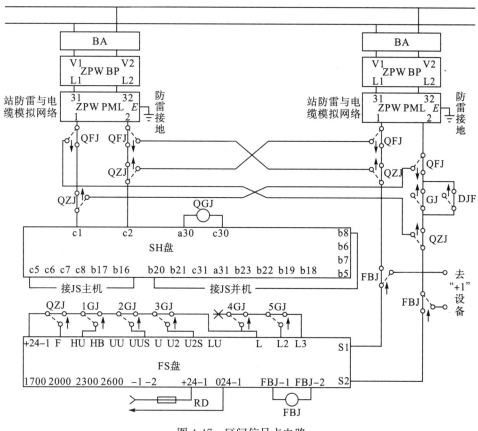

图 4-47　区间信号点电路

1GJ、2GJ、3GJ、4GJ、5GJ 分别为反映次一区段、次二区段、次三区段、次四区段、次五区段灯丝完好及区段空闲的轨道继电器，其中 4GJ、5GJ 用于列车超速防护设备，1GJ、2GJ、3GJ 用于提供信号机显示信息。当次一区段有车时，1GJ 落下，+24−1 与 HU 码端相连。FS 盘产生由 HU 码调制的移频信号并送往轨道，次一区段无车时，1GJ 吸起，此时若次二区段有车，则 2GJ 落下，+24−1 与 U 码端相连，FS 盘产生由 U 码调制的移频信号并送往轨道，表明列车运行前方只有一个区段空闲。以此类推，当次二区段无车时，2GJ 吸起，次三区段有车 3GJ 落下时，+24−1 与 LU 码端相连，FS 盘向轨道发送由 LU 码调制的移频信号。当次三区段无车时，3GJ 吸起，将 +24−1 与 L 码端相连，FS 盘则向轨道发送 L 码调制的移频信号。同理，若次四区段、次五区段空闲，FS 盘则分别向轨道发送 L2、L3 码调制的移频信号。L2 码、L3 码不是用于信号显示的，而是为列车超防设备提供的相关速度信息。图 4-47 中 4GJ、5GJ 条件未接，表明暂未使用该信息，为预留条件。

区间一般信号点编码电路在双线双向且反向按自动站间运行时，当 QZJ 方向继电器落下时，应向区间发送固定低频码移频信号。所以编码电路中由 QZJ 落下接点将 +24−1 与

F 端连线，在反向运行时向轨道发送 27.9Hz 的移频信号，机车收到此信号亮机车信号白灯。

3)三接近区段编码电路

三接近区段编码电路不同于区间一般信号点编码电路，该区段的前方信号机为进站信号机，前方区段为车站，所以三接近区段应根据进站信号机显示状态进行编码。编码电路见图 4-48 的三接近区段 FS 盘编码电路。

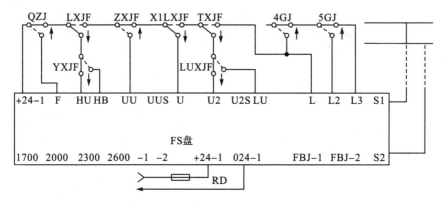

图 4-48　三接近区段 FS 盘编码电路

由编码电路可见三接近区段编码原理如下。

进站信号机关闭时，LXJF 落下。+24−1 端经 QZJ 落下，YXJF 落下与 HU 码端相连，向三接近区段发送 HU 码调制的移频信号。

进站信号机开放引导信号时，LXJF 落下，YXJF 吸起，则+24−1 端 HB 码端相连，FS 盘输出 HB 码调制的移频信号。

进站信号机开放一个黄灯信号时，LXJF 吸起，ZXJF 吸起，X1LXJF 落下，+24−1 与 U 码端相连。

进站信号机开放两个黄灯信号时，LXJF 吸起，ZXJF 落下，X1LXJF 落下，+24−1 与 UU 码端相连。

进站信号机开放绿黄灯信号时，LXJF 吸起，ZXJF 吸起，X1LXJF 吸起，TXJF 落下，LUXJF 吸起，+24−1 与 LU 码端相连(此时出站信号开放黄灯)。

进站信号机开放绿灯信号时，LXJF 吸起，ZXJF 吸起，X1LXJF 吸起，TXJF 吸起，+24−1 与 L 码端相连；FS 盘的+24−1 分别与相应码端相连时就会产生相应低频码调制的移频信号并送往轨道。

进站信号机开放一个黄灯信号且出站信号处于开放状态时，则继电器状态为：LXJF 吸起，ZXJF 吸起，X1LXJF 吸起，TXJF 落下，LUXJF 落下，此时+24−1 与 U2 码端相连，FS 盘向三接近区段发送 U2 码调制的移频信号。

在 ZPW−2000 设备构成的双线双向四显示移频自动闭塞系统中，当列车进弯或出弯时，均提前一个区段发 U2 码信息，以便预告司机列车运行前方的进路为弯股，提醒司机注意列车运行速度。进站信号开放 UU 信号时，即为进弯侧线停车。此时二接近区段也应发送 U2 码调制的移频信号。

4)二接近区段编码电路

二接近区段编码电路如图 4-49 所示。

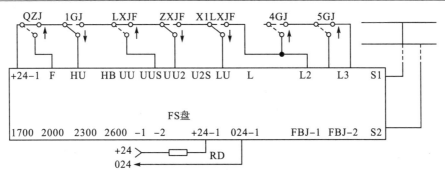

图 4-50　二接近区段编码电路

二接近区段编码电路在次一区段有车时，由 QZJ 吸起、1GJ 落下接通 +24−1 与 HU 码连线，向二接近区段发送 HU 码调制的移频信号。次一区段无车且进站信号关闭时，则 1GJ 吸起、进站的列车信号继电器 LXJF 落下，+24−1 与 U 码端相连，FS 盘则向轨道发送 U 码调制的移频信号。若进站信号机开放单黄灯信号，则 LXJF 吸起，ZXJF 吸起，X1LXJF 落下，+24−1 与 LU 码端相连，FS 盘则向轨道发送 LU 码调制的移频信号。进站信号机开放双黄灯信号，则 LXJF 吸起，ZXJF 落下，+24−1 与 U2 码端相连，FS 盘则向轨道发送 U2 码调制的移频信号，表明前方进站为弯股侧线进站。进站信号机开放绿黄灯或绿灯信号时，均说明列车正线通过，前者说明出站开放黄灯，后者说明出站开放绿灯。此时，LXJF 吸起，ZXJF 吸起，TXJF 吸起，X1LXJF 吸起，则 +24−1 与 L 码端相连，FS 盘则向二接近区段发送 L 码调制的移频信号。

当该区段反向运行时，QZJ 落下，+24−1 与 F 端接通，FS 盘向轨道发送固定移频信号，即 27.9Hz 低频码调制的移频信号。

5）一接近区段编码电路

一接近区段编码电路见图 4-50。

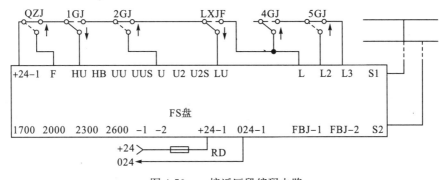

图 4-50　一接近区段编码电路

一接近区段编码电路在次一区段有车时，由 QZJ 吸起，1GJ 落下接通 +24−1 与 HU 码连线，向一接近区段发送 HU 码调制的移频信号，告知列车运行前方有车占用。次一区段无车且次二区段有车时，则 1GJ 吸起，2GJ 落下，+24−1 与 U 码端相连，FS 盘则向轨道发送 U 码调制的移频信号，告知列车运行前方只有一个闭塞分区空闲。当次一区段、次二区段均无车且进站信号关闭时，则 1GJ 吸起，2GJ 吸起，进站的列车信号继电器 LXJF 落下，则 +24−1 与 LU 码端相连，FS 盘则向轨道发送 LU 码调制的移频信号，告知列车运行前方只有两个闭塞分区空闲。若次一、次二区段无车，进站信号机开放，此时无论进站开放何种灯光，则1GJ吸起，2GJ吸起，LXJF吸起，将+24−1与L码端相连；FS盘则向轨道发送L码调制的移频信号，告知列车运行前方有3个或3个以上闭塞分区空闲。

6）一离去区段发送编码电路

一离去区段即为反向运行时的三接近区段，该区段FS盘正向运行时按次三个闭塞分区空闲状态进行编码。反向运行时应按反向进站信号机显示状态进行编码。所以一离去区段FS盘应有两套编码电路，一套正向运行用，一套反向运行用，两套编码电路由QZJ接点来区分。QZJ吸起接通正向编码电路，QZJ落下接通反向编码电路。

正向编码电路原理同一般信号点FS盘编码电路原理，即次一区段有车时，1GJ落下接通HU码电路，FS盘产生由HU码调制的移频信号并送往轨道；次一区段无车时，1GJ吸起，次二区段有车，2GJ落下，+24−1与U码端相连，FS盘产生由U码调制的移频信号并送往轨道。以此类推，当次二区段无车时，次三区段有车，接通LU码电路，FS盘向轨道发送由LU码调制的移频信号。次三区段无车时，则FS盘向轨道发送L码调制的移频信号。

反向编码电路原理同三接近区段FS盘编码电路原理，根据反向进站信号机的显示状态进行编码，具体电路见图4-51。

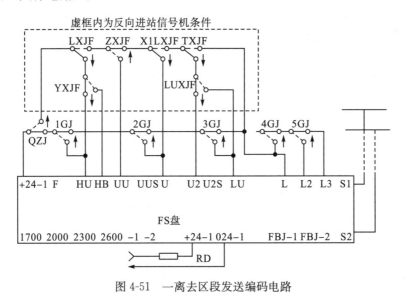

图4-51　一离去区段发送编码电路

2. 接发端通道转换及红灯转移电路处理

移频自动闭塞系统用于双向运行时，由于运行方向的改变，系统接发设备通道也随之改变，从而保证迎着列车发码原则的实现。所以区间各信号点移频自动闭塞系统电路均需考虑系统接发设备通道转换问题，同时也应考虑红灯灭灯时的红灯转移电路处理。具体处理见图4-47区间信号点电路。

图4-47中的QZJ、QFJ接点用于接发通道转换，正向运行时QZJ吸起，QFJ落下，FS盘输出的移频信号接入轨道右端，JS盘则在轨道左端接收。当QZJ落下，QFJ吸起

时，FS 盘经 QZJ 落下，QFJ 吸起条件转接至轨道左端，而 JS 盘则转接至轨道右端，从而满足迎着列车发码原则的需要。

图 4-47 中 GJ 与 DJF 接点相并条件即为实现红灯转移的条件。当次一区段有车 GJ 落下，次一区段 DJF 也落下时，说明防护该区段的信号机红灯灭灯，则切断本区段的发送通道，使 FS 盘输出的移频信号不能送往轨道，JS 盘接收不到任何信息而亮红灯。

3. 信号点点灯电路

1）三接近信号点点灯电路

三接近信号点即为进站信号前方的信号点，相当于预告信号机位置。该信号点的信号开放，应根据三接近区段的空闲状态及进站信号机显示状态不同，显示相应灯光，电路见图 4-52。

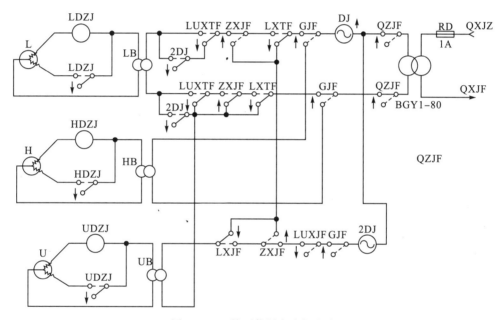

图 4-52　三接近信号点点灯电路

三接近区段有车时，JS 设备接收不到任何信息，（无论此时区段内发送的是哪种移频信号）QGJ 落下，则 GJF 落下，接通红灯灯位点灯变压器电路，开放红灯信号。

三接近区段无车，进站信号关闭时，则三接近区段 GJF 吸起，LXJF 落下，电路接通黄灯灯位信号变压器电路，三接近信号点信号机开放黄灯信号。

当进站信号机开放单黄信号时，三接近信号点信号机开放绿黄灯信号。此时点灯电路中的绿灯灯位及黄灯灯位信号变压器电路先后接通，首先经 2DJ 线圈 GJF 吸起，LXJF 吸起，LUXJF 落下，ZXJF 吸起，LXJF 吸起接通黄灯信号变压器电路，2DJ 因黄灯灯位点灯电路接通而吸起，然后绿灯灯位经 DJ 线圈 GJF 吸起，LXJF 吸起，ZXJF 吸起，LUXJF 落下，2DJ 吸起条件接通电路，三接近信号点开放绿黄信号。

当进站信号机开放双黄信号或黄闪黄信号时，三接近信号点均开放黄灯信号。进站的黄闪黄信号为经 18 号道岔进侧线，此时 ZXJF 均为落下，电路经 GJF 吸起，LXJF 吸起，ZXJF 落下只接通黄灯电路，开放黄灯信号。

当进站信号机开放绿黄信号时，三接近信号点应开放绿灯信号。此时 GJF、LXJF、ZXJF、LUXJF 均吸起接通绿灯灯位电路，开放绿灯信号。

2）二接近信号点点灯电路

二接近信号点点灯电路由本区段 GJ、反映次一区段空闲状态的 1GJ 条件以及进站信号是否开放条件控制，电路见图 4-53。

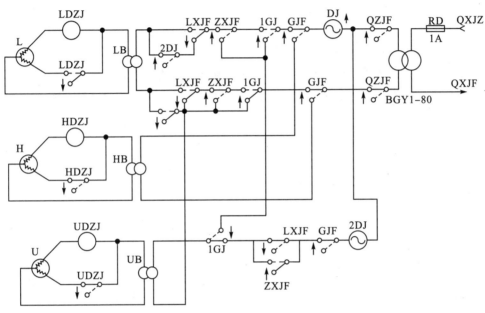

图 4-53　二接近信号点点灯电路

3）一接近信号点点灯电路

一接近信号点点灯电路由次三个闭塞分区空闲状态条件构成，电路如图 4-54 所示。

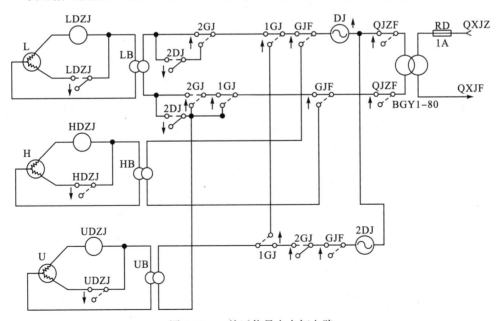

图 4-54　一接近信号点点灯电路

4. "N+1" 故障转换电路

"N+1" 冗余系统在多台设备故障时，只能倒换其中一台故障设备。所以 "+1" 发送盘 FS 在用于区间各信号点发送盘 FS 故障倒换时，应按优先级别进行倒换。优先级在工程设计时确定，一般可按先下行后上行、先离去后接近、再一般闭塞分区的顺序进行倒换。

由于 "+1" 发送盘 FS 随时需要顶替不同区段不同信号点处的发送盘 FS 工作，同时还需满足不同区段不同信号点对发送盘的不同要求。因此，"+1" 发送盘 FS 必须有相应的故障倒换电路来保证这些要求的实现，其故障倒换电路见图 4-55。

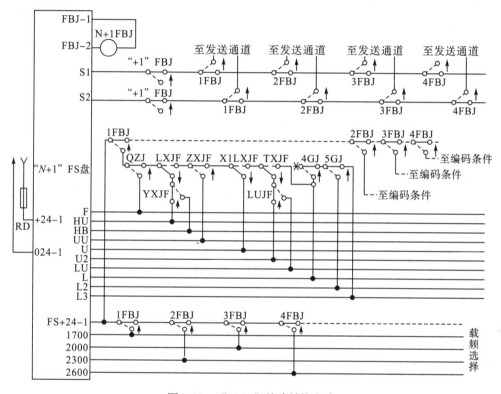

图 4-55　"N+1" 故障转换电路

"N+1" 故障转换电路主要考虑三方面问题：①发送通道的选择，即决定 "+1" 发送盘产生的移频信号送往哪个闭塞分区；②编码条件的选择，决定 "+1" 发送盘应该选用哪个区段的编码条件进行编码；③载频选择，决定 "+1" 发送盘此时采用何种载频进行移频信号调制。以上三方面的条件选择均由故障倒换电路完成。当某发送盘 FS 的发送报警继电器 FBJ 落下时，则通过 FBJ 落下接点自动将通道转接至发生故障的区段，自动接入该区段的编码条件，自动选通相应载频电路。

4.5.2　站间分界点联系电路

站间分界点处的接发设备分设在两个站内。为实现两站接发设备间或其他必要的联系，设计了站间分界点联系电路。站间分界点联系电路主要考虑两方面：①正向运行时分界点处的接收盘所在车站应向邻站送出编码条件与小轨道继电器条件；②反向运行时分界点处的接收盘所在车站(原发送盘所在站)应向邻站送出小轨道继电器条件。因反向为自动站间闭塞，各闭塞分区内只发送固定低频调制的移频信号，所以无须编码条件的联系。站间分界点联系电路因分界点位置不同会有差异，但主要内容联系是一样的，其主要内容联系电路见图4-56，为节省电缆，两继电器合用一对电缆传输线。

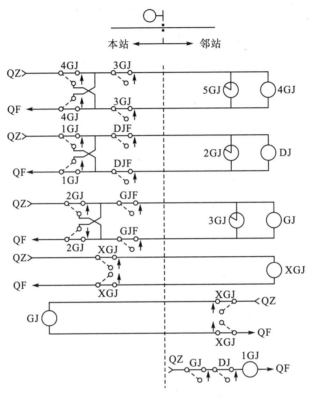

图 4-56　站间分界点联系电路

图 4-56 中邻站 1GJ、2GJ、3GJ、4GJ、5GJ 轨道继电器分别受本站的 1GJ、2GJ、3GJ、4GJ 轨道继电器控制，邻站 1GJ 轨道继电器是由本站 GJF、DJ 条件先控制邻站 GJ、DJ 继电器，再用邻站自身 GJ、DJ 条件控制其 1GJ 吸起，以此完成所需编码条件的联系。

图中小轨道继电器(XGJ)电路则为正反向运行时分界点两区段互送有无车占用信息的联系电路。因一个区段的有无车占用必须由主轨道条件、小轨道条件共同参与判断。

反向运行时不设编码条件联系电路，是因为反向以自动站间闭塞方式运行，区间所有闭塞分区只发固定低频(29.7 Hz)调制的移频信号，此时不需要编码。29.7 Hz 的移频供机车信号用，机车接收此信号后亮白灯。

4.5.3　移频自动闭塞与车站的结合电路

1. 结合电路主要考虑的问题

结合电路主要考虑两方面问题：①区间应向车站提供哪些必要条件；②车站应向区间

提供哪些必要条件。

区间应向车站提供的必要条件是，反映接近、离去区段有无车占用的信息条件。车站应向区间提供的必要条件是，接近区段发送编码及点灯控制的信息条件。反映接近、离去区段有无车占用的信息条件由接近区段继电器 JGJ 与离去继电器 LQJ 电路提供。接近区段发送编码及点灯控制的信息条件由反映进站信号机显示状态的相关信号复示继电器提供。其电路原理介绍如下。

1）接近轨道继电器、离去继电器电路

该电路用于反映接近、离去区段有无车占用。双线双向移频自动闭塞系统在每一接车方向设有 3 个接近区段，在每一发车方向设有 3 个离去区段，接近、离去区段如图 4-57 所示。

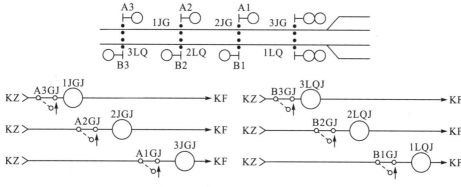

图 4-57　接近、离去继电器电路

对应 3 个接近区段、3 个离去区段分别设有 1JGJ、2JGJ、3JGJ、1LQJ、2LQJ、3LQJ。这些接近、离去继电器分别受本区段移频接收盘 JS 的输出执行条件控制。区段无车时，接收盘控制的区段轨道继电器 QGJ 首先使轨道继电器 GJ 吸起，GJ 吸起后控制相应接近轨道继电器 JGJ 吸起，或控制相应离去继电器吸起。如图 4-57 所示，A1GJ 吸起控制 3JGJ 吸起，A2GJ 吸起控制 2JGJ 吸起，A3GJ 吸起控制 1JGJ 吸起。B1GJ 吸起控制 1LQJ 吸起，B2GJ 吸起控制 2LQJ 吸起，B3GJ 吸起控制 3LQJ 吸起。

2）反映进站信号显示状态的信号复示继电器电路

该电路条件用于接近区段发送编码及点灯控制。反映进站信号显示状态的信号复示继电器有进站列车信号复示继电器 LXJF、引导信号复示继电器 YXJF、正线信号复示继电器 ZXJF、通过信号复示继电器 TXJF、出站信号复示继电器 X1LXJF 及绿黄信号复示继电器 LUXJF。信号复示继电器电路原理如图 4-58 所示。其中信号继电器吸起带动对应信号复示继电器吸起。

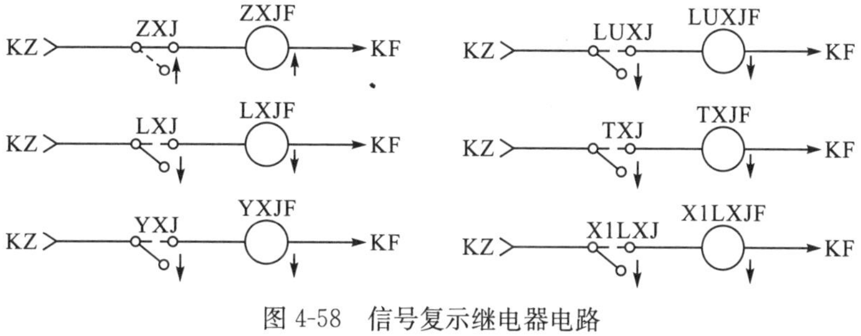

图 4-58　信号复示继电器电路

2. 结合条件的应用

1）发送编码及点灯条件的应用

一、二、三接近区段的编码、点灯条件均由车站提供的反映进站信号显示状态的相关复示继电器条件构成。当 ZXJF、LXJF、YXJF、LUXJF、TXJF、X1LXJF 处在不同状态时，表明进站信号机开放不同信号显示，根据进站信号的不同显示，再由 ZXJF、LXJF、YXJF、LUXJF、TXJF、X1LXJF 的吸起、落下条件构成接近区段各发送盘 FS 的不同低频编码电路，使之产生相应的移频信号，同时控制各通过信号机点灯电路开放相应信号。

2）JGJ 条件的应用

接近轨道继电器条件反映接近区段有无车占用，此条件由区间提供给车站，目的在于为车站解决以下主要问题。

（1）车站可根据接近区段有无车占用情况区别站内进路性质。如三接近有车占用，则接车进路为接近锁闭状态，此时若为正线通过，则出发进路也进入接近锁闭状态。若三接近无车占用，则接车进路或发车进路均为预先锁闭状态，从而可以慎重对待接近锁闭状态下的进路解锁，保证行车安全。

（2）车站可根据接近区段有无车占用情况给出视觉、声音表示，以及时通知车站列车已接近。

（3）车站可根据需要利用接近区段有无占用条件解决相关问题，如跳信号报警、进出站端口的三点检查等。

为此，车站 6502 电气集中电路中设有进出站接近预告继电器 JYJ 电路，用于区别进路性质。设有接近电铃、接近表示灯电路，用于及时通知列车已接近。进出站接近预告继电器 JYJ 电路见图 4-59。

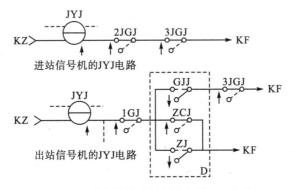

图 4-59　进出站接近预告继电器 JYJ 电路

在进站信号机接近预告继电器 JYJ 电路中，接入 2JGJ、3JGJ 前接点。当二、三接近区段都空闲时，2JGJ、3JGJ 吸起才构成 JYJ 的励磁条件，延长了进站信号机的接近区段，列车运行在二接近区段时即构成接近锁闭，以满足列车制动距离的要求。

正线出站信号机的接近区段在办理通过进路时，延长至同方向进站信号机外方的三接近区段，以满足列车制动距离的要求。也就是说，此时列车进入三接近区段，即构成正线发车进路的接近锁闭在其 JYJ 电路中接入 3JGJ 前接点。

当办理通过进路时，照查继电器 ZCJ 落下，股道检查继电器 GJJ 吸起，此时接入三接轨道近继电器 3JGJ 条件，即车入三接近区段，3JGJ 落下切断出站信号机 JYJ 电路，使之落下，发车进路进入接近锁闭状态。调车时，接近区段仍为股道。

接近电铃、接近表示灯电路见图 4-60。

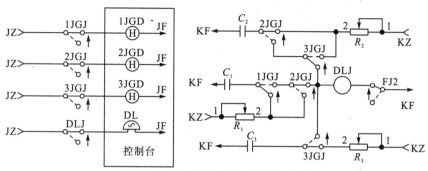

图 4-60　接近电铃、接近表示灯电路

控制台上设 3 个接近表示灯，分别通过 1JGJ、2JGJ、3JGJ 后接点点亮，表示列车接近车站的情况。设接近电铃，以通知车站列车接近。

平时，1JGJ、2JGJ、3JGJ 都吸起，通过它们的前接点分别接通 C_1、C_2、C_3 的充电电路。列车进入一接近区段，1JGJ 落下，C_1 向电铃继电器 DLJ 放电，使之吸起，接近电铃 DL 鸣响。列车进入二接近区段，2JGJ 落下，C_2 向 DLJ 放电，使之吸起，DL 鸣响。列车进入三接近区段，3JGJ 落下，C_3 向 DLJ 放电，使之吸起，DL 鸣响。当列车出清一、二、三接近区段后铃停响，并在各接近轨道继电器吸起条件控制下 C_1、C_2、C_3 相继充电，为后续列车进入响铃做准备。

3）LQJ 离去继电器条件应用

LQJ 条件反映离去区段有无车占用。车站信号根据离去区段的列车占用状态决定出站信号机能否开放以及开放何种灯光。

出站信号机作为双方向出站，需设 2LXF 组合，各出站信号机 13 线终端处设主方向继电器 ZXJ，正反向出口设信号辅助继电器 XFJ。

正反向发车时，11 线端部发车口处接入 1LQJ 前接点，以检查一离去区段是否空闲。只有一离去区段空闲，才能开放出站信号机，具体电路见图 4-61（a）

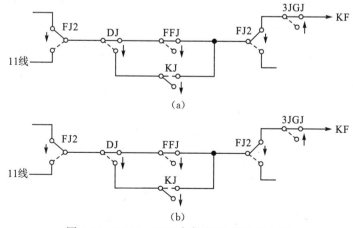

图 4-61　1LQJ、3JGJ 条件在 11 线应用电路

反方向发车时，11 线端部发车口处接入 3JGJ 前接点，只有该区段空闲，才能开放出站信号机，具体电路见图 4-62(b)。

出站信号机开放何种灯光取决于离去区段的空闲状态。正反向运行时，主方向继电器 ZXJ 吸起。由 2LQJ、3LQJ 接点条件绿灯、绿黄灯和黄灯显示。开放出站信号机，LXJ 吸起后，若 2LQJ、3LQJ 吸起，则说明运行前方有 3 个闭塞分区空闲，点绿灯；若 2LQJ 吸起，3LQJ 落下，则说明运行前方有两个闭塞分区空闲，点绿黄灯；若 2LQJ 落下，则说明运行前方只有一个闭塞分区空闲，点黄灯。

双方向运行时，出站信号机增设进路表示器 BB 电路，反方向运行时，反方向为自动站间闭塞，只有绿灯显示。此时主方向继电器 ZXJ 落下，点亮 BB 灯，三灯丝继电器 3DJ 吸起，点亮绿灯。主方向发车时，ZXJ 吸起，按运行前方离去区段的状况点亮相应灯光，此时 BB 不点亮。出站信号机点灯电路见图 4-62。

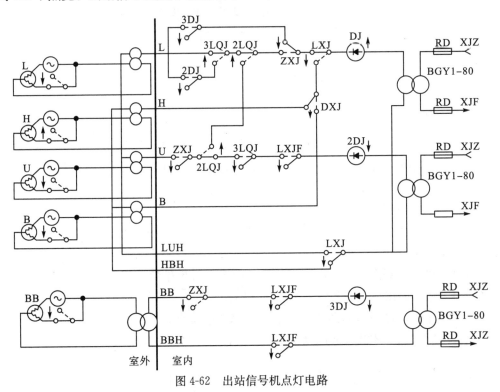

图 4-62　出站信号机点灯电路

4.6　客运专线 ZPW−2000A 轨道电路

4.6.1　概述

客运专线 ZPW−2000A 轨道电路是在既有 ZPW−2000A 无绝缘轨道电路的基础上，针对客运专线的应用进行了适应性改进，保留了既有 ZPW−2000A 轨道电路稳定、可靠的特点，具有我国自主知识产权，适用于客运专线列车控制系统。客运专线 ZPW−2000A 轨道电路包括区间设备和站内设备两种。

客运专线 ZPW－2000A 轨道电路具有以下技术特点。

（1）客运专线 ZPW－2000A 轨道电路、接收器载频的选择可通过列车控制中心进行集中配置，发送器采用无接点的计算机编码方式，取代了既有 ZPW－2000A 轨道电路系统的继电编码方式，取消了大量的编码继电器。

（2）发送器由既有的"N＋1"提高为"1＋1"的备用模式，最大限度地降低了因设备故障而影响行车的概率。

（3）将既有 ZPW－2000A 轨道电路的调谐单元和匹配单元整合为一个调谐匹配单元，减少了系统的设备数量，提高了系统的可靠性。

（4）优化了补偿电容的配置，采用 25 μF 一种，不同的信号载频采用不同的补偿间距，补偿电容采用了全密封工艺，提高了其容值稳定性，延长了使用寿命。

（5）加大了空心线圈的导线线径，从而提高了关键设备的安全容量要求。

（6）客运专线 ZPW－2000A 轨道电路系统带有监测和故障诊断功能，为系统的状态修改提供了技术支持。

（7）站内采用与区间同制式的客运专线 ZPW－2000A 轨道电路，提高了系统的可靠性。

（8）站内道岔区段的弯股采用与直股并联的一送一收轨道电路结构，轨道电路在大秦线站内 ZPW－2000A 轨道电路的基础上，使道岔分支长度由小于等于 30 m 延长到 16 0m，提高了机车信号车载设备在站内使用的安全性和灵活性，方便了设计。

4.6.2　系统框图及工作原理

1. 系统框图

系统整体可分为区间轨道电路系统结构与站内轨道电路系统结构，其中区间可分为电气绝缘节－电气绝缘节轨道电路结构(图 4-63)和机械绝缘节－电气绝缘节轨道电路结构；站内可分为机械绝缘节－机械绝缘节轨道电路结构和机械绝缘节－电气绝缘节轨道电路结构。

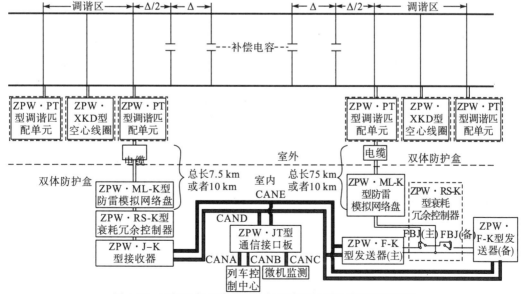

图 4-63　区间电气绝缘节－电气绝缘节轨道电路系统结构图

2. 简要工作原理

1)调谐区的工作原理

由于当前铁路线路多为长轨且多为电气化牵引，为了减少锯轨，采用电气分隔相邻轨道电路信号，利用调谐单元对不同频率信号的不同阻抗值实现相邻区段信号的隔离，划定了轨道电路的控制范围，如图 4-64 所示。

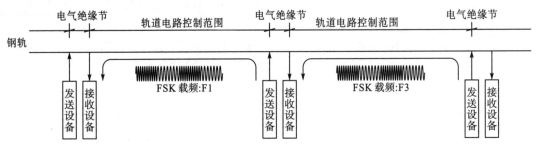

图 4-64　调谐区工作原理图

调谐区电气绝缘节长 L 米(调谐区长度取决于轨道电路钢轨参数值，不同轨道结构的轨道电路的钢轨参数不同，例如，有砟的路基地段为 29 m，桥梁地段一般情况下为 30 m。)，在两端各设一个调谐匹配单元，对于较低频率(1700 Hz、2000 Hz)轨道电路端，设置 L_1、C_1 两元件的 F1 型调谐单元；对于较高频率(2300 Hz、2600 Hz)轨道电路端，设置 L_2、C_2、C_3 三元件的 F2 型调谐单元，如图 4-65 所示。

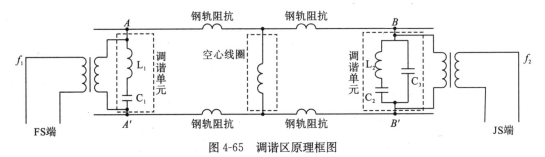

图 4-65　调谐区原理框图

$f_1(f_2)$ 端 BA 的 L_1、$C_1(L_2$、$C_2)$ 对 $f_2(f_1)$ 端的频率为串联谐振，呈现较低阻抗(约数十毫欧姆)，称为零阻抗，相当于短路，阻止了相邻区段信号进入本轨道电路区段。f_1 (f_2) 端的 BA 对本区段的频率呈现电容性，并与调谐区钢轨、SVA 的电感构成并联谐振，呈现高阻抗，称为极阻抗，从而降低了电气绝缘节对信号的衰减。

2)系统冗余设计

发送器采用一备一方式，如图 4-66 所示；接收器由本接收主机及另一接收并机两部分构成，如图 4-67 所示。

4.6.3　室内设备

室内设备包括发送器、接收器、单频衰耗冗余控制器、双频衰耗冗余控制器、防雷模拟网络盘。

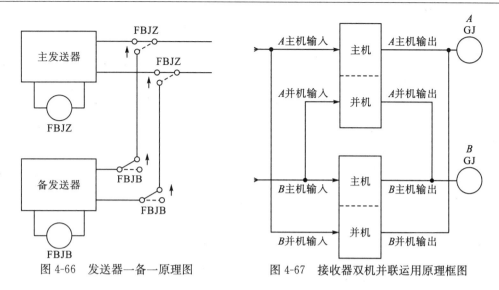

图 4-66　发送器一备一原理图　　　　图 4-67　接收器双机并联运用原理框图

1. 发送器

发送器用于产生高精度高稳定性的移频信号源，采用双机热备冗余方式。其主要功能为产生 18 种低频、8 种载频的高精度高稳定性的移频信号，产生足够功率的移频信号，对移频信号进行自检测，故障时向监测维护主机发出报警信息。

1)发送器原理框图

发送器内部采用两套相互独立的 CPU。同一载频、低频编码条件源以反码的形式分别通过互为冗余的两条 CAND、CANE 总线送至 CPU1 和 CPU2。CPU1 控制移频发生器产生移频信号，移频信号分别送至 CPU1 和 CPU2 进行频率检测。频率检测结果符合规定后，控制输出信号，经控制与门使移频信号送至滤波环节，实现"方波－正弦"变换。功放输出的移频信号送至 CPU1 和 CPU2，进行功出电压检测。CPU1 和 CPU2 对移频信号进行低频、载频、幅度特征检测符合要求后，驱动安全与门电路使发送报警继电器吸起，并使经过功放放大的移频信号输出至轨道。当发送端短路时，经检测使控制与门有 10 s 的关闭(休眠保护)，如图 4-68 所示。

2)CAN 地址及载频编码条件读取

读取 CAN 地址及载频编码条件时，为了消除干扰，采用功率型电路。考虑到"故障－安全"原则，将 24 V 直流电变换成交流电，呈动态检测方式，并将 CAN 地址及载频编码控制电路与 CPU 等数字电路有效隔离，图 4-69 所示为发送器 CAN 地址及载频编码条件的读取。

考虑"故障－安全"原则，电路中设置了读取光耦和控制光耦。由 B 点送入方波信号，当+24 V 电源条件电源接通时，即可从读取光耦受光点 A 点获得与 B 点相同的方波信号送至 CPU1 和 CPU2，实现 CAN 地址及载频编码条件读取。

控制光耦与读取光耦的设置，实现了对电路元件故障的动态检查。任一光耦的发光源、受光器发生短路或击穿等故障时，读取光耦 A 点都得不到动态的交流信号，以此实现"故障－安全"原则。

另外，采用光电耦合器也实现了 CAN 地址及载频编码条件读取电路与 CPU 等数字电路的隔离。

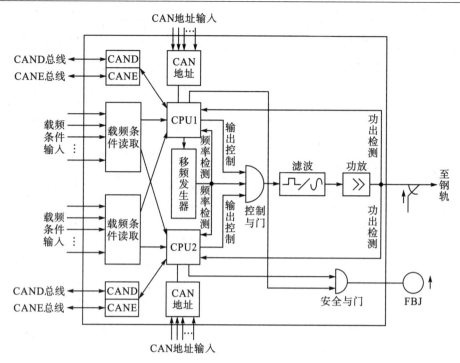

图 4-68　发送器原理框图

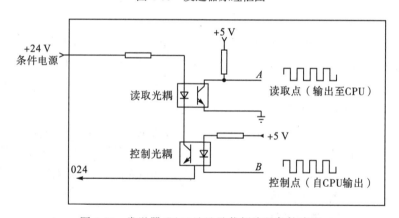

图 4-69　发送器 CAN 地址及载频编码条件读取

3)移频信号产生

列车控制中心根据轨道空闲(占用)条件及信号开放条件等进行编码,通过通信盘转发编码数据。载频、低频编码条件通过 CAND、CANE 总线分别送到 CPU1 和 CPU2 后,首先判断该条件是否有效。条件有效时,CPU1 通过查表得到该编码条件所对应的上下边频数值,控制移频发生器产生移频信号,并由 CPU1 进行自检,由 CPU2 进行互检。条件无效时,将由 CPU1 和 CPU2 构成故障报警。

为保证"故障－安全"原则,CPU1、CPU2 及用于移频发生器的可编程逻辑器件分别采用各自独立的时钟源。

经检测,两个 CPU 各产生一个控制信号,经过控制与门将移频信号送至方波正弦变换器。方波正弦变换器是由可编程低通滤波器 260 集成芯片构成其截止频率,同时满足对 1700 Hz、2000 Hz、2300 Hz、2600 Hz 三次及三次以上谐波的有效衰减。

4) 移频信号放大

功放电路对移频信号进行放大，产生具有足够功率的 10 种电平级的输出，电平级调整采用外部接线方式调整输出变压器变比，如图 4-70 所示。

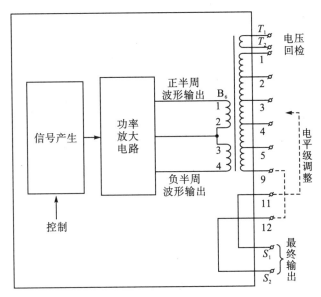

图 4-70　发送器电平级调整图

5) 自检输出

发送器对编码条件的有效性，输出信号的幅度、载频、低频进行回检，以直流电压方式输出自检结果，工程中通过驱动发送报警继电器（FBJ）作为发送故障后的通道切断和冗余切换条件，两个 CPU 独立检测判断，共同驱动一个安全与门输出结果，如图 4-71 所示。

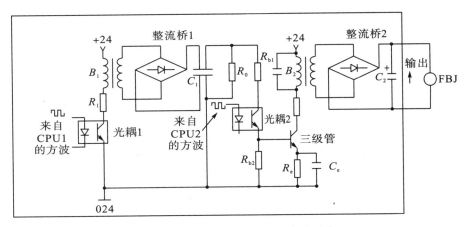

图 4-72　发送器安全与门电路原理图

变压器 B_1 将来自 CPU1 的方波信号变化读出，经整流桥 1 整流及电容 C_1 滤波，在负载电阻 R_0 上产生一个独立的直流电源，作为执行电路开关三极管的基极偏置电源。来自 CPU2 的方波信号通过光耦 2 控制开关三极管偏置电路。

在来自 CPU1 的方波、来自 CPU2 的方波同时存在的情况下，通过变压器 B_2、整流桥 2 整流及电容滤波，使发送报警继电器(FBJ)励磁。

2. 接收器

接收器输入端及输出端均按双机并联运用设计，与另一台接收器构成双机并联运用系统(或称 0.5+0.5)，保证系统可靠地工作。其主要功能为用于对主轨道电路移频信号的解调，控制轨道继电器；实现与受电端相连接调谐区短小轨道电路移频信号的解调，给出短小轨道电路报警条件，并通过 CAND 及 CANE 总线送至监测维护终端；检查轨道电路是否完好，缩短分路死区长度，用接收门限控制实现对 BA 断线的检查。

1)原理框图

接收器采用两路独立的 CPU 处理单元对输入的信号分别进行解调分析，满足继电器吸起条件时输出方波信号，输出至安全与门电路。与另一台接收器的安全与门输出共同经过隔离电路，控制轨道继电器。

模数转换器(A/D)将输入的模拟信号转换成计算机能处理的数字信号。载频条件读取电路设定主机、并机载频条件，由 CPU 进行判决，确定接收器的接收频率。同一载频、低频编码条件源以反码的形式分别通过 CAND、CANE 总线送至 CPU1 和 CPU2。CPU1 和 CPU2 根据确定的载频编码条件，通过各自识别、通信、比较确认一致，则视为正常，不一致时视为故障并报警。外部送进来的信号分别经过主机、并机两路模数转换器转换成数字信号。CPU1、CPU2 对外部信号进行单独运算，并判决处理。接收信号符合幅度、载频、低频要求时，就输出 3 kHz 的方波，驱动安全与门电路。安全与门电路收到两路方波后，转换成直流电压驱动继电器。如果 CPU1、CPU2 的结果不一致，安全与门输出不能构成，则同时报警。电路中增加了安全与门的反馈检查，如果 CPU1、CPU2 有动态输出，那么安全与门就应该有直流输出，否则就认为安全与门故障，接收器报警。如果接收器接收到的信号电压过低，则判断为列车分路。

安全与门电路将 CPU1、CPU2 输出的动态信号变成直流输出，驱动继电器(或执行条件)，如图 4-72 所示。

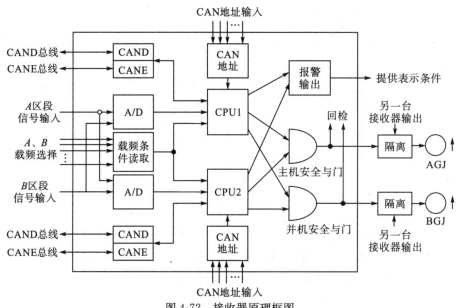

图 4-72　接收器原理框图

2)CAN 地址及载频编码读取电路

接收器 CAN 地址及载频编码读取电路与发送器 CAN 地址及载频编码读取电路类似，载频通过相应端子接通 24 V 电源电压确定，通过光电耦合器将静态的直流信号转换成动态的交流信号，由 CPU1、CPU2 进行识别并处理，实现外界电路与数字电路的隔离。

3)信号处理

列车控制中心根据轨道空闲(占用)条件及信号开放条件等进行编码，通过通信盘转发编码数据。载频、低频编码条件通过 CAND 和 CANE 总线送至 CPU1 和 CPU2，首先判断该条件是否有效。条件有效时，CPU1、CPU2 对外部信号(经过模数转换器转换成数字信号)进行单独运算，并判决处理。当接收信号符合幅度、载频、低频要求时，就输出 3 kHz 的方波，驱动安全与门电路。安全与门电路收到两路方波后，转换成直流电压驱动轨道继电器。如果接收器接收到的信号电压过低，则判断为列车分路。

4)安全输出

接收器接收到的信号符合幅度、载频、低频要求时，驱动安全与门电路，由安全与门电路驱动轨道继电器。接收器安全与门电路与发送器的安全与门电路类似，此处不再详述。

3. 单频衰耗冗余控制器

1)单频衰耗冗余控制器功能

(1)内部有正方向继电器复示及反方向继电器复示。

(2)内部有主发送报警继电器及备发送报警继电器。

(3)实现单载频区段主轨道电路调整。

(4)实现单载频区段小轨道电路调整(含正向调整及反向调整)。

(5)实现总功出电压切换(来自主发送器功出或是来自备发送器功出)。

(6)主发送器、备发送器发送报警条件的回采。

(7)面板上有主发送工作灯、备发送工作灯、接收工作灯、轨道表示灯、正向指示灯及反向指示灯。

(8)主发送电源、备发送电源、主发送报警、备发送报警、功出电压、功出电流、接收电源、主机轨道继电器、并机轨道继电器、轨道继电器、轨道信号输入、主轨道信号输出、小轨道信号输出测试塞孔。

2)单频衰耗冗余控制器原理图

(1)主轨道输入电路。主轨道信号 V_1、V_2 经变压器 B_1 输入，变压器 B_1 匝数比为 116∶(1~146)。次级通过变压器抽头连接，可构成 1~146 级变化。按轨道电路调整参考表调整接收器电平，调整端子为 J2-6~J2-17。

(2)小轨道输入电路。根据方向电路变化，接收端将接至不同的两端短小轨道电路，故短小轨道电路的调整按正反方向进行。正方向调整用 Z2~Z11(J3-1~J3-11)端子，反方向调整用 F2~F11(J3-12~J3-22)端子。负载阻抗为 3.3 kΩ，为提高模数转换器的采样精度，短小轨道信号经过 1∶3 升压变压器 B_2 输出至接收器，其电原理图如图 4-73 所示。

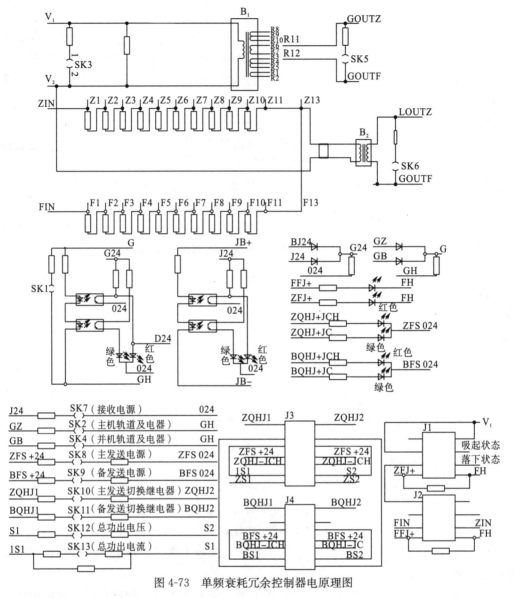

图 4-73　单频衰耗冗余控制器电原理图

4. 双频衰耗冗余控制器

1）双频衰耗冗余控制器

（1）内部有正方向继电器复示及反方向继电器复示。

（2）内部有主发送报警继电器及备发送报警继电器。

（3）实现双载频区段主轨道电路调整（含正向调整和反向调整）。

（4）实现总功出电压切换（来自主发送器功出或是来自备发送器功出）。

（5）主发送器、备发送器发送报警条件的回采。

（6）面板上有主发送工作灯、备发送工作灯、接收工作灯、轨道表示灯、正向指示灯及反向指示灯。

（7）主发送电源、备发送电源、主发送报警、备发送报警、功出电压、功出电流、接收电源、主机轨道继电器、并机轨道继电器、轨道继电器、轨道信号输入、主轨道信号输出。

2)双频衰耗冗余控制器原理图

　　根据方向电路的变化，接收端将接收不同载频的移频信号。故主轨道电路的调整按正反方向进行。正方向调整用 1R1～1R12(J2-6～J2-17)端子，反方向调整用 2R1～2R12(J3-1～J3-12)端子。

　　主轨道信号 V_1、V_2 经变压器 SB1 或 SB2 输入，变压器 SB1 或 SB2 的匝数比为 116：(1～146)。次级通过变压器抽头连接，可构成 1～146 级变化。按轨道电路调整表调整接收器电平，如图 4-74 所示。

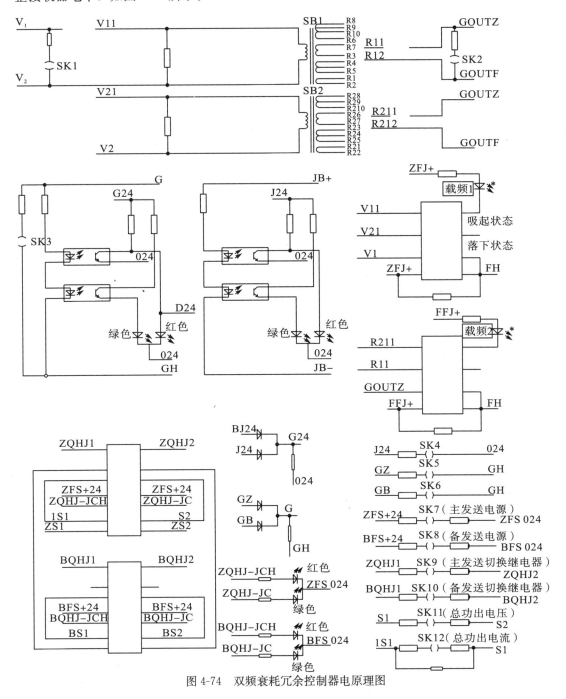

图 4-74　双频衰耗冗余控制器电原理图

5. 防雷模拟网络

1)防雷模拟网络的功能

(1)对通过传输电缆引入室内雷电冲击的防护(横向、纵向)。

(2)通过 0.25 km、0.5 km、1 km、2 km、2 km、2×2 km 电缆模拟网络补偿实际 SPT 数字信号电缆。

(3)便于轨道电路调整。

2)防雷模拟网络电原理图

模拟一定长度电缆传输特性,与真实电缆共同构成一个固定极限长度,由 0.25 km、0.5 km、1 km、2 km、2 km、2×2 km 共 6 节组成,通过串联连接,可以构成 10 km 以内的间隔为 0.25 km 的 40 种长度。使所有轨道电路不需要根据所在位置和运行方向改变配置,其电原理图如图 4-75 所示。

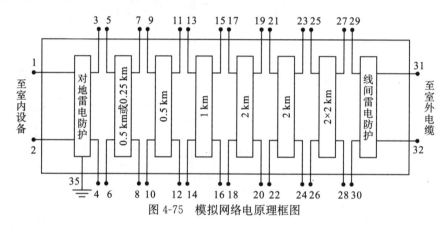

图 4-75　模拟网络电原理框图

4.6.4　室外设备

室外主要包括调谐匹配单元、空心线圈、机械绝缘节空心线圈、站内匹配单元、补偿电容、调谐电容、可带适配器的扼流变压器、适配器等设备。

1. 调谐匹配单元

调谐匹配单元(PT)用于轨道电路的电气绝缘节和机械绝缘节处,调谐部分形成相邻区段载频的短路,且与调谐区内钢轨电感(或机械绝缘节处的机械绝缘节扼流空心线圈)形成并联谐振,实现相邻区段信号的隔离和本区段信号的稳定输出。匹配部分的主要作用是实现钢轨阻抗和电缆阻抗的连接,以实现轨道电路信号的有效传输。调谐匹配单元可以简单地看做原 ZPW-2000A 轨道电路中调谐单元(BA)和匹配变压器(TAD)的二合一设备,共分为 4 种型号,根据本区段的载频频率选用,设备原理如图 4-76 所示。

2. 空心线圈

空心线圈(XKD)设置于电气绝缘节中心位置,起平衡牵引电流和稳定调谐区阻抗的作用,由截面积 50 mm² 玻璃丝包电磁线绕制。线圈中点可以作为钢轨的横向连接、牵引电流回流连接和纵向防雷的接地连接使用。

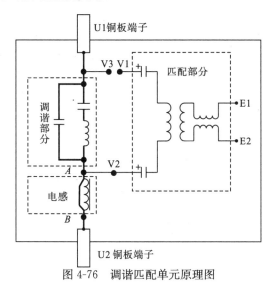

图 4-76　调谐匹配单元原理图

3. 机械绝缘节空心线圈

机械绝缘节空心线圈（XKJD）用于进出站口处，该设备与调谐匹配单元形成并联谐振，使机械绝缘节电气参数与电气绝缘节等效，从而使含有机械绝缘节的轨道电路区段与双端均为电气绝缘节区段达到等长传输距离。由截面积 50 mm² 玻璃丝包电磁线绕制，线圈中点可以作为钢轨的横向连接、与相邻区段扼流中心点连接和纵向防雷的接地连接使用。

4. 站内匹配单元

站内匹配单元（BPLN）用于站内机械绝缘节分割的股道、咽喉区的无岔和道岔区段以及其他双端为机械绝缘节的轨道电路的发送端和接收端，主要完成钢轨阻抗和电缆阻抗的连接，以实现轨道电路信号的有效传输。

该匹配单元中匹配变压器变比可调，根据站内道岔布置和载频信号的频率，依据调整表进行设置。如图 4-77 所示，V_1、V_2 连接轨道侧，E_1、E_2 连接电缆。

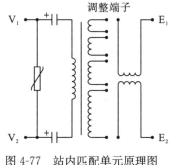

图 4-77　站内匹配单元原理图

5. 补偿电容

补偿电容（ZPW·CBGM）是为了补偿因轨道电路过长，钢轨电感的感抗所产生的无功功率损耗，可改善轨道电路在钢轨上的传输性能。

6. 可带适配器的扼流变压器

可带适配器的扼流变压器应用于站内 ZPW－2000A 轨道电路及其需要设置空扼流变压器导通牵引电流的无岔分支末端，有两个主要作用：①降低不平衡牵引电流在扼流变压器两端产生的 50 Hz 电压，使其不大于 2.4 V；②导通钢轨内的牵引电流，使其畅通无阻。为了降低该设备的引入对站内 ZPW－2000A 轨道电路的影响，其对于轨道电路信号的阻抗在不大于规定的不平衡牵引电流的条件下，其移频阻抗不小于 17 Ω。

7. 适配器

适配器与扼流变压器配套使用，为了确保带适配器的扼流变压器对牵引电流 50 Hz 信号呈现较低的阻抗，使其在最大的不平衡牵引电流条件下，在扼流变压器上产生的 50 Hz 电压不大于 2.4 V；而对于轨道电路的移频信号呈现较高的阻抗，在规定的使用条件下不小于 17 Ω。

8. 空扼流变压器

空扼流变压器应用于区间 ZPW-2000A 无绝缘轨道电路区段需要将牵引回流线或保护线引入钢轨的地方，及其上下行线路间横向连接线的地方。

为了降低该设备的引入对区间 ZPW-2000A 无绝缘轨道电路的影响，其对于轨道电路信号的阻抗在不大于规定的不平衡牵引电流的条件下，其移频阻抗应不小于 17 Ω。

思考题

1. 简述 ZPW-2000 型移频自动闭塞的系统构成和系统设置。
2. 简述 ZPW-2000 型移频自动闭塞系统的冗余方式。
3. ZPW-2000 型移频自动闭塞室外设备由哪些部分组成？各起什么作用？
4. 设置补偿电容的原因及设置原则分别是什么？
5. ZPW-2000 型发送盘、接收盘、衰耗盘各由哪几部分电路组成？它们各起什么作用？
6. ZPW-2000 型发送盘如何产生低频和移频信号？
7. ZPW-2000 型接收盘如何从移频信号中解调出低频信息？
8. 什么是安全与门？什么是受控电源？
9. 四显示自动闭塞执行电路包括哪些部分？简述它们的工作原理。
10. 四显示自动闭塞正方向如何编码？反方向如何编码？
11. 四显示自动闭塞电路中与电气集中电路有哪些结合？
12. 简述客运专线 ZPW-2000A 与既有线 ZPW-2000A 的相同与不同之处。

第5章 改变运行方向电路

对于双线单向自动闭塞，由于每条线路上只准许一个方向运行列车，故只需防护列车的尾部，控制信息可以始终按一个方向传输。而对于单线自动闭塞和双线双向自动闭塞，因区间线路上既要运行上行列车，又要运行下行列车，所以除了需要防护列车尾部外，还必须防护列车的头部。

为了对列车头部进行防护，就要求单线自动闭塞两个方向的通过信号机之间和区间两端的车站联锁设备之间发生一定的联锁关系，只允许列车按所建立的运行方向依据通过信号机的显示运行。如准许上行方向的列车运行时，下行方向的通过信号机和出站信号机均不能开放，反之亦然。

在单线自动闭塞区段，我国目前采用平时规定的运行方向和方式，即平时规定方向的通过信号机开放，而反方向的通过信号机就不能开放。只有在区间空闲且原发车站变为接车状态而不能再向区间发车时，经办理一定手续，改变了运行方向后，反方向的出站信号机才能开放，此时规定运行方向的通过信号机和出站信号机不能开放。

在双线双向自动闭塞区段，反方向不设通过信号机，凭机车信号的显示运行。反方向运行时通过改变运行方向，转换区间的发送和接收设备，使规定方向的通过信号机灭灯。

改变运行方向这一任务是由改变运行方向电路完成的。改变运行方向电路的作用是，确定列车的运行方向，即确定接车站和发车站；转换区间的发送和接收设备；转接区间通过信号的点灯电路。

我国以前使用的二线制改变运行方向电路，由于传输信道内同时要完成控制和监督两个作用，故障率高，影响正常使用和运输效率。而四线制改变运行方向电路将改变区间运行方向的控制电路和监督区间是否空闲的监督电路，分别使用一条互相独立的二线制电路，克服了上述缺点，提高了安全性、可靠性和效率。

5.1 改变运行方向的办理

5.1.1 改变运行方向所设的按钮和表示灯

为改变运行方向，控制台上对应每一接车方向设一组改变运行方向用的按钮和表示灯。对于双线双向自动闭塞，每一咽喉设一个允许改变运行方向的按钮和表示灯，如图 5-1所示。

允许改变运行方向按钮为二位非自复式带铅封按钮。只有登记、破封按下本咽喉才能办理改变运行方向 YGFA。此时，允许改变运行方向表示灯 YGFD 亮红灯。

对于接车方向表示灯 JD，黄灯点亮表示本站该方向为接车站。发车方向表示灯 FD 绿色点亮表示本站该方向为发车站。监督区间表示灯 JQD 红色点亮表示对方站已建立发车进路或列车正在区间运行。辅助办理表示灯 FZD 白色点亮表示正在辅助输出改变运行方向。

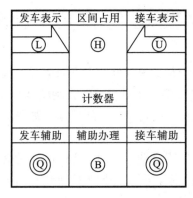

图 5-1   为改变运行方向设的按钮和表示灯

接车辅助办理按钮 JFA 和发车辅助办理按钮 FFA 均为二位自复式带铅封按钮，辅助办理改变运行方向时用。计数器用来记录辅助办理改变运行方向的次数。

5.1.2 改变运行方向的办理

改变运行方向有正常办理和辅助办理两种方式。

1. 正常办理

正常办理是改变运行方向电路处于正常状态时的办理方法。设甲站处于接车站状态，其接车方向表示灯 JD 黄灯亮，乙站处于发车站状态，其发车方向表示灯 FD 绿灯亮，且区间空闲，区间占用表示灯 JQD 灭。现甲站台欲发车，在 JQD 灭灯的情况下，先登记破封按本咽喉的允许改变运行方向按钮 YFGA，允许改变运行方向表示灯 YGFD 红灯点亮。此时即可正常办理改变运行方向，甲站值班员只要办理一条发车进路就可使改变运行方向电路自动改变运行方向。

甲站改为发车站，其 JD 灭，FD 亮。乙站改为接车站，其 FD 灭，JD 亮。当甲站出站信号机开放后或列车在区间运行时，两站的 JQD 同时点亮。列车完全驶入乙站，区间恢复空闲后，甲站又未办理发车进路时，JQD 灭灯。

乙站从接车站变为发车站，办理手续同上。

2. 辅助办理

辅助办理是指在办理改变运行方向的过程中出现故障时，使方向电路恢复正常的一种办理方式。当监督区间电路发生故障，或因故出现"双接"时，两站 JQD 亮灯，这时就必须用辅助方式改变运行方向。

(1)监督区间电路发生故障，方向电路正常时。若监督区间继电器因故落下，使控制台上的监督区间表示灯 JQD 亮灯，此时区间虽空闲，但通过正常办理手续无法改变运行方向，只能借助辅助办理。

两站值班员确认监督区间电路故障且区间空闲后，由欲改成发车站的车站值班员登记破封并按发车辅助按钮，其辅助办理表示灯 FZD 亮，表示本站正在进行辅助办理。但本站值班员仍需继续按发车辅助按钮。

与此同时或稍晚，原发车站值班员也登记破封并按接车辅助按钮 JFA，其辅助办理表示灯 FZD 亮白灯，表示本站开始辅助办理。此时本站值班员可松开 JFA。其 JD 黄灯亮，FD 绿灯灭，FZD 白灯灭，表示本站辅助办理已结束，已改成接车站。

此后原接车站 FD 绿灯亮，JD 黄灯灭，表示本站已改为发车站，辅助办理运行方向已完成，车站值班员可松开 FFA。但 FZD 仍亮白灯，表示本站尚未办理发车进路。当列车出发进入发站信号机内方可，FZD 灭灯。

（2）因故出现"双接"，两站均为发车状态时。当改变运行方向电路的电源瞬时停电，或方向电路瞬时故障，不能正常改变运行方向，使两站均处于接车状态（双接）时，其中任一站要求改变运行方向，均需用辅助办理来实现。

两站值班员应确认区间空闲、设备故障，经双方商定，如乙站先登记破封按 FFA，然后甲站再登记破封按 JFA。甲站值班员看到 FZD 亮白灯时，方可松开 JFA，表示改变运行方向已完毕，发车权已属乙站，乙站即可开放出站信号机。

5.2　改变运行方向电路工作原理

5.2.1　电路组成

对应于车站的每一接车方向设一套改变运行方向电路，相邻两站间该方向的改变运行方向电路由 4 根外线联系，组成完整的改变运行方向电路。对于单线区段，一般车站每端需一套改变运行方向电路。对于双线双向运行区段，一般车站每端需两套改变运行方向电路。

每一端的改变运行方向电路由 14 个继电器组成，分为两个组合，称改变运行方向主组合 FZ（FJ$_1$、JQJ、GFJ、GFFJ、JQJF、JQJ$_2$F、DJ、JFJ、FFJ、FGFJ）和辅助组合 FF（FJ$_2$、FAJ、FSJ、KJ、FZG）。

四线制改变运行方向电路由方向继电器、监督区间继电器电路、局部电路、辅助输电路和表示灯电路等组成。

1. 局部电路

局部电路的作用是，当改变运行方向电路改变运行方向时控制方向继电器的电流极性以及控制辅助办理电路，以实现运行方向的改变。它由改变运行方向继电器 GFJ、改变运行方向辅助继电器 GFFJ、监督区间复示继电器 JQJF 及监督区间第二复示继电器 JQJ$_2$F 组成。

1）改变运行方向继电器电路

改变运行方向继电器 GFJ 的作用是记录发车按钮继电器的动作，从而改变运行方向，其电路如图 5-2 所示。平时发车站 GFJ 吸起，接车站 GFJ 落下。

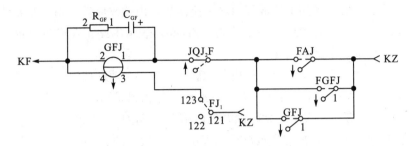

图 5-2　GFJ 电路

改变运行方向时，在原接车站办理了发车进路使 FAJ 吸起后，接通 GFJ 的 1−2 线圈励磁电路，GFJ 吸起，并经其本身第五组前接点自闭。方向继电器 FJ₁ 转极后，接通 GFJ 的 3−4 线圈励磁电路。在辅助改变运行方向时，辅助改变运行方向继电器 FGFJ 吸起后，也接通 GFJ 的 1−2 线圈励磁电路，完成改变运行方向的任务。

对于原发车站，GFJ 平时吸起，改变运行方向时 FJ₁ 转极后，GFJ 落下。

GFJ 的 1−2 线圈上并有 C_{JQ2} 和 R_{JQ2}，构成缓放电路。其作用是在原发车站改为接车站时，利用 GFJ 的缓放使原发车站的方向继电器可靠转极。

2）改变运行方向辅助继电器电路

改变运行方向辅助继电器 GFFJ 的作用是，当改变运行方向时，使两站的方向电源短时间正向串联，使方向继电器 FJ 可靠转极，其电路如图 5-3 所示。

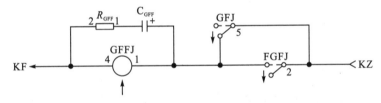

图 5-3　GFFJ 电路

GFFJ 励磁电路由 GFJ 后接点接通。原发车站 GFJ 吸起，GFFJ 落下；原接车站 GFJ 落下，GFFJ 吸起。

改变运行方向后，原接车站改为发车站，GFJ 吸起，GFFJ 落下。原发车站改为接车站，GFJ 落下，GFFJ 吸起。

辅助改变运行方向时，辅助改变运行方向继电器 FGFJ 吸起后，也使 GFFJ 吸起，参与运行方向的改变。

由 C_{GFF} 和 R_{GFF} 组成 GFFJ 的缓放电路，其作用是使两站方向电源串接，使得方向继电器 FJ 可靠转极。

3）监督区间复示继电器电路

监督区间复示继电器 JQJF 的作用是，复示接车站 JQJ 的动作，其电路如图 5-4 所示。

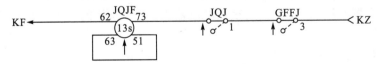

图 5-4　JQJF 电路

作为接车站，GFFJ 吸起，JQJ 吸起时 JQJF 就吸起。作为发车站，GFFJ 落下，即使 JQJ 吸起，JQJF 也不吸起。

JQJF 采用 JSBXC−850 型时间继电器，缓吸 13 s。原因是当列车在区间行驶时，若任一闭塞分区的轨道电路发生分路不良，如小车通过区间分割点瞬间失去分路，因反映各闭塞分区点用情况的 LJ 和 UJ 的缓放，将使监督区间继电器 JQJ 瞬间吸起，若此时接车站排列发车进路，将导致错误地改变运行方向，造成敌对发车的事故，故应采用缓吸 13 s 的时间继电器作为 JQJF。当发生上述情况时，JQJF 的缓吸使 JQJ$_2$F 不吸起，进而使 GFJ 仍处于落下状态，可防止错误地改变运行方向。

4）监督区间第二复示继电器电路

监督区间占用第二复示继电器 JQJ$_2$F 是复示 JQJF 的动作的。另外，在辅助改变运行方向时，作为 JQJ 的反复示继电器。在辅助改变运行方向时，FGFJ 吸起，JQJ 落下使 JQJ$_2$F 吸起，其电路如图 5-5 所示。在 JQJ$_2$F 的线圈上并联 C$_{JQ1}$ 和 R$_{JQ1}$，在它的 3-4 线圈上并有 C$_{JQ2}$ 和 R$_{JQ2}$，构成缓放电路。在 JQJ$_2$F 落下之前，外线有瞬间被 JQJ$_2$F 的第一组前接点和 GFFJ 的第二组后按点所短路，这是为了防止当区间外线混线时，由于反电势（对于分散设置方式的自动闭塞由区间信号点的 FJ 产生）使 FJ 错误转极造成双向发车的危险。加短路线后反电势被短路线所短路，待反电势消失后再接通电路，FJ 就不会错误动作。

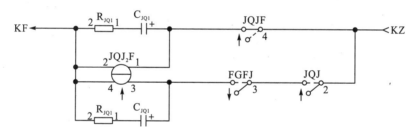

图 5-5　JQJ$_2$F 电路

2. 方向继电器电路

方向继电器电路的作用是改变列车的运行方向，它由方向继电器 FJ（FJ$_1$ 和 FJ$_2$）和辅助改变运行方向继电器 FGFJ 组成，如图 5-6 所示。

对于集中设置的自动闭塞，在连接区间两端的车站分别设置了两个方向继电器（对于分散设置的自动闭塞，在区间每一信号点还需设方向继电器），它们通过电缆线路串联在一起。方向继电器采用 JYXC−270 型有极继电器，可用来确定列车的运行方向、转换发送和接收设备及决定通过信号机是否亮灯。

辅助改变运行方向继电器 FGFJ 的作用是，当监督电路故障而方向电路正常或发生其他意外故障时，采用辅助办理的方法，用 FGFJ 的吸起来改变运行方向，提高整个改变运行方向电路的效率。

1）FJ 电路

正常办理改变运行方向时，原接车站（甲站）GFJ 吸起，GFFJ 缓放尚未落下时，接通甲站的方向电源 FZ、FF，向方向电路发送反极性电流，使 FJ 转极。其供电电路如下：

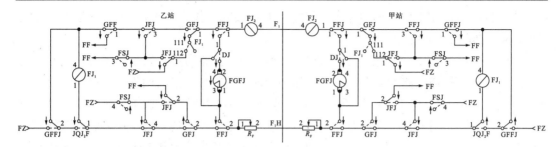

图 5-6　方向继电器电路

甲站 FZ—GFFJ$_{22-21}$—JQJ$_2$F$_{12-11}$—JFJ$_{43-41}$—GFJ$_{22-21}$—R$_{F1-2}$—外线 F$_1$H—乙站

R$_{F2-1}$—FFJ$_{21-23}$—GFJ$_{21-22}$—JFJ$_{41-43}$—JQJ$_2$ F$_{11-13}$—FJ$_{11-4}$—GFFJ$_{13-11}$—JFJ$_{33-31}$—

GFJ$_{12-11}$—FFJ$_{13-11}$—FJ$_{21-4}$—外线 F$_1$—甲站 J$_{24-1}$—FFJ$_{11-13}$—GFJ$_{11-12}$—JFJ$_{31-33}$—GFFJ$_{11-12}$—

FF

乙站 FJ$_1$ 转极后，使 GFJ 落下，并利用甲站 GFFJ 的缓放，使乙站的方向电源与甲站的方向电源短时间正向串联，形成两倍的线路供电电压，使方向电路中的 FJ 可靠转极，其供电电路如下：

乙站 FZ—JFJ$_{13-11}$—FJ$_1$ $_{112-111}$—FFJ$_{13-11}$—FJ$_{21-4}$—外线 F$_1$—甲站

FJ$_{24-1}$—FFJ$_{11-13}$—GFJ$_{11-12}$—JFJ$_{31-33}$—GFFJ$_{11-12}$—FF

FZ—GFFJ$_{22-21}$—JQJ$_2$F$_{12-11}$—JFJ$_{43-41}$—GFJ$_{22-21}$—FFJ$_{23-21}$—R$_{F1-2}$—外线 F$_1$H—乙站

RF$_{2-1}$—FFJ$_{21-23}$—JFJ$_{21-23}$—FF

甲站 GFFJ 经缓放落下，断开甲站的方向电源，由乙站一方供电。GFFJ 落下后使 JQJF 落下，JQJ$_2$F 经短时间缓放后落下。在 JQJ$_2$F 的缓放时间内，由乙站送往甲站的转极电源被 JQJ$_2$F 前接点和 GFFJ 后接点的连线所短路，以防止由外线混线或因其他原因而产生的感应电势使 FJ$_1$ 错误转极。当 JQJ$_2$F 落下后才接通甲站 FJ$_1$，线圈与外线连接，FJ$_1$ 开始转极，其动作电路如下：

乙站 FZ—JFJ$_{13-11}$—FJ$_1$ $_{112-111}$—FFJ$_{13-11}$—FJ$_2$ $_{1-4}$—外线 F$_1$—甲站

FJ$_{24-1}$—FFJ$_{11-13}$—GFJ$_{11-12}$—JFJ$_{31-33}$—GFFJ$_{11-13}$—FJ$_1$ $_{4-1}$—JQJ$_2$ F$_{13-11}$—JFJ$_{43-41}$—

GFJ$_{22-21}$—FFJ$_{23-21}$—R$_{F1-2}$—外线 F$_1$H—乙站 R$_{F2-1}$—FFJ$_{21-23}$—GFJ$_{21-23}$—JFJ$_{21-23}$—FF

当 FJ 转极后，甲站改为发车站，乙站改为接车站，两站电路已经完成了改变运行方向的任务，分别达到稳定状态。

2）FGFJ 电路

辅助办理改变运行方向时，原接车站（甲站）FFJ 吸起，切断了甲站向乙站的供电电路，并使短路继电器 DJ 经 0.3～0.35 s 的缓吸时间后吸起。在 FFJ 吸起，DJ 缓吸的时间内利用 DJ 吸起后使 DJ 的第一组后接点短路方向电路外线，使外线所储电能通过短路线而消失。当原发车站（乙站）JFJ 吸起，乙站通过 JFJ 的第三、第四组前接点接通方向电源，向甲站送电，使甲站的 FGFJ 吸起，其电路如下：

乙站 FZ—FSJ$_{41-42}$—JFJ$_{42-41}$—GFJ$_{22-21}$—FFJ$_{23-21}$—R$_{F1-2}$—外线 F$_1$H—乙站 R$_{F2-1}$—

FFJ$_{21-22}$—FGFJ$_{1,3-2,4}$—DJ$_{12-11}$—FJ$_2$ $_{1-4}$—外线 F$_1$—乙站

FJ$_2$ $_{4-1}$—FFJ$_{11-13}$—GFJ$_{11-12}$—JFJ$_{31-32}$—FSJ$_{32-31}$—FF

甲站 FGFJ 吸起后，使 JQJ$_2$F、GFJ 相继吸起。

在乙站，电容器 C_{JF} 放电结束使 JFJ 落下，切断了乙站对甲站 FGFJ 的供电电路。由于甲站的 FGFJ 落下，切断了 FFJ 的励磁电路，使其落下。此时由甲站向乙站发送转极电流，使乙站的 FJ_1、FJ_2 和甲站的 FJ_2 转极，其电路如下：

甲站 $FZ-GFFJ_{22-21}-JQJ_2F_{12-11}-JFJ_{43-41}-GFJ_{22-21}-FFJ_{23-21}-R_{F1-2}-F_1H-$ 乙站

$R_{F2-1}-FFJ_{21-23}-GFJ_{21-22}-JFJ_{41-43}-JQJ_2F_{11-13}-FJ_{11-4}-GFFJ_{13-11}-JFJ_{33-31}-$

$GFJ_{12-11}-FFJ_{13-11}-FJ_{21-4}-$ 外线 F_1- 甲站

$FJ_{24-1}-FFJ_{11-13}-GFJ_{11-12}-JFJ_{31-33}-GFFJ_{11-12}-FF$

在乙站，FJ 的转极使 GFJ 落下，构成了甲、乙两站方向电源的串接，确保它们的 FJ_2 可靠转极，其电路如下：

乙站 $FZ-JFJ_{13-11}-FJ_{1112-111}-GFJ_{13-11}-FFJ_{13-11}-FJ_{21-4}-$ 外线 F_1- 甲站

$FJ_{24-1}-FFJ_{11-13}-GFJ_{11-12}-JFJ_{31-33}-GFFJ_{11-12}-FF$

$FZ-GFFJ_{22-21}-JQJ_2F_{12-11}-JFJ_{43-41}-GFJ_{22-21}-FFJ_{23-21}-RF_{1-2}-$ 外线 F_1H- 乙站

$R_{F2-1}-FFJ_{21-23}-GFJ_{21-23}-JFJ_{21-23}-FF$

在甲站，当 GFJ 吸起后，FGFJ 已落下时，GFFJ、JQJF、JQJ_2F 先后断电缓放。GFFJ 缓放落下后，JQJ_2F 仍在吸起时，外线被 JQJ_2F 前接点和 GFFJ 后接点所短路，从而防止外线混线或其他原因而产生的感应电势使 FJ_1 错误转极。当 JQJ_2F 经缓放落下后，FJ_1 接入供电电路，使其转极，其电路如下：

乙站 $FZ-JFJ_{13-11}-FJ_{1112-111}-GFJ_{13-11}-FFJ_{13-11}-FJ_{21-4}-$ 外线 F_1-F_1- 甲站

$FJ_{24-1}-FFJ_{11-13}-FJ_{11-12}-GFJ_{31-33}-GFJ_{11-12}-JFJ_{31-33}-GFFJ_{11-13}-FJ_{14-1}-JQJ_2F_{13-11}-$

$JFJ_{43-41}-GFJ_{22-21}-FFJ_{23-21}-R_{F1-2}-$ 外线 F_1H- 乙站 $R_{F2-1}-FFJ_{21-23}-GFJ_{21-23}-JFJ_{21-23}-FF$

方向继电器电路平时由接车站方向电源(或称线路电源)向发车站送电，这样，当方向电路的外线短路时可以导向安全。接车站的方向继电器平时在线路上断开，是为了防止因雷击或其他外界干扰等产生误动。为了保证行车安全，在电路动作上先取消原发车站的发车权，再建立原接车站的发车权。

在方向电路开始工作以后，不受其他因素影响，直到运行方向改变完毕为止。方向电路与区间各闭塞分区的状态无关，并且经常通有一定极性的电流，所以电路工作稳定。

3. 监督区间继电器电路

监督区间继电器电路的作用是监督区间是否空闲，保证只有在区间空闲时才能改变运行方向。它由站内的监督区间继电器 JQJ 和区间各信号点处的黄灯继电器 UJ、绿灯继电器 LJ(采用无选频接收盘时为轨道继电器 GJ)的接点串联而成，JQJ 电路如图 5-7 所示。由发车站的 GFJ 第三、第四组前接点向 JQJ 电路送电。当发车进路未锁闭时，FSJ 吸起，各闭塞分区空闲，1GJ 和 2GJ 吸起(1LJ、2LJ 或 1UJ、2UJ 吸起)时，沟通 JQJ 电路，两站的 JQJ 均吸起。办理发车进路时 FSJ 落下或区间被占用，其 1GJ、2GJ(1LJ、2LJ 或 1UJ、2UJ)落下断开 JQJ 电路，使两站 JQJ 落下。

由于 JQJ 采用无极继电器，故无论通过何种极性的电流均可吸起。转换电源极性时，由于其缓放而不致落下，只有在断开线路电源时才落下。

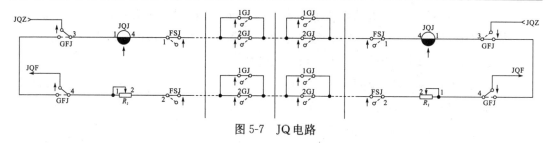

图 5-7　JQ 电路

区间空闲与否的检查只在改变运行方向之前进行，方向电路本身无故障，就动作到运行方向改变完毕为止。然后不断监督区间是否空闲，为发车站开放出站信号机准备条件。

4. 辅助办理电路

辅助办理电路的作用是，当监督电路发生故障或改变方向电路瞬间突然停电或方向电路瞬间故障，不能正常改变运行方向时，借助辅助办理电路实现运行方向的改变。它由发车辅助继电器 FFJ、接车辅助继电器 JFJ 和短路继电器 DJ 组成。

1）发车辅助继电器电路

发车辅助继电器 FFJ 用以辅助办理改变运行方向，其电路如图 5-8 所示。

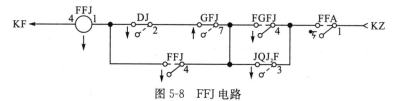

图 5-8　FFJ 电路

当 JQJ 因故落下时，JQJF、JQJ$_2$F 落下，此时区间虽空闲，但只能用辅助办理方式改变运行方向，原接车站按下发车辅助按钮 FFA，FFJ 经 JQJ$_2$F 第三组后接点、GFJ 第七组后接点、DJ 第二组后接点吸起，吸起后自闭。FFJ 吸起后，切断原接车站向原发车站的供电电路。DJ 吸起后自闭，辅助办理改变运行方向正在进行，本站值班员仍需按 FFA。待 FJ$_1$ 转极后，控制台上发车方向表示灯 FD 亮绿灯时，才表示辅助办理改变运行方向已完成，可松开 FFA。FGFJ 吸起后，继续接通 FFJ 自闭电路。

2）接车辅助继电器电路

接车辅助继电器 JFJ 用以辅助办理改变运行方向，其电路如图 5-9 所示。

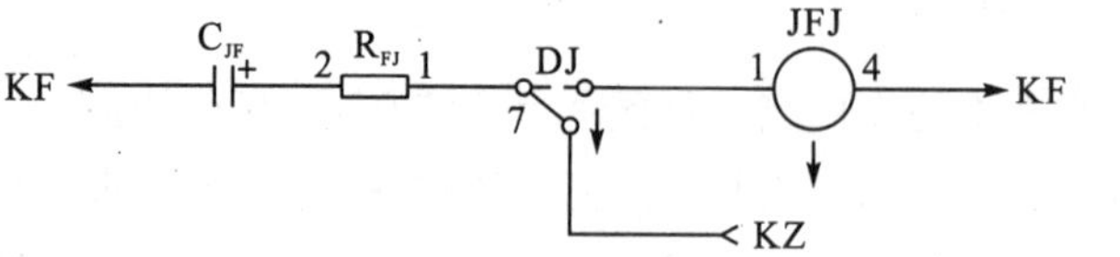

图 5-9　JFJ 电路

平时 DJ 落下，接通向电容器 C$_{JF}$ 电路充电。辅助办理改变运行方向时，原发车站值班员按接车辅助按钮 JFA，使 DJ 吸起，接通 JFJ 电路，C$_{JF}$ 向 JFJ 放电，JFJ 吸起。JFJ 吸起后接通方向电源，向对方站送电，使它的 FGFJ 吸起。C$_{JF}$ 放电结束使 JFJ 落下，断开对对方站 FGFJ 供电的电路。

3）短路继电器电路

短路继电器 DJ 的作用是正常办理改变运行方向时，用以短路辅助改变运行方向继电器 FGFJ 电路如图 5-10 所示。

平时两站的 DJ 均落下，将它们的 FGFJ 短路，即在正常办理改变运行方向时，FGFJ 不动作。

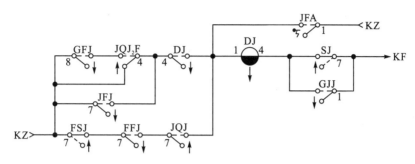

图 5-10　表示灯电路

辅助办理改变运行方向时，原接车站值班员按 FFA 后，FFJ 吸起，DJ 经 FSJ 第七组前接点、FFJ 第七组前接点和 JQJ 第七组后接点励磁。DJ 吸起后，用其第一组前接点将方向电路接至 FDGJ 电路。FJ_1 转极后使 GFJ 吸起，无论 JQJ_2F 处于什么状态，均接通 DJ 的自闭电路。只有在本站办理发车进路时，进路最末一个道岔区段的 SJ 落下，才断开 DJ 自闭电路，使 DJ 落下。

对于原发车站，值班员按 JFA 后，使 DJ 吸起。DJ 吸起后使 JFJ 靠 C_{JF} 通过 DJ 第七组前接点放电而吸起。JFJ 吸起后接通 DJ 的自闭电路，C_{JF} 放电结束后，JFJ 落下，该电路断开。DJ 主要靠 JQJ_2F 后接点、GFJ 前接点自闭。辅助改变运行方向后，FJ_1 转极，GFJ 落下，断开 DJ 自闭电路，使之落下。

5. 表示灯电路

表示灯电路用来表示两站间区间闭塞的状态，及改变运行方向电路的动作情况，它包括发车方向表示灯 FD（绿色）、接车方向表示灯 JD（黄色）、监督区间占用表示灯 JQD（红色）和辅助办理表示灯 FZD（白色），其电路如图 5-11 所示。FD 和 JD 由 FJ_1 接点接通。FJ_1 在定位，其 141−142 接通，点亮 JD，表示本站为接车站。FJ_1 在反位，其 141−143 接通，点亮 FD，表示本站为发车站。

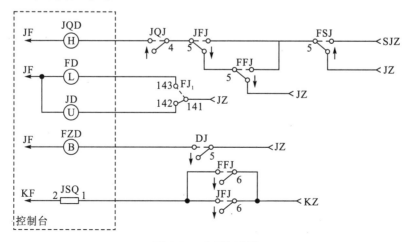

图 5-11　表示灯电路

　　FZD 由 DJ 前接点接通，辅助办理改变运行方向时，DJ 吸起，FZD 亮灯，表示正在辅助改变运行方向。DJ 由吸起转为落下，FZD 灭灯，表示辅助改变运行方向完毕。

　　每当进行一次辅助改变运行方向时，FFJ 或 JFJ 吸起一次，计数器 JSQ 即动作一次，记录辅助改变运行方向的次数。

　　JQD 平时灭灯，表示区间空闲。列车占用区间，JQJ 落下，JQD 亮红灯。在辅助改变运行方向时，按规定手续按压 JFA 或 FFA，JFJ 或 FFJ 吸起后，经 FSJ 前接点点亮 JQD。如果该站的 FSJ 落下，JQD 闪红灯。相邻两站中有一站 FSJ 落下，即发车进路已锁闭，就不能辅助办理改变运行方向。

5.2.2　改变运行方向电路与电气集中电路的结合

　　为反映电气集中办理发车进路的情况，改变运行方向电路设发车按钮继电器 FAJ 和发车锁闭继电器 FSJ。为控制出站信号机，改变运行方向电路设控制继电器 KJ。

1. 发车按钮继电器电路

　　发车按钮继电器 FAJ 用来记录发车进路的建立，其电路如图 5-12 所示。在按下本咽喉的允许改变运行方向按钮 YGFA 的情况下，当办理了发车进路，电气集中的列车发车继电器 LFJ 和发车口处的进路选择继电器 JXJ 吸起后，FAJ 吸起，接通 GFJ 电路。选路完成后，LFJ 和 JXJ 落下，FAJ 失磁。

图 5-12　FAJ 电路

2. 发车锁闭继电器电路

　　发车锁闭继电器 FSJ 用来反映发车进路的锁闭情况，其电路如图 5-13 所示。当进路空闲(用发车进路最末一个轨道区段的 GJ 吸起来证明)，建立了发车进路，发车口处的照查继电器 ZCJ 落下，使 FSJ 落下，表示发车进路锁闭。当向发车口建立调车进路时，FSJ 不应落下，于是在 ZCJ 第五组前接点上并联了 ZJ 的第五组前接点。建立调车进路时，虽然 ZCJ 落下，但 ZJ 吸起，使 FSJ 不落下。列车出发，出清发车进路最末一个轨道电路区段时，DGJ 吸起，进路解锁，ZCJ 吸起，使 FSJ 吸起并自闭。

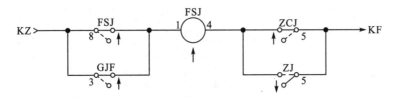

图 5-13　FSJ 电路

FSJ 前接点用在 JQJ 电路和 DJ 电路中，FSJ 吸起时，接通 JQJ 和 DJ 电路。

3. 控制继电器电路

控制继电器 KJ 在辅助办理改变运行方向时接通出站信号机的列车信号继电器 LXJ 电路，其电路如图 5-14 所示。

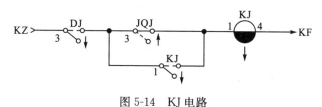

图 5-14　KJ 电路

当区间空闲时，办理辅助办理改变运行方向手续后 DJ 吸起，使 KJ 吸起并自闭。DJ 落下后，KJ 落下。

4. 出站信号机控制电路

出站信号机的列车信号继电器 LXJ 电路中接入开通运行方向的条件予以控制，即在 11 线网络端部接入 FJ_1 和 FJ_2 的反位接点，证明运行方向已改变，本站已改为发车站时，方可接通出站信号机的 LXJ 电路，如图 5-15 所示。

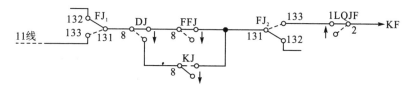

图 5-15　出站信号机控制电路

在 LXJ 电路中，用 1LQJF(反方向按自动闭塞运行时，三显示区段为 2JGJ，四显示区段为 3JGJ，接触间闭塞运行时为 QGJ)前接点检查运行前方闭塞分区是否空闲。正常办理改变运行方向时，用 FFJ 和 DJ 后接点接通 LXJ 电路。辅助办理改变运行方向时，用 KJ 和 DJ 前接点接通 LXJ 电路。

5.3　改变运行方向电路的动作程序

5.3.1　正常办理改变运行方向的动作程序

设甲站为接车站，乙站为发车站，区间空闲，双方均未办理发车。此时甲站吸起的继电器有 FSJ、JQJ、JQJF、JQJ_2F、GFFJ，FJ_1 在定位，JD 亮黄灯。乙站吸起的继电器有 FSJ、JQJ、GFJ，FJ_1 在反位，FD 亮绿灯。若此时甲站要求向乙站发车，首先必须改变运行方向，出站信号机才能开放。甲站值班员根据控制台上的 JQD 红灯灭灯，可以确认区间处于空闲状态，先按本咽喉的 YGFA，然后排列发车进路，当 LFJ 和 JXJ 吸起后，FAJ 吸起，继而使 GFJ 吸起，接通甲站的方向电源 FZ、FF，由甲站改变送电极性，向乙站发送反极性电流，使本站的 FJ_2 和对方站的 FJ_1 和 FJ_2 转极，乙站的 JD 亮黄灯，FD 绿灯灭。

　　乙站的 FJ_1 转极后，使 GPJ 落下，GFFJ、JQJF、JQJ_2F 相继吸起。甲站的 CFJ 吸起后使 GFFJ 落下。在甲站 GFFJ 缓放期间，使两站方向电源正向串联，形成两倍供电电压，使各方向继电器可靠转极。

　　甲站 GFFJ 落下后断开本站方向电源，由乙站一方供电。甲站 GFFJ 落下后，使 JQJF、JQJ_2F 相继落下。在 JQJ_2F 缓放期间，由乙站送往甲站的转极电源被短路，以消除由外线混线等原因产生的感应电势。JQJ_2F 落下后，接通甲站 FJ_1 线圈与外线的电路，使 FJ_1 转极，甲站的 JD 黄灯灭，FD 绿灯亮。至此，已按要求将甲站改为发车站，乙站改为接车站，出站信号机开放或列车占用区间，JQJ 落下，两站 JQD 亮红灯。甲站正常办理运行方向的电路动作程序如图 5-16 所示。

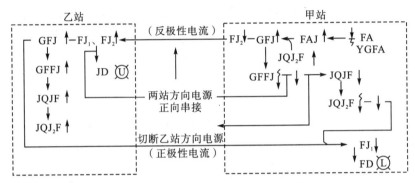

图 5-16　甲站办理改变运行方向电路动作程序

　　反之，乙站为接车站时，欲办理发车，其办理改变运行方向的手续及电路动作过程与以上情况相仿。

5.3.2　辅助办理改变运行方向的电路动作程序

1. 监督电路发生故障，方向电路正常时的动作程序

　　若甲站为接车站，乙站为发车站时，其监督电路的 JQJ 困故障而落下，将使 JQJF、JQJ_2F 相继落下，控制台上的 JQD 亮红灯。此时区间虽处于空闲状态，但通过正常办理手续改变运行方向已无法使甲站的 GFJ 吸起，如要改变运行方向，则必须借助辅助办理。

　　两站值班员确认区间空闲及故障后，如甲站要改为发车站，经乙站同意，两站共同进行辅助办理改变运行方向。甲站值班员登记破封按下 FFA，使 FFJ 吸起并自闭。FFJ 吸起后断开甲站向乙站的供电电路。此时，因 FFJ 吸起，JQJ 落下，FSJ 吸起，使 DJ 经 $0.3 \sim 0.35$ s 后吸起。在 FFJ 吸起，DJ 缓吸时间内，用 DJ 后接点短路方向电路外线，消耗外线所储电能。DJ 吸起后自闭，用其前接点点亮 FZD，表示本站正在进行辅助办理。

　　乙站值班员也登记破封按下 JFA，使 DJ 吸起后自闭，FZD 亮白灯，表示本站开始辅助办理。乙站值班员松开 JFA，JFJ 靠 C_{JF} 通过 DJ 前接点放电而吸起。乙站通过 JFJ 前接点接通方向电源，向甲站送电，使甲站的 FGFJ 吸起。FGFJ 吸起后，通过其前接点及 JQJ 后接点给 JQJ_2F 的 3-4 线圈供电，使之吸起。GFJ 经 FGFJ 前接点及 JQJ_2F 前接点吸起后自闭。C_{JF} 放电结束后，使 JFJ 落下，断开乙站对甲站的供电电路。

由于甲站 FGFJ 落下，断开 FFJ 励磁电路，使其落下。此时接通甲站向乙站的供电电路，因为是反极性电流，使乙站的 FJ_1 和甲站的 FJ_2 转极。

在乙站，由于 FJ_1 转极，使 JD 黄灯亮，FD 绿灯灭。同时使 GFJ 落下，断开 DJ 自闭电路，使之落下，FZD 灭灯，表示本站辅助办理已完毕，改为接车站。GFJ 落下，FJ_1 转极，使两站方向电源串接，进而使各方向继电器可靠转极。

在甲站，GFJ 吸起后，FGFJ 落下，GFFJ、JQJF、JQJ_2F 先后断电缓放。GFFJ 落下后，JQJ_2F 吸起时，转极电源被短路，消耗外线中的感应电势，防止 FJ_1 错误转极。JQJ_{2F} 落下后，将 FJ_1 接入供电电路，使其转极。FJ_1 转极后，甲站 FD 亮绿灯，JD 黄灯灭，表示本站已成为发车站，辅助办理改变运行方向已完成，此时甲站值班员可松开 FFA，但 FZD 仍亮白灯，表示本站尚未办理发车进路。当列车出发进入出站信号机内方，DJ 落下，PZD 灭灯。

监督电路故障时，辅助办理电路动作程序如图 5-17 所示。

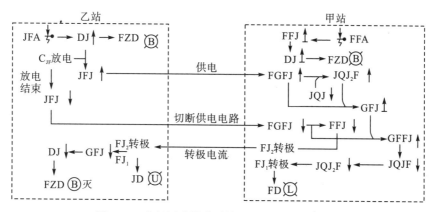

图 5-17　监督回路故障时辅助办理电路动作程序

同理，乙站原为接车站要改为发车站时，其电路动作过程与上述过程相同。

2. 因故出现"双接"状态时，其电路动作过程与上述辅助办理过程大体相同

上述两种故障采用辅助办理时，均需检查两站的发车锁闭继电器 FSJ 是否处于吸起状态。为了确认本站 FSJ 的状态，首先需将原已办理的发车进路(不能开放出站信号机是由于运行方向未能改变，即发车表示灯绿灯未能点亮)取消，然后进行辅助办理。按规定办理手续并按 JFA 或 FFA 后，JQD 亮稳定红灯，证明 FSJ 处于吸起状态，可以进行辅助办理改变运行方向。如果 JQD 闪红光，说明该站的 FSJ 落下，只要其中有一站的 FSJ 落下，就不能辅助办理改变运行方向，需要值班员通知对方站待本站的 FSJ 落下故障处理完毕，FSJ 恢复吸起后才能继办理。

由上述正常办理和辅助办理可知，改变运行方向时，一般有以下 3 个步骤。

(1)发车站方向继电器先转极，转为接车站，取消发车权。

(2)两站电源串接，使区间的方向继电器可靠转极。

(3)接车站方向继电器转极，改为发车站，取得发车权。

第6章　站内轨道电路电码化

6.1　站内轨道电路电码化概述

在移频自动闭塞区段，区间采用移频轨道电路，机车信号设备能直接接收移频信息。而站内轨道电路不能发送移频信息，当列车在站内运行时机车信号将中断工作。为了保证行车安全和提高运输效率，使机车信号在站内也能连续显示，需在站内原轨道电路的基础上进行电码化。

所谓站内轨道电路电码化，是指非电码的轨道电路能根据运行前方信号机的显示发送各种电码。对于移频轨道电路，电码化就是移频化。

6.1.1　电码化的分类及发展

电码化有切换方式和叠加方式两种。最初采用固定切换方式，即本轨道电路区段被占用实现电码化时，起转换开关作用的轨道发码继电器固定在励磁状态，向轨道发送移频信息，待列车进入下一相邻轨道电路区段后，本区段的轨道发码继电器才落下，恢复原轨道电路。这种方式存在着在某些正常的调车作业或列车折返时已电码化的轨道电路不能自动恢复的缺点。为此，改为采用脉动切换方式的轨道电路电码化。也就是某一轨道区段电码化时，使传输继电器处于脉动状态，当其励磁时向轨道发送移频信息，失磁时将原轨道电路设备接向钢轨，列车出清时轨道电路自动恢复。此方式不仅克服了上述缺点，而且可以做到电码化电路与车站联锁电路之间的联系最少，从而使各种车站的电码化电路做到基本统一。

在列车提速的情况下，当列车以较高的速度通过站内较短的轨道电路区段时，由于传输继电器有 0.6 s 的落下时间而造成掉码，使机车信号不能连续工作，不利于行车安全。因此又出现了预叠加方式的站内电码化，将移频轨道电路叠加在原轨道电路上，两种类型的轨道电路由隔离器隔离而互不影响，并可提前一个区段发码，不会造成掉码。

在提速区段，因通过列车运行速度较高，站内正线必须采用预叠加方式电码化，而到发线，由于电码化仅限于股道，且列车运行速度较低，可采用叠加方式，也可采用脉动切换方式。

6.1.2　电码化范围

站内电码化范围是列车进路，当连接车站两端的区间闭塞设备不同时，站内轨道电路移频化范围略有差异。

1. 自动闭塞区段

在正线正方向运行时，电码化范围包括接车进路和发车进路的所有区段；正线反方向运行时，若采用的是自动站间闭塞，电码化范围只包括接车进路，若采用的是自动闭塞，则包括接车进路与发车进路的所有区段。侧线仅为股道，这是因为正线电码化要求咽喉区的道岔绝缘均设在弯股，侧线轨道电码化通路被切断，无法实现信号的传输。

2. 半自动闭塞区段

站内电码化范围只包括正线接车进路和侧线股道，以及进站信号机外方的接近区段，在提速半自动区段则为进站信号机外方的一区段接近和二区段接近。

站内轨道电路移频化范围如图 6-1 所示，图中粗线区段为移频化范围。

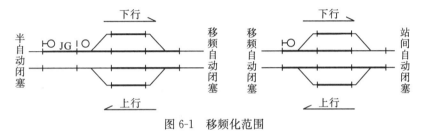

图 6-1　移频化范围

6.2　切换方式站内轨道电路电码化

6.2.1　固定切换方式的站内电码化

固定切换方式是指在站内的每个轨道电路区段都分别设置轨道发码继电器 FMJ，平时 FMJ 处于落下状态，当列车驶入本区段后，由于轨道继电器 GJ 落下而使本区段相应的 FMJ 吸起，从而切断了原规定电路，并同时接入相应的信号发送设备 FS 实现对该区段的电码化。

固定切换方式也称为接近发码方式，即当列车驶入本区段时使相应的轨道继电器 GJ 落下，轨道发码继电器 FMJ 励磁吸起后，才迎着列车方向向该区段发码，其相应的发送时机开始于列车驶入本区段，终止于列车驶入相邻的下一区段。同时，固定切换方式的电码化还要进行两点检查，即只有当上一个区段已经实现电码化，且本区段有车占用的条件下，本区段才能实现电码化，这主要是通过检查本区段轨道继电器 GJ 的后接点和前一区段轨道发码继电器 FMJ 的前接点来实现的。

如图 6-2 所示，以复线站内移频电码化正线接车为例，说明固定切换方式电码化的实现过程。

在满足电码化启动的条件下，当列车行驶在 XJWG 区段时，其相应的轨道电路被分路，使该区段的轨道继电器 XJWGJ 落下，1 发码继电器 1FMJ 吸起，将信号发送设备 FS 发出的电码化移频信号送至 XJWG 轨道区段。同时，1FMJ 的吸起为下一区段 XJDG 轨道区段的电码化做

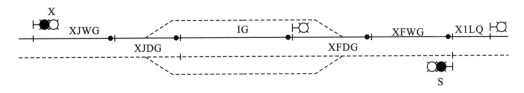

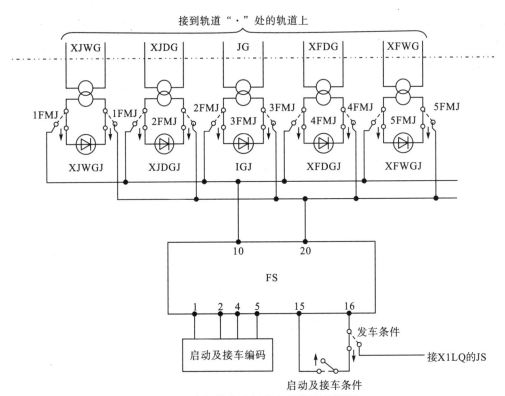

图 6-2　固定切换方式站内电码化原理框图

好准备，此为 XJDG 区段的电码化的第一点检查。当列车驶入 XJDG 区段时，由于 XJDGJ 的落下，实现了 XJDG 区段电码化的第二点检查，从而使 2FMJ 吸起，将信号发送设备 FS 的发送信息送至 XJDG 轨道上，并为下一区段 IG 的电码化做准备，同时由于 2FMJ 吸起切断了 1FMJ 的励磁电路，进而当列车出清 XJWG 时，XJWGJ 的吸起使 XJWG 区段自动恢复原轨道电路的功能。这样，随着列车的前进，各轨道区段的发码继电器 FMJ 依次吸起并进行切换，断开相应的轨道继电器，将 FS 发送的移频电码化信息顺序送至相应的各轨道区段。

　　固定切换方式采用两点检查逐段传递的方式，避免了人工短路轨道电路所造成的不良影响，可是在某些情况下，例如，列车驶入正线后全部调入其他线路时，因为没有"下一区段占用"的正面条件，轨道电路设备电码化后不能自动复原，必须通过人为干预进行人工复原。这样就降低了车站的作业效率，影响了车站信号的正常使用。

6.2.2　脉动切换方式的站内电码化

　　脉动切换方式指在发码过程中信号发送设备 FS 不是固定接入轨道电路，而是采用脉动方式接入的，即通过相应的继电器进行控制，时而接入轨道电路设备。其电码化的终止不需要以

"列车进入下一个区段"为条件，而是通过本身的"空闲"条件来实现，这样就克服了固定切换方式电码化在某种情况下不能自恢复的缺点，而且脉动切换方式要求的联锁条件最少，特别是在旧站现有设备的条件下实施电码化，使其电码化电路实现基本统一，便于设计、施工和维修。

脉动切换方式电码化需要在每个轨道电路区段设置相应的传输继电器 CJ，用其后接点接通原轨道电路的受电端或送电端，而用其前接点接入相应电码化的发码设备。当列车驶入本区段时，本区段轨道继电器 GJ 落下，使 CJ 吸起并处于脉动状态，实现了脉动切换方式电码化。

脉动切换方式的发码原则同样是采用迎着列车方向的接近发码，其发码时机是：对于正线，开始于列车驶入本区段，终止于列车驶入相邻的下一区段；对于侧线，开始于列车驶入本股道，终止于列车出清本股道。当列车出清本区段时，由于本区段 CJ 吸起而使相应的 CJ 落下，自动恢复原轨道电路的状态。

如图 6-3 所示，以复线站内移频电码化正线接车为例，说明脉动切换方式电码化的实现过程。脉动切换方式电码化对于移频信号来说，其脉冲时间为 4.2 s，间隔时间为 0.6 s，这是考虑到脉冲时间最小值要大于或等于移频机车信号接收应变时间的最大值；间隔时间的最小值要大于或等于轨道继电器 GJ 的吸起的最大值，而时间间隔的最大值要小于或等于机车信号频率继电器缓放的最小值，这样既可保证机车信号稳定，又不影响轨道电路正常工作，使轨道电路能够可靠地自动恢复。传输继电器 CJ 的脉动是由于发码器平时处于脉动工作状态，用其接点串接在 CJ 的励磁电路中，以不断地通断 CJ 的负电源而实现的，即当脉动电源 KF－MDY 处于脉冲状态时，CJ 保持吸起 4.2 s，用其前接点将移频电码化的发送设备接通至室外轨道传输网络；当脉动电源 KF－MDY 处于间隔状态时，CJ 失磁落下 0.6 s，用其后接点负责将轨道电路的接收或发送设备接通至室外轨道传输网络。

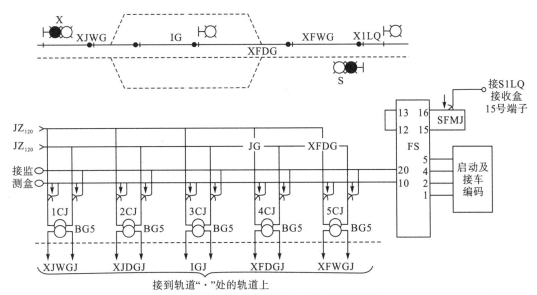

接到轨道"·"处的轨道上

图 6-3　脉动切换方式站内电码化原理框图

如图 6-3 所示，在 I 股道正线接车进路内实施电码化的每一段轨道电路，分别设置一个 CJ，例如，对应于下行 I 股道接车电码化 XJWG 和 XJDG 区段，分别设置了 1CJ 和 2CJ。下行接车电码化继电器 XJMJ 的吸起，证明该进路已经具备实施电码化条件，当列车占用 XJWG 区段时，由于 XJWGJ 的落下，而接通了 1CJ 的励磁电路，1CJ 吸起并处于脉动状态，使该区段实现电码化。当列车驶入 XJDG 轨道区段时，由于 XJDGJ 落下接通了 2CJ 的励磁电路，使

2CJ 吸起并处于脉动状态，同时切断了 XJWG 轨道区段的 1CJ 的励磁电路，使该区段的电码化结束，当列车出清 XJWG 后，由于 XJWGJ 的吸起使其轨道电路自动复原。当列车进入 IG 后，由于 IGJF 的失磁落下，使得进路内道岔区段（或无岔区段）的电码化结束。

6.3 叠加方式站内轨道电路电码化

6.3.1 叠加方式站内轨道电路移频化

叠加方式站内移频化是将移频信息叠加在原轨道电路上。移频轨道电路和原轨道电路用隔离器隔开，使得本区段的两种类型轨道电路不互相影响。移频信号可与 50Hz 轨道电路预先叠加使用，也可与 25Hz 相敏轨道电路预先叠加使用。

1. 隔离器

以移频信号叠加 50Hz 轨道电路信号为例，隔离器有两种，分别是 GLQ－Ⅰ型和 GLQ－Ⅱ型。GLQ－Ⅰ型用于轨道电路发送端发码，GLQ－Ⅱ型用于轨道电路接收端发码。

GLQ－Ⅰ型为送端隔离器，如图 6-4 所示，由电容、电感、变压器组成，用于隔离 50Hz 轨道电路发送端和移频发送电路。因两者频率不同，它们对于 C_1、C_2 的阻抗也不相同，50Hz 电源不向移频发送盘传送，而只传至轨道。反之，移频信息也不送至 50Hz 电源，而只送至轨道，两者互不影响。

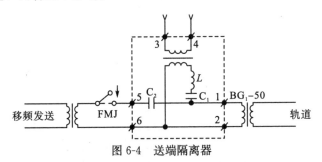

图 6-4 送端隔离器

GLQ－Ⅱ为受端隔离器，如图 6-5 所示，由电感和电容组成，对于不同的频率具有不同的阻抗。于是，移频信号只送至轨道，而不送至轨道继电器；50Hz 电流也只送至轨道继电器，而不送至移频发送盘，这样就保证了本区段的两种类型轨道电路的正常工作。

移频信号与 25Hz 相敏轨道电路叠加时，原理与上述大同小异。

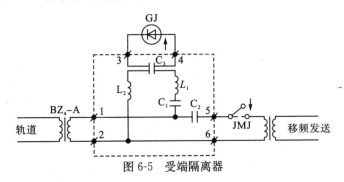

图 6-5 受端隔离器

2. 叠加方式站内轨道电路移频化原理

叠加方式站内轨道电路移频化电路如图 6-6 所示，图中 GLQ 为隔离器。为占用式发码方式，即列车占用本区段，轨道继电器落下，发码继电器吸起，使移频轨道电路与原轨道电路相叠加，迎着列车发码。待列车驶入下一区段，下一区段轨道继电器落下，下一区段发码继电器吸起，断开本区段发码电路。列车出清本区段，轨道继电器吸起，发码继电器落下，恢复原轨道电路。

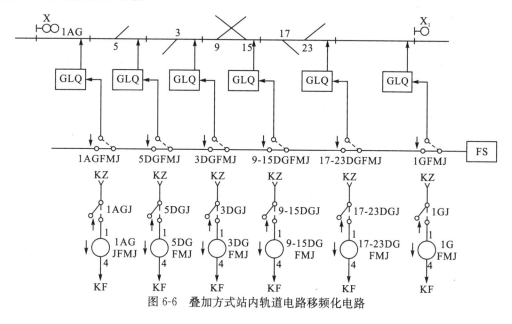

图 6-6　叠加方式站内轨道电路移频化电路

6.3.2　预叠加方式的站内移频化电路

在正线接、发车进路的站内移频化电路中，列车占用前一区段时轨道继电器落下使本区段的传输继电器励磁，列车占用本区段时该传输继电器仍励磁，列车占用下一区段时该传输继电器失磁。在传输继电器吸起以及办理接车进路或发车进路发码继电器吸起时，向本区段发送移频信息。站线股道移频化，则是列车占用股道时发码。也就是正线采用预叠加方式，站线只能采用叠加方式。

以图 6-7 所示的站场为例介绍预叠加方式站内移频化的电路原理，为双线双向运行的自动闭塞区段。正线正方向移频化范围包括接车进路和发车进路，反方向按自动闭塞运行时移频化范围包括接车进路和发车进路，反方向按自动站间闭塞运行时移频化范围仅为接车进路，到发线只包括股道。

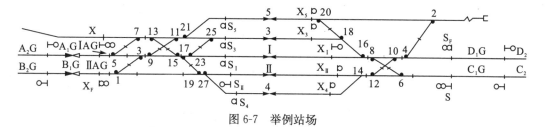

图 6-7　举例站场

对于正线移频化，叠加方式有接、发车进路分用发送盘和合用发送盘两种方案。

1. 接、发车进路分用发送盘的预叠加移频化电路

以三显示、反方向按自动闭塞行车为例介绍电路原理。

1）正线正方向接车进路预叠加移频化电路

正方向接车，以下行Ⅰ道接车进路为例，其移频化电路如图 6-8 所示。

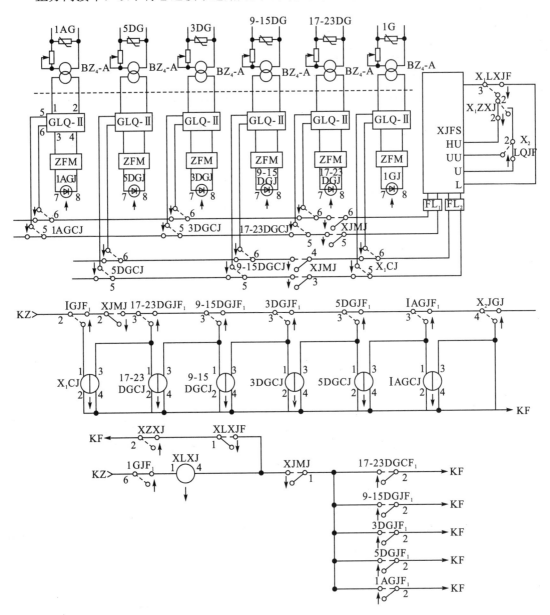

图 6-8　正方向接车进路移频化电路

对每个接车方向设一个接车发码继电器，对应于每个轨道电路区段设一个传输继电器。当建立下行Ⅰ股道接车进路信号开放后，$XLXJF_1$ 和 XZXJ 吸起，IG 空闲，$IGJF_1$ 吸起时，XJMJ 吸起。列车占用 1AG 时，$XLXJF_1$ 落下，XJMJ 构成自闭电路。列车依次占用 5DG、

3DG、9—15DG、17—23DG，XJMJ 一直保持吸起，直到占用 IG，IGJF$_1$ 落下，XJMJ 才落下。也就是说，XJMJ 从信号开放到列车占用股道前一直保持吸起，接通发码电路。

在 XJMJ 吸起，IG 空闲的情况下接通传输继电器电路。列车占用二接近区段时，X$_2$JGJ 落下，IAGCJ 的 3—4 线圈电路接通，IAGCJ 吸起。列车占用 IAG，IAGJF$_1$ 落下，断开 IAGCJ 的 3—4 线圈电路，但接通了其 1—2 线圈电路，IAGCJ 仍励磁。列车占用 5DG，5DGJF$_1$ 吸起，才使 IAGCJ 落下。其他各轨道电路区段，如 5DG、3DG、9—15DG、17—23DG 的传输继电器动作情况同上，都是在列车占用前区段和本区段时吸起，占用下一区段时落下。X$_1$CJ 的情况略有不同，当列车占用前一区段 17—23DG 时，X$_1$CJ 的 3—4 线圈电路接通。随后列车占用 IG 时，IGJF$_1$ 落下，XJMJ 因自闭电路断开也落下，X$_1$CJ 的 1—2 线圈电路直接由 IGJF$_1$ 后接点接通。列车出清 I 股道，X$_1$CJ 落下。

当某轨道电路区段传输继电器吸起时，XJFS 发送盘就通过 XJMJ 前接点以及本区段传输继电器 CJ 的前接点，通过隔离器向轨道电路发送由 X$_1$ 信号机状态及前方闭塞分区状态编码的移频信息。X$_1$ 关闭，显示红灯时，发 HU 码。正方向发车，X$_1$ZXJ 吸起，当 X$_2$LQJ 空闲，X$_2$LQJF 吸起时，X$_1$ 绿灯亮，发 L 码；当 X$_2$LQ 被占用时，X$_2$LQJ 落下，X$_1$ 黄灯亮，发 U 码。反方向发车，X$_1$ 的 ZXJ 落下，此时为直进弯出，为清除安全隐患，X$_1$ 无论亮绿灯还是亮黄灯，均发 UU 码。

其中，IAG、3DG、17—23DG 由一路电路发送，5DG、9—15DG、IG（不经 XJMJ 条件，原因见上述）由另一路电路发送。之所以采用两路发送，是为了保证相邻轨道电路同时发送，而不被其内方轨道区段的传输继电器接点断开。

2）正线反向接车进路移频化电路

反方向接车进路的移频化电路如图 6-9 所示，其工作原理与正方向接车进路只是从轨道电路送电端发码基本相同。

S$_F$JFS 的编码条件是，S$_1$LXJF 落下时，S$_1$ 出站信号机关闭，显示红灯，发 HU 码。正方向发车时，S$_1$ZXJ 吸起，为"进直出弯"，发 UU 码。反方向发车时，S$_1$ZXJ 落下，由 X$_1$JGJF 接点编码，X$_1$JG 空闲，X$_1$JGJF 吸起，S$_1$ 显示绿灯（进路表示器亮白灯亮），发 L 码；X$_1$JG 被占用，X$_1$JGJF 落下，S$_1$ 显示黄灯（进路表示器亮白灯），发 U 码。

3）发车进路移频化电路

正方向发车，下行 IG 发车进路移频化电路如图 6-10 所示，设发车发码继电器（每架办理通过进路的正线出站信号机设一个）及各轨道电路区段的传输继电器。当一离去区段空闲时，办理下行 IG 正方向发车，X$_1$LXJF$_1$，和 X$_1$ZXJ 吸起，使 X$_1$FMJ 吸起。列车占用出站信号机内方第一个轨道电路区段时，16—18DGJF$_1$ 落下，X$_1$LXJF$_1$ 落下，X$_1$FMJ 构成自闭电路。直至列车出站，占用一离去区段，X$_1$FMJ 自闭电路断开，它才落下。

X$_1$FMJ 吸起后，列车占用股道 IG，IGJF$_1$ 落下，接通 16—18DG 区段的传输继电器 16—18DGCJ 的 3—4 线圈电路，使其吸起。占用本区段时，16—18DGJ$_1$ 落下，断开 16—18DGJ 的 3—4 线圈电路，但 1—2 线圈电路接通。直到占用下一区段，8—10DGCJ、4GDCJ 落下时，才断开 16—18DGCJ 励磁电路，使之落下。8—10DGCJ、4DGCJ 的动作情况同 16—18DGCJ。

16—18DG 为一送两受轨道电路，其分支端虽不发码，但 16—18DGJ 受电端也要安装隔离器，以防止移频信号的影响。

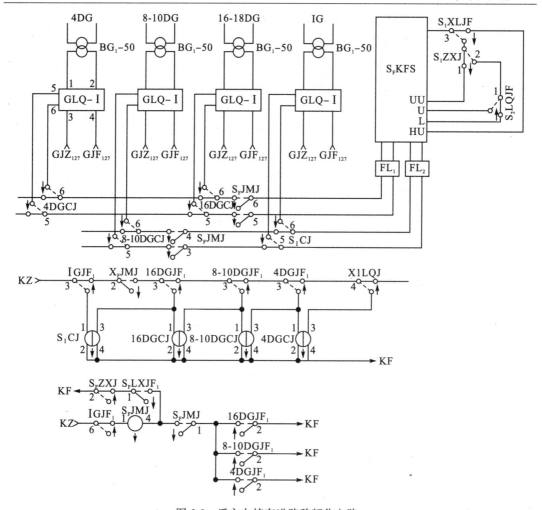

图 6-9　反方向接车进路移频化电路

16-18DG、8-10DG 和 4DG 也分两路发送，原因同接车进路。

正方向发车进路移频信号从轨道电路受电端发送。发车进路建立以后，且证明为直出进路，X_1FMJ 吸起，X_1FS 根据 X2LQ(D2G) 的状态构成编码条件。防护该闭塞分区的通过信号机灭灯（DJ 落下）或该闭塞分区被占用时（LJ 落下、UJ 落下），X_1FS 发 HU 码。防护该闭塞分区的通过信号机显示绿灯，LJ 吸起，发 L 码。该通过信号机显示黄灯，UJ 吸起，发 U 码。也可采用由 X_2LQ 的接收盘将所接收的移频信息中继给 X_1FS，由其发送。

当建立经 6/8 号道岔反位的反向发车进路时，为"直进弯出"进路，此时因 X_1ZXJ 落下，X_1FMJ 不吸起，X_1FS 不发码，该发车进路不在移频化范围内。

4) 到发线股道移频化电路

以 3G 为例，其移频化电路如图 6-11 所示。发码方式为占用即发码，不采用预发码方式。由 3GJ 后接点接通 3GCJ 励磁电路，3GCJ 励磁。上、下行移频发送盘分别通过送、受电端隔离器接向钢轨，究竟由哪个发送盘发送移频信息，由运行方向决定。

下行接车，由 X_3FS 发码；上行接车，由 S_3FS 发码。出站信号机关闭，发 HU 码。无论正方向发车还是反方向发车，若为出弯进路，均发 UU 码。

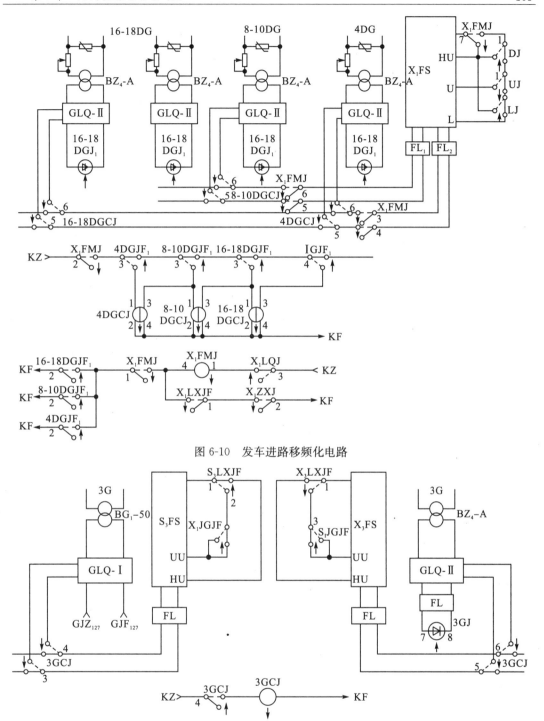

图 6-10　发车进路移频化电路

图 6-11　到发线股道移频化电路

2. 接、发车进路合用发送盘的移频化电路

对于正线正方向，也可采用接、发车进路合用发送盘的移频化电路，仍以图 6-7 的站场为例，采用四显示自动闭塞，反方向按自动站间闭塞运行。此时的 JMJ、FMJ、CJ 及移频信息发送原理均同前述接、发车进路分用发送盘的移频化电路。接、发车进路共用一个

发送盘，JMJ 吸起，发送盘发送与出站信号机显示相一致的移频信息，向接车进路上各轨道电路区段发送。FMJ 吸起，发送盘发送与防护二离去区段的通过信号机显示相一致的移频信息，向发车进路上各轨道区段发送。发送盘编码电路如图 6-12 所示。

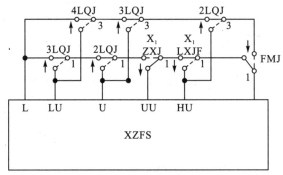

图 6-12 发送盘编码电路

FMJ 落下时，X₁LXJF 落下，XI 出站信号机显示红灯，XZFS 发 HU 码；X₁LXJF 吸起，X₁ ZXJ 吸起，为正方向发车，2LQJ 落下，X₁ 显示黄灯，发 U 码；2LQJ 吸起，3LQJ 叮落下，X₁ 显示绿黄灯，发 LU 码；2LQJ、3LQJ 吸起，X₁ 显示绿灯，发 L 码。X₁ZXJ 落下，为反方向发车，X₁ 显示绿灯（进路表示器亮白灯），发 UU 码。

FMJ 吸起，2LQJ 落下，防护 2LQ 的通过信号机显示红灯，XZFS 发 HU 码；2LQJ 吸起，3LQJ 落下，该通过信号机显示黄灯，发 U 码；2LQJ、3LQJ 吸起，4LQJ 落下，该通过信号机显示绿黄灯，发 LU 码；2LQJ、3LQJ、4LQJ 均吸起，该通过信号机显示绿灯，发 L 码。

反方向接车股道、到发线移频化电路同前述。

6.4 ZPW-2000A 型闭环电码化系统

长期以来，铁路机车信号在站内接收的信息一直采用电码化方式。为了解决机车信号的稳定可靠接收问题，电码化经历了固定切换、脉动切换、叠加发码和预叠加发码的发展历程，站内电码化信息逐步实现了连续不断地发送。但上述方式发出的机车信号信息仅是叠加或预叠加在轨道电路上，并未对信息是否确实送到进行有效的检测，不能确保站内电码化信息传输的可靠性和安全性。ZPW-2000A 型闭环电码化系统在保留 ZPW-2000A 型电码化对发码设备进行检测报警功能的基础上，增加了全程实时检测功能，实现了电码化系统的闭环检查。

6.4.1 设备构成及功能

ZPW-2000A 型闭环电码化系统由电码化信息发送、传输通道、电码化闭环检测等设备构成。

1. 电码化信息发送

电码化信息发送系统由发送器、股道发送调整器和道岔发送调整器等设备构成。发送器用来发送高精度、高稳定性、具有一定功率的移频信息，并具有移频信息精度和发送电压的检测、故障报警及"N+1"转换功能；股道发送调整器和道岔发送调整器用于电码化发送设备的雷电防护及机车信号入口电流的调整。股道发送调整器设有 2 路输出电压调整电路，电压调整范围为 20~140 V；道岔发送调整器有 7 路，电压调整范围为 40~60 V

2. 传输通道

传输通道由室内外隔离设备、轨道变压器、防雷模块和传输电缆等构成。隔离设备用来实现轨道电路与移频信号共用传输通道而不干扰；防雷模块用于电码化发送设备的雷电防护；轨道变器用于传输电缆与钢轨的匹配连接。

3. 电码化闭环检测部分

闭环检测部分由正线检测盘、侧线检测盘、单频检测调整器和双频检测调整器等设备构成。正线检测盘用于对正线接发车进路上各段的电码化进行闭环检测，每台正线检测盘可检测 8 个区段，并可驱动 1 个或多个检测报警继电器(BJJ)，同时在面板上设有各个区段的检测指示；侧线检测盘对股道上的电码化进行闭环检测，每台可检测 8 个股道(双方向)，并可驱动 1 个或多个 BJJ，同时在面板上设有各个区段的检测指示(包括正、反方向)；单频检测调整器对站内正线检测盘进行雷电防护和轨道电路的调整，每台调整器设有 4 路双频检测调整器，用于对站内侧线检测盘进行雷电防护和轨道电路的调整，每台调整器设有 2 路(包括正、反方向)。

正线检测盘和侧线检测盘采用双机并联冗余方式，提高了闭环电码化系统的可靠性，满足"故障－安全"设计原则。

6.4.2　系统工作原理

1. 正线专化的闭环检测

正线电码化的检测方式为按闭环进行实时检测。以车站下行正线为例加以说明，原理框图见图 6-13。

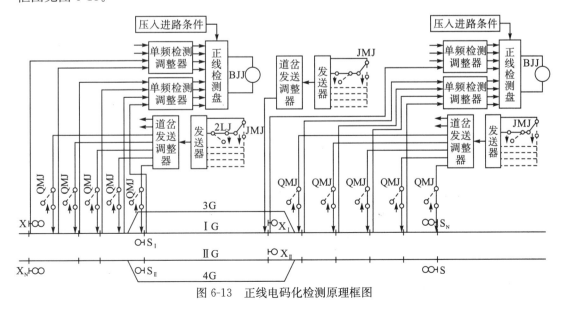

图 6-13　正线电码化检测原理框图

2. 发码和检测

首先将正线分为 3 个发码区，即咽喉区接车进路、股道和发车进路。3 个发码区各设 1 台发送器，对本发码区内各段同时发码。而在咽喉区接车进路、轨道和发车进路各设 1 个正线检测盘，在发码的同时对电码化信息进行检测。

列车进路未建立时（防护该进路的信号机关闭），备发送器对所属各区段发送低频为 27.9 Hz 的检测码；当防护该进路的信号机开放，并且列车压入该进路后，由各发送器向所属各区段同时发送与该信号机显示相应的低频信息码；接车进路或发车进路解锁后，恢复向各区段发送 27.9 Hz 的检测码。

在发码的同时，正线检测盘对电码化信息进行检测，若某区段未收到发码信息，则检测盘控制 BJJ 落下，进行系统故障报警，必要时可关闭防护该进路的信号机。

发送器可通过道岔发送调整器同时向 7 个轨道电路区段发码，当车站接车或发车进路多于 7 个区段时，可以增加发送器。正线检测盘有 8 路输入，通过单频检测调整器可同时检测 8 个轨道区段。当列车进入正线接车进路或发车进路时，通过条件将检测盘的报警切断；当进路解锁后，发送器恢复向各区段发送 27.9 Hz 的检测信息，并由检测盘进行检测。

1）发码的切断

由于电码化闭环检测系统采用了各区段同时发码的方式，列车出清以后的区段向轨道上发送的信息应及时切断，以防后续列车的冒进，因此，需设一套发码切断系统。相对于每个发码区段，设切断发码继电器 QMJ，平时处于吸起状态，在每个区段的发码电路中，接入 QMJ 的前接点。列车压入下一区段时，本区段 QMJ 落下，切断该区段的发码。

2）方向的切换

该系统设了 3 台发送器，在工程设计中可按正方向分别称为接车进路发送器 JFS、发车进路发送器 FFS 和正线股道发送器 IGFS。当办理了正线反方向运行的接车进路时，通过条件将发码电路和检测电路在本发码段内进行互换。

3）侧线电码化的闭环检测

侧线股道电码化检测的设置方式与正线方式不同，根据车站的不同情况分成单套闭环电码化和双套闭环电码化检测两种。

（1）单套闭环电码化检测。在一般车站（只有一边一出信号机的车站），每股道仅设一套发送器，当列车从不同方向接入该股道时，发码及检测系统根据接车的方向进行切换。而在股道相对于发码端的另一端向室内接入侧线检测盘。当向该股道的接车进路未建立时，发送器向股道发送 27.9 Hz 的检测码；当向该股道的接车进路建立且列车压入轨道后，发送器向股道发送 2 s 25.7 Hz 的低频码，之后发送与出站信号机相应的低频码。当建立另一方向的接车进路后，发送器的发码方向随之切换。反方向接车或发车，列车出清股道后，发码系统恢复定位方向。

发送器可通过股道发送调整器同时向两个轨道电路区段发码。侧线检测盘也有 8 路输入，通过双频检测调整器可同时检测 8 个侧线股道。对应每一股道设 1 个 BJJ。股道有车占用时，系统切断该股道的检测报警，占用出清后恢复。

（2）双套闭环电码化检测。对于第三方向、多方向线路接入的车站或侧线股道有列车折返作业的车站，相应侧线股道应在两端各设 1 套发送器，其电码化检测方式为按闭环进行分时检测。以侧线 4G 为例加以说明，原理框图见图 6-14。

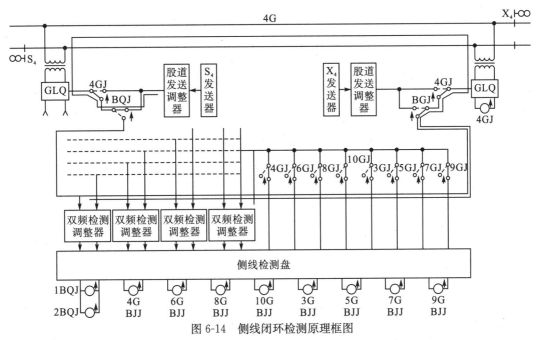

图 6-14　侧线闭环检测原理框图

侧线股道电码化的设置方式与正线不同，列车进入侧线股道时，两端同时发码，因此，每股道设两台发送器。侧线股道电码化采用分时检测方式，由侧线检测盘驱动 1 个报警切换继电器 BQJ，将其两组接点分别接入股道两端的发码电路，但两组接点接法不同，一组为前接点，另一组为后接点。BQJ 由侧线检测盘驱动循环吸起、落下（间隔时间可定为 1 min），在列车压入该股道之前，可实现电码化的分时检测。当列车压入某一股道之后，由该股道的轨道继电器条件切断该股道的报警监测。

发送器可通过股道发送调整器同时向两个轨道电路区段发码。侧线检测盘也有 8 路输入，通过双频检测调整器可同时检测 8 个侧线股道。对应每一股道设 1 个 BJJ（如 4GBJJ），当检测盘收不到码时，4GBJJ 落下发出报警，必要时可关闭向该股道接车的进站信号机。另外，由于每股道需两组报警切换继电器 BQJ 接点，8 股道需 16 组 BQJ 接点，因此，检测盒也需驱动两台报警继电器 1BQJ、2BQJ。

ZPW−2000A 型闭环电码化系统是一种具有闭环检测功能的车站电码化系统。发码设备发送稳定可靠的信息，检测设备在检测允许的时间内对接、车进路上各区段（除股道）叠加的移频信号分别按闭环方式进行实时检测，对股道按闭环方式进行两端分时检测。该系统能够保证电码化信息传输的连续性、可靠性和安全性，为机车信号主体化提供了基础保障。

第 7 章　机车信号

7.1　机车信号概述

7.1.1　机车信号概述及系统构成

铁路地面信号是指挥行车和保证列车运行安全的工具，其显示必须正确可靠，并易被司机辨认。但由于地形和气候条件的影响，司机往往不能在规定的距离上及时瞭望到前方信号机的显示，因而有产生冒进信号的危险。特别是在运量大、列车速度和载重量大的区段，列车必须在离信号机较大的距离开始制动才行，否则列车冒进信号的可能性很大。为了防止这种危险情况发生，采用了机车信号设备。这种设备可以预先通知司机所接近的地面信号显示情况，这样司机就能够在任何条件下从容地驾驶列车，及时采取制动措施，提高列车运行效率和安全程度。但机车信号无法防止由于司机放松警惕而发生危及列车运行安全的情况，于是就研制了列车运行自动控制。列车运行自动控制在最初阶段是列车自动停车(automatic train stop，ATS)，其功能是当地面信号的"禁止命令"未被司机接收到就强迫列车自动停车。在列车速度和密度不断提高的情况下，既能保证行车安全，又能提高列车运行效率。

近年来，世界各国由于铁路运量及速度不同，不但对于机车信号系统的研究方案不同，而且对于机车信号的概念也不统一。一般将突出车内信号显示功能的设备称为机车信号，而将突出控制列车运行的设备称为列车自动停车或列车速度自动监督和控制。根据世界各国对机车信号的发展来看，当前的机车信号系统已不再单纯地包括车内信号或带有自动停车设备，而是向列车速度控制方向发展的一整套列车自动控制系统。

机车信号控制系统在目前可以看做一种单方向的远程控制设备，只能从地面向机车传递控制命令，而不能反方向传递信息。机车信号控制系统和其他远程控制系统一样，可以分成图 7-1 所示系统框图的几个部分。

1. 地面发送设备和通道

地面发送设备的主要功能是将线路情况或地面信号显示变换为可以进行传递的电信号，然后由通道向机车上发送信息。

2. 信息接收

它是机车信号控制系统中的重要部分，直接接收地面的信息，因此要求具有稳定、准确、可靠的性能。

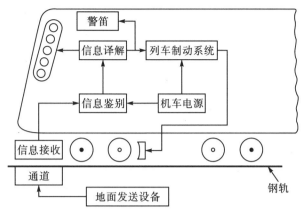

图 7-1　机车信号系统框图

3. 信息鉴别

信息鉴别既能鉴别出是干扰还是信息，又要能鉴别出信息的特征。

4. 信息译解

信息译解是指根据鉴别出来的信息特征，按照设计的规定直接译解成机车信号显示或者速度指示。

5. 列车制动系统

它是控制列车运行的执行部分，通过它可以控制警笛报警，司机应采取措施，否则就会使机车紧急制动。

6. 机车电源

机车电源是采用机车发电机和机车蓄电池浮充供电的直流 50 V 电源。

从图 7-1 可以看出，机车信号系统中最主要的问题是如何实现从地面向机车传递信息的问题，可以说它是决定稳定性和可靠性的关键部分。

从地面向机车上传递信息的方式有两种：一种是点式，另一种是连续式。点式机车信号系统是指在线路上的某些固定点设置地面设备向机车上传递信息的系统，其特点是设备简单、造价低、施工快、地面设备不消耗电能。连续式机车信号系统是指在某段线路上不间断地向机车传递信息，它又可分为连续式和接近连续式两种。连续式是指在自动闭塞运行的区段内连续向机车上传递信息，而接近连续式只是在非自动闭塞区段接近车站的接近区段设置连续式机车信号设备。连续式机车信号系统的优点是能连续不断地把地面信号显示情况复示给司机，因此，随时可以反映出地面信号显示的变化。

近年来，在我国非自动闭塞区段装设的接近连续式的设备逐渐增多，其动作原理与连续式的相同，在此主要介绍点式和连续式信号控制系统的几种制式。

7.1.2　机车信号的显示及报警方式

1. 连续式机车信号的显示方式

机车信号的显示主要反映地面信号显示，它可分为以下 3 种方式。

(1)重复式是指机车色灯信号机重复着所通过的地面信号机的显示，如图7-2(a)所示的第一行色灯。

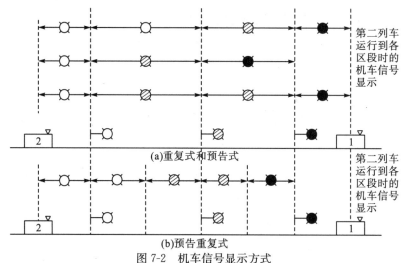

图 7-2　机车信号显示方式

(2)预告式是指机车色灯信号机的显示是预告前方地面色灯信号机的显示，如图 7-2(a)所示的第二行色灯。

(3)预告重复式是上述两种方式的结合，如图 7-2(b)所示。

重复式机车信号显示方式不能改善司机的瞭望条件，同时机车信号显示不能指示终端速度，因此列车在通过信号机之前，不能将速度减至该信号显示所要求的速度。这种方式的优点是机车信号所需要的信息与地面一样多，美国铁路的机车信号采用此方式。

预告式机车信号显示方式是预告显示出列车所运行区段前方信号机的显示，因此这种方式的机车信号显示是指示列车接近下架信号机的速度。对于三显示自动闭塞的连续式机车信号，若采用预告式，就能够预先通知司机前方 3 个闭塞分区的状态，从而改善了司机的瞭望条件，特别是对于地形和气候条件难以辨认地面信号的地点，效果尤为显著。因此，这种方式在我国得到了广泛应用。但采用上述方式后机车信号显示红灯的意义与地面信号机有所不同，红灯的意义是要求停车。为了与地面信号机显示一致，在列车接近红色灯光的地面色灯信号机时，在机车色灯信号机上显示红黄灯光，红光是预告前方信号机的显示，而黄色灯光表示并不要求立刻停车。列车越过红色灯光的地面色灯信号机后，机车色灯信号机上才显示红色灯光，这似乎形成了重复式的原则，但这在正常运行条件下是不会出现的(通过容许信号除外)，图 7-2(a)第三行色灯显示的就是目前采用的预告四显示制式。

机车色灯信号机都是在列车通过地面色灯信号机时变换显示，但由于闭塞分区的长度常常比列车制动距离长一倍之多，所以会产生无谓降低速度的情形。为了不使列车在整个闭塞分区都降低速度，而延长列车在区间内的运行时间，采用预告重复式显示方式可以防止无谓降低速度。这种方式是在离前方色灯信号机处一定距离才变换显示，使列车只有在必要时才降低速度，如图 7-2(b)所示。但采用预告重复式机车信号时，必须将地面的闭塞分区分割成两段轨道电路。另外，为了发送所需信息，需要增加地面设备，因此我国目前尚未采用这种方式。

上述 3 种方式中，预告四显示方式是我国在连续式或接近连续式区段普遍采用的一种显示方式。目前进站信号机一般为绿、黄、双黄、红等，为了反映出进站信号机显示的双黄信息，机车上增加了双黄显示。为此，地面必须增加发送信息量，同样在机车上也必须增加译解这种信息的元部件。能否增加信息量要根据自动闭塞区段所采用的制式能否增加信息而定，例如，交流计数电码自动闭塞区段就不能增加发送信息。而我国研制的其他几种自动闭塞制式都考虑了发送的信息量，因此，在这些自动闭塞区段的机车信号都采用了预告式五显示，即增加了预告进站信号机的双黄显示。

关于列车在车站线路上运行时是否也需要机车信号的问题，主要根据车站线路的用途和站内信号机的瞭望条件决定。在车站范围内不使用机车信号机的显示，对此，我国采用了白灯光表示。为了使地面设备不增加发送信息，机车在正常进入无电码区段或车站时不亮红灯而亮白灯，必须按前一信号显示状态来区分。图 7-3 显示了区分红显示和白显示的流程图。

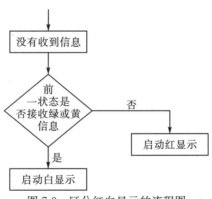

图 7-3　区分红白显示的流程图

为了使机车信号与速度控制相结合，机车上显示一个明确指示行车速度的机车数字式信号显示。例如，显示 120，则指示列车运行速度不能超过 120 km/h。

2. 点式机车信号的显示方式

机车信号在没有与自动停车设备相联系时各有一套报警方式，例如，交流计数电码机车信号采用信号降级时报警，要求司机警惕。由于采用这种方式机车信号由绿显示变为黄显示时要报警，司机要按压警惕手柄，但按规定黄灯不需要降速，所以无形中给司机造成压力，影响运行效率。我国研制的连续式机车信号报警方式不是采用降级报警，而是采用变为红黄显示，或由红黄显示变为红灯时，进行周期报警，要求司机减速。

近年来，我国的自动停车设备已经作为本务机车运行中不可缺少的设备。为了与自动停车设备相结合，机车信号的报警部分已经由电务转交给机务管理。在报警方式上也采用了定时周期报警，报警后司机必须按压警惕手柄，否则经 7~8 s 后即启动自动停车设备，如图 7-4 所示。

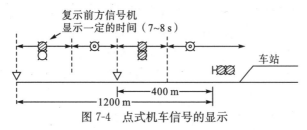

图 7-4　点式机车信号的显示

由于采用了统一的报警设备，所以不同制式的机车信号的报警方式也基本相同，现将统一后的报警方式叙述如下。

(1)机车信号由其他灯光变为红黄灯光时采用周期报警，即每报警一次必须按压一次警惕手柄，直到改变为容许信号或速度降至 25 km/h 以下。

(2)由红黄灯变为红灯时采用周期报警。

(3)机车由双黄进站，由于侧线没有电码化，变成白灯时，采用定时报警，经一定时间后撤销报警。

(4)交流计数电码机车信号由于没有双黄显示，所以交流计数电码机车信号由黄灯变成白灯时报警，经一定时间后撤销报警。

上述报警方式适用于 3 种连续式机车信号和双频点式机车信号。

7.1.3　机车信号的发展

1. 机车信号的应用

我国铁路从 1959 年开始安装机车信号和列车自动停车装置，但长期以来对它们的作用认识不足，发展十分缓慢。直到 1978 年杨庄事故后，才引起了各方面的高度重视，加快了机车信号、列车自动停车装置和无线列调等车载设备的安装。

最初，由于历史的各种原因，我国铁路自动闭塞的建设出现了不同线路、不同区段建有不同制式的自动闭塞。不同的自动闭塞制式配套相应制式的机车信号，相互之间不能兼容，电气化区段与非电气化区段的机车信号也不兼容。列车在只安装一套机车信号时，不能保证机车信号连续不间断地显示，给机车长交路运行带来一定的影响。一台机车有时需要安装两种以上的车载设备。为了解决以上问题，提出了机车信号通用化的问题。

2. 机车信号的通用化

北京交通大学于 1980 年首先提出了采用微机系统来解决机车信号多制式兼容问题的方法，并于 20 世纪 80 年代中期开始了通用式机车信号的研究。

1991 年第一代通用式机车信号"非电化区段通用式机车信号"通过了铁道部的技术鉴定，1992 年第二代通用式机车信号"电化区段通用式机车信号"通过了铁道部的技术鉴定，1995 年第三代"JTl－A/B 型(SJ－93/SJ－94 型)数字化通用式机车信号"通过了铁道部技术鉴定。

从铁路运输的要求来看，列车速度越来越高，机车交路越来越长，对机车信号的要求也越来越高。JT1-A/B 型通用式机车信号较好地解决了机车交路在不同自动闭塞制式的问题，即多制式通用的问题以及与运行监控记录装置结合、提供信息的问题。但通用式机车信号存在可靠性不高，未按主体化进行设计，不能作为主体信号使用等问题。

3. 机车信号的主体化

随着机车信号地位的提高，我国铁路《铁路技术管理规程》(简称《技规》)提出了机车信号主体化的概念，其中规定："作为行车凭证的机车信号为主体机车信号，是由车载信号和地面信号设备共同构成的系统，必须符合"故障-安全"原则，车载设备应具有运行数据记录的功能，地面信号设备应能正确发送信息。

2002 年，北京交通大学完成了第四代 JT1-CZ2000 型机车信号车载系统的研制，并于 2003 年 10 月通过了铁道部的技术鉴定。

JT1-CZ2000 型机车信号采用多项先进技术和系统化的安全设计方案，满足铁路信号"故障-安全"原则，具有数据记录功能，在地面信号具备条件时可作为主体化机车信号应用。机车信号主体化彻底改变了机车信号只能用做列车运行辅助信号的被动局面，大大提高了列车运行速度和效率。

2006 年，铁道部召开全路机车信号整治工作会议，按照铁道部授权，北京交通大学起草制定了《JT1-C 系列机车信号车载系统设备技术规范(暂行)》(科技运〔2006〕82 号)及《JT1-C 系列机车信号车载系统设备安装规范(暂行)》(运基信号〔2006〕243 号)，并于 2006 年 7 月底全路颁发。其制定目的是进一步提高设备的可靠性标准，并对机车信号系统车载设备的安装、接口、规格、使用操作等方面作出统一规定。按照这两个规范的要求，2006 年 9 月重新设计制造出了一体化 JT1-CZ2000 机车信号车载系统设备。

7.2　JT1-CZ2000 型主体化机车信号车载设备

随着列车速度的不断提高，靠地面信号行车已不能保证行车安全，必须靠车载信号设备对列车实施运行控制。由北京交通大学按照"故障-安全"原则设计、北京铁路信号工厂生产制造的 JT1-CZ2000 型主体化机车信号车载设备，能够满足 CTCS1 级对主体化机车信号车载设备的要求。它可完整地复示地面信息，并为监控装置提供可靠的地面信息，两者结合再加上点式设备填补了中国铁路 CTCS1 级车载列车控制系统的空白。

通用式机车信号主要是为了解决基于多制式自动闭塞通用机车信号通用的目的而研制的，在当时的历史背景下根本没有考虑主体化机车信号的需要，也不会很严密地考虑接收正确性、设备的安全可靠性、与列车控制设备的接口。更没有从提高整个车载设备系统安全性、可靠性、可用性角度来研发。因此，通用式机车信号系统可靠性不高，不具备双机热备冗余功能，不符合"故障-安全"原则，难以作为主体化机车信号的车载设备。而 JT1-CZ2000 则是作为主体化机车信号来研制的。JT1-CZ2000 型机车信号解决了通用式机车信号车载设备存在的问题，满足了主体化机车信号的需要。JT1-CZ2000 型主体化机车信号的多制式并行接收处理、动态控制安全点灯电源、双路线圈同时接收、系统冗余结构、记录信号原始波形、地面数据处理软件等技术具有创新性。车载系统设备已于 2003 年 10 月通过铁道部技术鉴定，经鉴定该系统设备的技术已达到国际先进水平。

JT1-CZ2000 型机车信号解决了通用式机车信号车载设备存在的问题，满足了主体化机车信号的需要。作为列车运行控制系统中关键的车载安全性设备，JT1-CZ2000 型机车信号为我国铁路急需解决的既有线机车信号主体化提供了完善的车载设备，在解决通用性的同时又达到主体化的要求。JT1-CZ2000 型机车信号的推广应用必将对铁路运输产生难以估量的经济效益。由于多制式通用，一套设备代替了多种制式的多套设备；同时替代 UM 系列的进口设备，具有 UM2000 数字编码信号的接收功能，对将来 UM71 系列轨道电路向数字化升级时无须更换设备，可节省大量的维护工作量，因此，可节省大量资金。它将推进机车信号的主体化，是列车提速不可缺少的安全控制设备，能更好地保证列车运行安全。

7.2.1 JT1-CZ2000 技术特点

(1)提高了车载设备系统的安全性和可靠性。从接收主机、感应器、显示器、电源等部分整体考虑，并增加了机车信号记录器和机车信号自动闭环测试仪，来提高整个车载系统的可靠性。

接收主机采用国外信号系统或高速铁路惯用的双机比较(二取二)的容错安全结构，提高了设备的安全性；同时采用双套热备冗余来提高可靠性，实现自动切换。

采用双线圈感应器，每套主机对应一路接收感应器线圈绕组，提高了接收信息的可靠性。

采用 LED 双面点阵式机车信号显示器实现数字方式显示，可显示不同意义的信息，它既可以显示图形，也可以显示数字符号，显示意义可以扩展。

电源采用单 110 V 输入，双 50 V 输出。一路 50 V 输出常有，另一路为动态驱动的 50 V 点灯电源输出，提高了供电的可靠性；采用带有动态控制点灯电源的安全电源，进一步提高了系统的安全性

(2)采用先进的 32 位浮点高速 DSP 运算及频域、时域相结合分析的处理方法，提高了系统的抗干扰能力，使其抗干扰性能比 JTA/B 型有较大提高，移频干信比满足用钢轨电流迭加法测试的 3∶1 的要求，UM71 信息接收干信比较 TVM300 略有提高。通过对移频数据进行频域处理，分析出信号的频谱特征(载频、低频、幅度、畸变等)，应用最优判决准则得到分析结果，最后对结果进行冗余判断并输出。同时对每个采集的数字信号数据进行滤波，经多个滤波器组得到低频调制信号，对每个计算得到的低频信号分别计算出其周期、幅度，根据判决准则得到分析结果，最后对结果进行冗余判断并输出。

(3)具有功能完善的机车信号记录器，可记录接收的信号波形及有关数据，为故障分析、查找及维护管理创造了良好条件。记录项目有条件输入开关量、信号输出开关量、机车信号工作状态开关量、电源状态开关量、感应器接收信号幅度状态、感应接收信号波形，时间、线路公里标。系统有故障信息提示功能，提供了可维护性。

(4)采用模块化设计方法，利于各模块的更换、升级。JT1-CZ2000 机车信号车载设

备采用双套主机各自线圈独立取样、独立工作，双套热备冗余，输出故障自动切换。频域和时域结合判断，响应时间短。外接优选接收制式，无制式转换延时。在传统的并行输出的基础上，预留了串行输出，可支持大信息量及双向传输。配套开发的机车信号测试仪和VXI 总线测试系统，为机车信号主机设备自动闭环测试提供了方便，是目前车载设备中安全性、可用性、可靠性最完善和最先进的一种，是具备机车信号主体化条件的车载设备。

7.2.2　JT1-CZ2000 设备构成

JT1-CZ2000 型主体化机车信号车载系统由主体化机车信号主机（含机车信号记录器）、机车信号带电源接线盒、机车信号双路接收线圈、机车信号显示器构成，如图 7-5 所示。

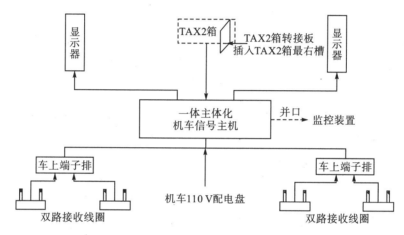

图 7-5　JT1-CZ2000 主体化机车信号车载系统构成框图

接收线圈通过电磁感应接收钢轨中以电流形式传递的信息，转换成电压信号供机车信号主机接收。机车信号主机从接收线圈接收钢轨信号，通过对接收的信号进行处理、解调、译码得到机车信号信息，并把机车信号信息输出到显示器显示给司机，同时把机车信号信息输出到监控装置作为控车基本条件。机车信号主机内设置的记录器可以记录机车运行状态、相应的时间、机务 TAX 箱辅助信息、接收线圈接收的原始波形信息等，通过地面分析软件为机车信号的使用、维护、管理提供便捷的手段。车载终端采集机车信号记录器的输出信息，并将这些数据以无线的方式发送到地面设备，通过服务器端与客户端的数据处理和显示，实时提供机车信号的运用状态，为机车信号的实时维护管理提供了方便。

7.2.3　JT1-CZ2000 硬件构成及工作原理

1. 主体化机车信号主机

主机把从接收线圈接收到的轨面信息通过 A/D 芯片进行转换，通过 DSP 数字信号处理进行译码分析，控制相应的输出显示。

1)硬件结构

主机采用4槽机箱结构,自左至右分别为记录器插板、主机板A插板、主机板B插板和连接板,如图7-6所示。

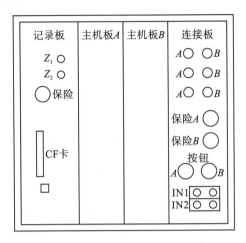

图7-6 JTl-CZ2000主机机箱结构

主机板完成信号接收及输出工作,两块主机板完全相同,与接线盒的双套电源、双路接收线圈构成双套热备冗余系统;连接板实现电源分配、主机状态显示、并口输出的双套切换等功能。主机机箱在安装使用上与JT1-B型有较好的兼容性,主机满足规定的电磁兼容标准。

主机的结构原理如图7-7所示。双路接收线圈的一路接主机板A,另一路接主机板B,主机输出除原来并行输出外,预留了CAN总线输出或RS485输出,可支持双向信息传输。

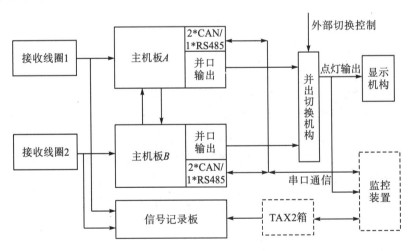

图7-7 接收主机结构原理框图

2)二取二的原理

主机的每块主机板内采用二取二容错安全结构,其含义是每块主机板中有两路独立接收译码通道,两路的译码输出进行比较,比较一致才有效输出。主机板二取二结构框图如图7-8所示。

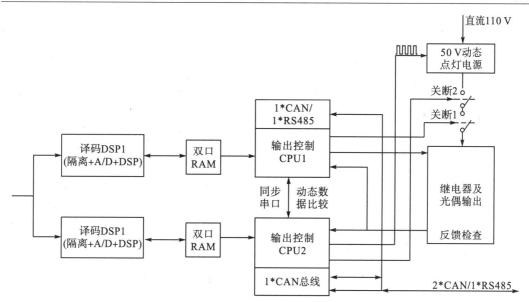

图 7-8　主机板二取二结构框图

每块主机板对应一路接收线圈绕组,信号输入部分采用隔离放大器,主机板内两路 DSP 同时从各自的 A/D 电路接收信号,译码结果通过双口 RAM 与输出控制部分进行数据交换。

(1)两路译码结果的比较。输出控制部分通过同步串口同时对译码结果进行比较,如果比较结果一致,则控制输出;如果输出结果不一致,则禁止输出并立即进入设备复位自检模式。

由于两路译码是独立的,译码结果在时间会有一定程度的不同步。对于不同步的结果在比较的过程中设有延时环节,在延时过程中输出两路中较限制的一路结果,延时后仍不一致则认为结果不一致,禁止输出并立即进入设备复位自检模式。

(2)并口输出控制。主机板保留 JT1－A/B 型原有的并口输出,在原有并口电路上进行改进,由双 CPU 共同控制并增加动态受控点灯电源。其中 CPU1 完成点灯信息输出,控制关断 1(光电开关),并进行输出的反馈检查;CPU2 控制关断 2(大接点继电器),控制动态受控点灯电源,并进行输出的反馈检查。动态受控电源位于接线盒内,由 CPU2 的动态方波控制。如果无动态输出或者动态输出的频率较低,都无法满足动态点灯电源的工作要求,会造成点灯电源关闭。

(3)串口输出控制。主机板设留有 CAN 总线或 RS485 输出,可与监控设备进行大容量信息传输。当采用 RS485 总线时,每个主机电路板上都有一发一收两个 RS485 驱动芯片,可以支持全双工通信,但需根据后级设备的要求确定具体的通信方式。

当采用 CAN 总线方式输出时,每个主机电路板上 CPU1、CPU2 各输出一路 CAN 总线信号。它们的源地址码不同,输出控制各自独立,共同并联在一路总线上。这样双套主机共同对外提供两路 CAN 总线输出,每路总线上的信息是同一套主机的两个 CPU 发出的。下一级接收设备在接收后对两个 CPU 信息进行比较,如果完全一致则采用,否则认为出错。图 7-9 既保证了系统的安全性,又保证了系统的可靠性。

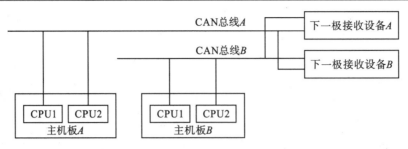

图 7-9 主机板 CAN 总线输出示意图

由于现有的 LKJ－2000 监控装置的内部采用 CAN 总线，对外部设备只预留 RS485 接口，对机车信号只分配一路 RS485 接口，信息传输是单向的，机车信号的两路 RS485 只有工作主机对应的那路发送信息，而作为备机时不发送信息。主机转换时，发送会有不大于 350 ms 的延时。机车信号每套主机只有 CPU1 输出一路 RS485 信号，而 CPU2 接收 CPU1 的串口输出，当 CPU2 接收的 CPU1 串口输出与 CPU2 自行运算得到的串口输出不一致时(目前暂定为超过 5 个串口通信周期不一致，每个周期 64 ms)，CPU2 关断 CPU1 的串口输出，同时自己进入复位自检程序，关断并行口输出，显示器灭灯。在这种模式下为保证严格的安全性后级设备，应同时检测并口的信号，如图 7-10 所示。

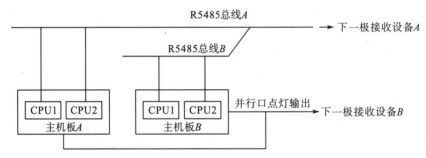

图 7-10 机车信号与 LJK－2000 系统的接口

(4)电路的设计。主机板采用底板加小插板结构，即分成主机板底板和 CPU 板。其中底板主要是电源转换、点灯输出与反馈、设置线等部分，而译码处理、输出控制等主要电路都集中到了 CPU 板上。采用 TI 的 32 位浮点运算 DSP－TMS320VC33 作为译码处理器，采用 TI 的 16 位控制 CPU—TMS320 F2407 A 作为输出控制处理器。两种器件都为 3.3 V 的器件，降低了 CPU 板的功耗。底板和 CPU 板分开的方式使得维修、CPU 板的升级等更加容易。

信号输入部分由以往的变压器改为隔离放大器，避免了原来变压器的离散性及不可靠因素。

3)双套热备的原理

JT1－CZ2000 的双套热备是指由机车信号主机内双套主机板、接线盒中的双路电源、双路接收线圈共同组成的双套热备系统。主机完成双套热备输出的切换。

主机的双套切换继承了 JT1－B 切换电路，主机上电后随机由双套主机板中的一套占据输出位置，即处于工作状态，另外一套处于备用状态。当占据输出位置的主机故障时，将自动关断点灯电源失去输出位置状态，而由备机获得输出位置状态，从而实现双机的自动切换。然而对于 JT1－B 机车信号主机而言，当工作主机的接收线圈信号输入部分、前级放大部分发生故障时，机车信号主机会误以为线路无码"掉灯"，并不切换到正常工作的备机，从而会造成双套热备系统不起作用的情况。JT1-CZ2000 的主机双套主机板之间有动态方波信号进行信息交换，当工作主机前级故障"掉灯"时，备机正常"有码"信息会传递到工作主机，工作主机会短时自动切断输出，使得系统自动转到备机工作，实现完全双套热备份的功能。

通过外部切换控制（来自面板或测试仪）可以强行设置 A、B 机为工作机或备机，为系统自动测试提供了基础。

4）信号接收处理原理

轨道电路信号通过机车信号双路接收线圈感应接收。双路接收线圈中的每路信号各对应一个主机板，由主机板中的两路接收电路同时接收。进入主机板的信号由隔离放大器进行隔离，然后经 A/D 转换，由 DSP 芯片进行处理、译码。

DSP 芯片采用高速 32 位浮点运算 DSP 芯片。接收程序分移频、UM71、交流计数和 UM2000 接收模块，采用 DSP 循环运算，平行作业。DSP 同时实时接收 4 类制式的信号。如果机车运行交路没有某种制式，则应通过设置使程序不接收该制式。

移频接收主要采用频谱分析方式，分为频谱计算、频谱译码、译码校核等过程。应变时间不大于 2 s，抗电气化谐波干扰信噪比优于 1∶3。

UM71 接收程序是在 JT1-A/B 型机车信号经长期应用的程序基础上优化而成，将原来的定点运算改为浮点运算，增加了频谱分析协助译码及校核。译码软件更成熟，应变时间不大于 2 s，其他指标不变。

交流计数接收程序是将 JT1-A/B 型机车信号的程序进行移植，改为浮点运算并进行局部优化，使其抗干扰能力有所提高。

UM2000 数字编码轨道电路的信号接收主要经过数字滤波、数字解调、低频频谱计算、频谱分析译码、循环冗余校验等过程。UM2000 轨道电路数字编码信号采用 27 个低频同时调制，代表 27 位数字信息，其中 6 位为循环冗余校验码，接收时对结果进行循环冗余校验，确保信息接收的正确性。机车信号接收灵敏度为钢轨短路电流 400 mA；应变时间在无信号到有信号或载频切换后小于 2.6 s，在载频不变的情况下新消息出现后小于 4.1 s，在大于 2.6 s 没有检测到载频或大于 4.7 s 不能正确接收时给出无码或错误信息。

试验用程序在开机时程序以 UM71、移频、交流计数、UM2000 的次序检查是否有译码输出，若某制式有输出则确定该制式为输出制式，若该制式无译码输出，则程序重新按以上次序检查。

2. 机车信号双路接收线圈

JT·JS 型双路接收线圈内部设计为双路接收线圈，每路接收线圈对应机车信号主机中的一块主机板。接收线圈中一路存在故障时，主机可以通过自动切换控制电路把对应正常接收线圈的主机转换成工作机，从而提高了系统的可靠性。

双路接收线圈保持原接收线圈的电气参数、安装位置不变，与单路接收线圈相同。双路接收线圈在设计时考虑了双路线圈断路、短路对系统接收电路电气参数的影响，保证一路线圈断线造成的另外一路线圈接收的幅度变化不超过 15%。

另外，双路接收线圈可实现车载系统的闭环自动测试。测试时线圈的一路作为测试线圈发送信号，另一线圈接收信号，并控制与接收线圈相连接的主机进行译码接收，从而实现车载系统的闭环测试。这种设计既完成了闭环测试，又省去了测试线圈。

3. 机车信号带电源接线盒

1）接线盒

接线盒是专门针对新设备设计的，在原 JT1－B 型通用式机车信号接线盒的基础上增加了部分引入线和引出线的定义，支持双路接收线圈接线引入以及机车前后端双路接收线圈切换，增加了供测试仪在线测试的测试插口以及串口输出插口。

接线盒具有动态控制安全点灯电源。接线盒中含有两路电源模块，每路输入为110 V，输出为双路 50 V，一路 50 V 供给接收主机电路，另一路 50 V 为动态控制安全点灯电源，点灯电源由主机输出的动态信号来激励，动态消失时点灯电源关闭，其电路为安全型设计。

接线盒满足 TB/T3021－2001《铁道机车车辆电子装置》规定的电磁兼容标准。

2）电源模块

由于机车上的环境较差、振动大、温度变化较大，导致机车信号电源的故障率相对较高。为此，研制了机车信号专用的模块电源和抗干扰单元。采取的主要措施有：提高电源的效率，减少电源本身发出的热量；输出功率富裕量较大，有助于提高系统稳定性；过压、过流保护等措施完善；启动后延时输出；预留过热关闭功能；输入与输出完全隔离；不需要铝电解电容器，有利于延长电源的使用寿命。具有较强的抗干扰能力，减少了外围防护元件，可以不使用瞬态电压抑制二极管（TVP 管），减少了故障点，提高了整个系统的可靠性。

4. 机车信号显示器

传统的机车信号显示器是基于色灯显示信息的，在振动情况下长时间使用、点灯显示的不断变换和闪光信号带来的电源通断都容易造成灯泡断丝。灯泡断丝造成的直接故障是显示全无。此外，现场使用的灯泡功率为 5～8 W，种类很多，功耗较大，质量也参差不齐，在整个机车信号系统故障中占有一定的比例。随着列车速度的提高，灯丝振动带来的问题可能会更多。另外传统的显示器最多只可以显示 8 种不同的信息，显示能力有限。为了提高显示器的可靠性，JT1－CZ2000 系统要求使用双面 8 色灯 LED 机车信号显示器或双面点阵式显示器。

1）双面 8 色灯 LED 机车信号显示器

双面 8 色灯 LED 机车信号显示器选用了专为机车信号显示设计的 LED 信号灯，可靠性高，耐压高。8 色灯 LED 机车信号显示器通过电磁兼容试验，包括 2000 V 浪涌试验。显示器内部电路有冗余措施来防止单点故障而造成的完全无显示。

2）双面点阵式机车信号显示器

双面点阵式显示器是新开发的机车信号显示器，可以实现数字方式显示，也可以实现模拟现有色灯的图像方式显示。使用上与现有色灯显示器兼容，可直接互换。

新型双面点阵式机车信号显示器设计充分考虑了系统的"故障－安全"原则：①显示

器从灯位输出取得供电电源，在机车信号主机无输出时，显示器一定无显示输出；②在电路中利用双 CPU 来共同进行信号输入、扫描显示、对点阵输出进行反馈检查。

　　双面点阵式机车信号显示器以点阵式数码管代替原有的 8 灯位显示机构，在一块显示模块上可以显示不同意义的信息，减小了显示设备的体积。它既可以显示图形，又可以显示数字符号，显示意义可以扩展，克服了原有双面 8 显示机构显示信息少的缺点。点阵中个别数码管故障，不会影响显示信息的整体内容。个别数码管故障可以立即被发现，从而及时得到维修。点阵式机车信号显示器克服了灯位式机车信号显示器由于可靠性低给铁路行车造成的不利影响。双面点阵式机车信号显示器硬件结构如图 7-11 所示。

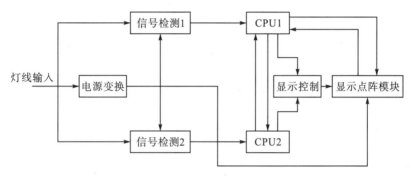

图 7-11　双面点阵式显示器硬件原理框图

　　其使用方式与原有显示器兼容，工作电源取自灯线输出，可以确保信号灯灭灯时系统无显示，符合"故障－安全"原则。

　　双 CPU 同时采集来自点灯电缆中的点灯信息，通过串口进行比较，比较内容包括灯位编码、显示图形的缓冲数据和数码管显示控制电路反馈数据。信息译码经双 CPU 校核，可以防止编码错误。图形显示的数据阵经双 CPU 校核，可以防止数据存储单元出现故障。任何一个 CPU 发现故障都可以切断显示模块的显示操作。例如，采用看门狗电路设计以防止系统死机等异常状态。

5. 机车信号记录器

　　记录器车载部分实现对机车信号的动态运行信息的数据采集和存储，以插件形式插在机车信号与机车信号主机箱内，应用大容量 CF 卡(Compact、FlashCard)作为存储介质进行记录。

　　1)记录器的设计原则

　　(1)记录器采用与机车信号主机一体化的设计方式。

　　(2)记录器必须对机车信号相关信息进行全面记录。

　　(3)以大容量 CF 卡(Compact、FlashCard)无压缩记录原始信号波形。

　　(4)记录器预留通过 GSM 无线短信来实现机车信号远程监测的功能。

　　2)记录器车载部分的设备

　　记录器车载部分的硬件原理框图如图 7-12 所示，共有 12 个部分。

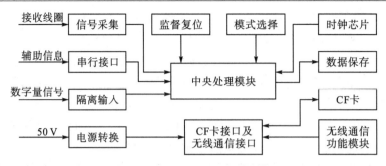

图 7-12　记录器车载记录板原理框图

(1)中央处理模块。该模块由中央处理器、数据存储器、温度传感器、总线驱动器构成。中央处理器采用 TI 公司 16 位信号处理器 TMS320 F206,工作频率 40 MHz,5 V 供电,内置 32 K 程序空间,具有同步及异步串口,指令周期为 50 ns,功耗小,速度快;为测量机车信号主机的内工作温度,采用在中央处理模块贴装温度传感器的方式,通过试验测量与环境温度的经验差值,还可间接得到机车信号主机的运行环境温度。

(2)信号采集模块。该模块完成对接收线圈信号波形的采集和模数转换,主要由光电隔离输入接口、A/D 转换电路组成。光电隔离输入接口的输入阻抗为 200 kΩ,A/D 芯片具有 14 位 A/D 精度,采样频率为 8 kHz。

(3)串行接口。机车上已配装的 TAX2 箱可提供机车运行信息,如车次、机车号、公里标等信息,信息传输接口是串行 RS485,记录器车载记录板设计了相应的串口来接收记录这些辅助信息。

(4)隔离输入模块。开关量的采集用高阻的光耦隔离电路来实现。

(5)时钟芯片。选用 DSl2887 为记录数据提供时间坐标,DSl2887 内置晶振、锂电及附属电路,误差为 4 s/d,计时有效至 2100 年。

(6)数据保存模块。为保存记录板断电和上电时间、故障代码、记录器非法操作等关键数据,记录板采用容量 2 KB 的非易失性存储芯片,具有掉电不失的特性。失电过程中数据可以自动保存,失电后数据可长期保持。这些数据在进行拔卡操作的时刻被记入 CF 卡的特定区域。

(7)CF。卡记录器应用大容量 CF 卡存储技术,地面处理系统对 CF 卡记录数据文件的读取非常容易,并具有良好的系统兼容性。采用 CF 卡作为数据存储介质不仅低成本地解决了大数据量的存储问题,而且 CF 卡是为移动类的电子产品做外扩存储介质设计的,体积小巧,易于插拔。记录器板采用 CF 卡做数据存储介质后,使用者需要取得数据时,只需拔卡送至地面处理系统就实现了所有信息数据的转移,避免了操作者在车上恶劣环境的转储操作。

(8)无线通信功能模块。机车信号运行关键信息数据传输是通过设计无线通信功能模块(GSM 模块)插接在记录器车载电路板上实现的。当记录板检测到机车信号故障时,可以利用无线通信功能模块通过 GSM 网以短信方式发送到地面监控工作站,使维护人员对异常尽量早发现早处理,实现机车信号检测的信息化。

(9)CF 卡接口及无线通信接口。CF 卡接口及无线通信接口是用可编程逻辑器件实现的 CPU 与 CF 卡及无线通信模块的接口。

（10）监督复位模块。为了解决系统运行异常、死机时的复位和电源电压过低时的复位问题，记录器设计了监督复位电路，对 5 V 电源进行检测，产生复位信号的门槛电压为 4.7 V。看门狗定时器在输入动态信号电平为长时间（大于 1.6 s）的固 0 或固 1 情况下产生对主芯片的复位信号。

（11）模式选择。模式选择指用户可根据实际需要，通过调整电路板上的设置端子，使记录器车载部分程序的波形记录部分工作在设定的工作模式，以满足用户的不同使用目的，提高数据的使用效率。例如，000 模式专门记录掉码波形，适合捕捉个别突发信号异常的波形；111 模式全程记录波形模式，即磁带记录仪模式，适合需要了解全程轨道电路状态的应用。目前记录板可提供 8 种模式。

（12）电源转换。记录器板电源输入为 50 V，设置单独的电源保险，电源转换模块使用隔离变换模块输出 5 V 给主机板供电，由第二级隔离模块变换 ±5 V 供接收线圈采集的光电隔离输入接口及 A/D 芯片使用。电源转换电路同时考虑电源输入的过压及过流防护，设计了相应的防护电路。

3）记录器车载部分记录的信息

（1）接收线圈信号波形。

（2）机车信号条件输入信息，包括上/下行开关输入、Ⅰ/Ⅱ端条件输入。

（3）机车信号输出信息，包括灯位显示信息、速度等级信息、制式区分信息、过绝缘信息、主机内双套 CPU 工作正常表示及工作状态。

（4）运用环境信息，包括主机内温度、110 V 电源状态。

（5）辅助信息，包括记录器内的时间、来自 TAX2 箱的线路公里标、机车号、时间、信号机号等。

记录板记录在 CF 卡中形成文件时分为两种，一类是记录开关量信号的文件，称为状态文件；另一类是记录接收线圈信号的文件，称为波形文件。前一类分配空间是固定的，为 16MB，与选用的 CF 卡容量（64 MB/128 MB/256 MB/512 MB/1 GB/2 GB）无关，可以保证 70 h 的记录容量，记满后循环刷新。波形文件与 CF 卡容量有关，以标准配置 56 MB 的 CF 卡计算，波形记录的总时间约为 4 h，适合应用在记录器设定为专门记录掉 B 灯时波形的模式，可记录 900 次掉灯时触发的波形记录。而当选用 1GB 容量时，可连续记录约 17 h 的波形文件，适合全程记录波形即磁带记录仪模式的应用，当需要作全程信号的分析与评估时，这种模式是最合适的。

4）记录器数据地面分析处理系统

记录器数据地面分析处理系统是记录器系统的一个重要组成部分，其主要功能是转储车载记录器所记录的数据信息，并形成相应的状态信息文件和数据波形文件，提供对相应文件数据的显示、分析、查询、统计和打印等功能。

记录器数据地面分析处理系统的结构如图 7-13 所示，主要包括 PC、CF 卡及读卡器、打印机和调制解调器等设备。其中，打印机和调制解调器为可选设备，用可根据自己的实际需要进行配置。

用户将记录有机车运用数据的 CF 卡从机车上取出后，利用 CF 卡读卡器，在 PC 相应的数据分析处理软件的控制下，将 CF 卡中的记录数据分别以状态文件和数据波形文件的形式转存到计算机中，然后利用数据分析处理软件对相应的文件进行分析。在分析过程

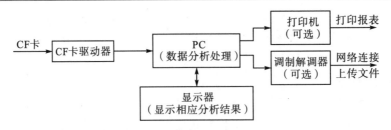

图 7-13　记录器数据地面分析处理系统

中，用户可直接通过显示器与 PC 之间进行信息交互，直观地控制分析过程，得到相应的
分析结果，并可将分析结果通过打印机进行打印输出。此外，用户还可以通过调制解调器
将相应的文件通过网络进行上传，进而得到来自北京交通大学机车信号项目组提供的技术
支持。

6. 主体化机车信号的故障及处理

机车信号系统由地面信号、接收线圈、接收盒、电缆、接收主机、显示器等设备构
成，系统中任何部分故障都可能导致机车信号显示输出异常，故障现象及其原因如表 7-1
所示。

表 7-1　故障现象及可能的原因

故障现象	车上原因	地面原因
上电后不点灯	(1)接线盒内电源故障 (2)显示器故障 (3)主机故障 (4)电缆或插头故障 (5)点灯线上负载过大	无
某一灯位灭灯	(1)显示器故障 (2)主机故障 (3)电缆或插头故障 (4)输出线上负载过大	无
烧保险	(1)主机故障 (2)接线盒内电源故障 (3)机车电源故障接地	无
点白灯后不译码	(1)上下行开关电路故障 (2)前后端切换电路故障 (3)主机故障 (4)接收线圈故障或接线错误 (5)电缆或插头故障	地面信号故障
上行或下行某一方向不译码	(1)上下行开关电路故障 (2)主机故障 (3)某一端接收线圈及线路故障	无
机车接收灵敏度不合格	(1)接收线圈安装位置、参数不对或接线错误 (2)主机故障	无
使用中闪白灯	(1)电缆或插头接触不良 (2)接线盒内接触不良 (3)上下行开关接触不良 (4)前后端切换条件不稳 (5)主机不良 (6)接收线圈安装位置、参数不对 (7)接收线圈电缆屏蔽层没有单点接地	地面信号故障

7.3　无线机车信号系统的开发与应用研究

目前我国的机车信号是通过线圈感应轨道电路信号信息，经过滤波、整形、解调、译码后显示在双面 8 显示信号灯上的，并送到列车安全运行监控记录装置（以下简称运器）中。运器的控车效果取决于可靠的机车信号和必要的超速防护基本数据（如道岔型号、进路长度等）。由于轨道电路存在邻线干扰、半边侵入、信息不能进行闭环检测、站内轨道电路长短相差大、电码化存在缺陷等问题，经常造成机车信号侧线岔区无信号、闪白灯等故障。因此，在机车信号尚未主体化之前，运器控车的安全性不能保证。解决机车信号主体化和提高运器控车质量已是当务之急。无线机车信号采用无线信道传输信息，彻底摆脱了轨道电路的约束，在实现机车信号主体化和提高运器控车质量方面具有不可比拟的优势。

7.3.1　无线机车信号概念及分类

1. 无线机车信号的概念

无线机车信号是利用无线通信设备，将车站信号信息（信号显示、进路信息、车站和线路信息等）传送至机车，指示列车安全运行的设备总称。

无线机车信号系统可分为两种类型：①列车从一个车站到另一个车站的整个运行过程中都有机车信号显示，称为连续式列车无线机车信号，用 GSM－R 或 TETRA 无线方式比较容易实现；②列车从一个车站到另一个车站运行时，只有在接近车站地区才有机车信号，称为接近连续式列车无线机车信号，用普通数传电台即可实现。

无线机车信号系统采用自律轮询优化控制方法，信道时分复用，一台地面设备可同时控制多台列车。无线机车信号应变时间和控车数量均能够满足运输要求。

2. 无线机车信号的结构、原理及基本功能

1）无线机车信号组成结构

无线机车信号系统由两部分组成。安装在机车上的是车载设备（OBE），主要有车载主机、无线数据传输设备接口、列车运行安全监控记录装置接口、查询器、卫星定位接口、显示部分等；安装在车站上的为地面控制设备（SCC），主要有地面控制机、无线数据传输接口、联锁接口、信号微机监测接口、应答器、上位机等。无线机车信号系统的基本结构如图 7-14 所示。

2）无线机车信号的工作原理

以下是接近连续式无线机车信号的工作原理，连续式无线机车信号的工作原理与此类似。

接近连续式无线机车信号是在进站信号机外方的接近区段，当列车压过应答器后，车载设备向车站地面设备申请注册，地面设备建立列车与进路的对应关系，将获得的列车进/出站信号及股道信息发送到机车上，并与列车的回示信号对比，以确认信号的有效性。

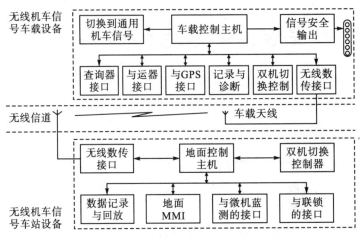

图 7-14　无线机车信息系统基本结构示意图

　　列车出站后，地面设备对其进行注销。接近连续式无线机车信号的有效工作范围是进站信号机外方接近区段、进路及股道，其原理示意图如图 7-15 所示。

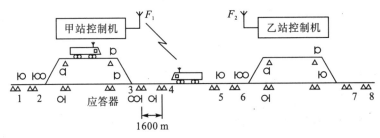

图 7-15　接近连续式无线机车信号系统工作原理示意图

　　每一无线机车信号车载设备中都具有唯一确定的通信地址，车载电台通过应答器获得注册站的信息，并采用主呼方式进行列车注册。在车站两侧相当于现在进站预告信号机处设置地面应答器(也称为接近应答器)，当列车经过接近应答器时，车载查询器将感应到的信息按规定方式循环不断地发出注册信息，直到 SCC 识别并成功注册。在注册过程中，车载计算机不断测定列车的位置与进站标志牌之间的距离 L_x，当 L_x 已等于或略大于规定的制动距离还没有注册成功时，车载安全装置将进行制动停车。列车在区间显示白色灯光，表示无线机车信号设备正常和没有信号。

　　SCC 控制站内及上/下行驶向本站的所有列车，并与所有列车车载设备构成无线数据传输网络。该网络为 SCC 和 OBE 提供了独立的无线信道，保证它们之间进行双向、连续的数据通信。SCC 收到注册信息后，经过有效性和身份确认完成注册，并给 OBE 发出应答信息。SCC 实时地根据联锁条件和列车位置生成控制信息，以满足 SCC 能够同时控制多个列车和满足机车信号应变时间的需要。注册后的 OBE 便成为 SCC 网络中的 1 个节点，SCC 周期性地对每个 OBE 发出控制信息，如色灯信号、股道信息等，同时 SCC 也可以接收到来自 OBE 的信息，如列车速度、位置、信号显示、应答器位置和设备状态等。

　　列车出站越过反向接近应答器后，OBE 自动修改通信地址，为下一站注册做好准备，SCC 中断与 OBE 的通信，注销该 OBE。当调车作业时，由 OBE 控制切换，SCC 对 OBE 的控制进入调车作业，调车结束后，恢复建立 SCC 与 OBE 的列车进路。

3)无线机车信号系统的功能

(1)车站控制设备,其功能如下。

①对接近和驶离车站的列车进行注册和注销,建立列车与进路的一一对应关系,建立车与地之间的无线信道。

②采集车站联锁进路和信号信息,根据列车位置生成机车信号,并及时通过无线信道发送到车载设备。接收车载设备的回执信息并进行信息确认。

③同时控制多台机车的功能。

④双机热备,具有自动检测切换功能。

⑤数据记录回放,且满足记录容量要求。

⑥具有白诊断、远程诊断和故障报警功能。

⑦人机界面(MMI)功能。

⑧上电自动启动和断电后自动恢复功能。

⑨与信号微机监测系统接口的功能。

(2)车载设备,其功能如下。

①接收地面信息,进行显示并发送回执信息。

②与列车安全运行记装置、卫星定位系统接口的功能

③人工设置调车停用和上/下行切换。

④双机热备检测切换功能。

⑤采用"故障-安全"电路,保证设备故障时机车信号不升级。

⑥具有故障诊断、声光报警、数据记录及转存功能,死机后的自动恢复功能,信息显示及语音提示功能。

3. 无线机车信号的特征和优势

既有机车信号通过感应轨道电路获得信号信息,无线机车信号则直接通过车站联锁接口获得信号和进路信息,显然无线机车信号在车站跨越了轨道电路,彻底摆脱了车站轨道电路电码化的制约。无线机车信号相对于既有机车信号具有以下优势。

(1)传输信息量大。无线机车信号除了提供机车信号信息外,还提供进路信息和列控信息。司机通过车上的图形显示器能够看到车站为其办好的进路,免去了司机问路等环节,方便驾驶。同时还能够为"运器"或 ATP 装置提供大量数据。

(2)采用数字信号传输,传输可靠性高,误码率低,信号稳定。

(3)信息闭环确认。无线机车信号实现了车与地之间的双向信息传输,地面发出信号后,车载设备有回示信息,双方进行信息校核,保证信息传输的可靠性。

(4)信息连续显示。列车无论在区间还是在车站任何区段上,机车信号的显示是连续的。

(5)车载显示屏显示信号。机车上除了八灯位信号灯外,还提供 LCD 平面显示屏。司机可同时看到进站信号机和出站信号机的信号。

(6)方案实施方便,可操作性强。无线机车信号不受车站站场大小及布置影响,不受车站股道变动影响,且在施工中不影响正常列车运行。

此外,通过对无线机车信号地面和车载设备进行系统设计,提高了系统性能及可靠

性、可用性、可维护性和安全性(RAMS)指标。无线机车信号与现有通用机车信号性能对照可参见表 7-2。

表 7-2 无线机车信号与现有通用机车信号性能对照

名称	无线机车信号	现有通用机车信号
传输媒体	无线通道	轨道电路
输入信号	模拟信号	数字信号
信息源	联锁信息和列车位置	轨道电路信息和列车位置
控制方式	集中控制(一对多)	分散控制(一对一)
信号传输方向	双向	单向
传输信息量	大	小且受限制
传输速度	快	慢
信号显示的连续性	连续不间断	侧线岔区无信号(闪白灯)
信息通道	闭环传输具有信号回示确认功能	开环传输
设计优势	车站与车载设备统一设计,统筹考虑信源到信宿全过程	车载设备单独设计,只能被动接收信号
附加功能	车载股道显示、道岔允许速度显示、语言提示、MMI、测速、定位和为 ATP 提供其他信息	向列车运行监控装置提供信号信息

7.3.2 无线机车信号的可靠性和"故障-安全"性

1. 可靠性措施

(1)多层次采用冗余系统,如车站及车载设备均采用双套,一主一备。

(2)车站设备与车载设备之间的信息传输,采用闭环方式,即双方应答确认方式。

(3)无线机车信号内容的发送和译码,采用三取二高可靠方式。

(4)在接近连续式工作条件下,电台的功率只限于邻近车站约 3km 范围内起作用,且相邻车站使用频率是奇偶交叉的,避免发生同频干扰。

(5)信息结构内容中对发信与接收都要事先注册在案,局外信息无效,因此可避免局外有意干扰。

(6)信息内容有时限保障,避免局外有意干扰。

(7)发送编码中均有循环冗余校验,可提高抗干扰性,从而也提高了可靠性。

(8)列车定位信息除列车原有测速/测距系统外,还辅之以定点的查询应答器,同时还有 GPS 定位,三者综合而得,定位精确,可靠性高。

(9)车站发送无线机车信号条件是严格的,包括计轴器信号和车站联锁信号等,这在保证行车安全上是符合铁路信号原则的。

(10)系统按照电磁兼容原则设计,提高了可靠性。

(11)在外界条件引入时均采用光电隔离方法,提高了安全性。

(12)系统中电源按"大功率小负载"方法设计,提高了可靠性。

（13）电台在用调频后发送的过程中，还采用本身的检错纠错措施，进一步提高了在高频段的抗干扰性。

2.　"故障－安全"措施

（1）当列车压过接近应答器后，在限时内接收不到机车信号，无线机车信号进行报警，同时计算列车的走行距离，如果司机不进行干预，则列车将执行自动停车。

（2）无线机车信号实现了列控数据的双向传输，信号传输构成闭环，双方都有对方信息回执，比较确认后才可输入。如果数字比较不正确，则进行报警并降级显示。

（3）系统采用类似轨道电路的连续不间断发码方式，输出驱动采用脉冲方式，计时器判断执行，超时硬件复位，系统降级显示，满足"故障－安全"原则。

（4）构成闭环控制，机车信号输入信号与输出反馈信号比较确认后执行，无线传输信息握手确认。

（5）两端无线数传设备传输阻塞后，在规定的时间内执行强制复位，确保输出通道畅通。

（6）系统设有看门狗，程序转飞后可被立即拉回，系统瞬间停电后可自动恢复。

7.3.3　无线机车信号的应用

根据现场实际需求，无线机车信号的应用可采用不同的结构。对于不同的联锁方式，无线机车信号既可适用于电气联锁，也适应于计算机联锁；对于不同的无线通信平台，无线机车信号既能够使用数传电台，也可采用GSM－R网络；对于设备的不同工作方式，无线机车信号既可作为独立控制设备，也可作为联锁的一部分，实现与联锁一体化。以下是无线机车信号的几种不同应用。

针对不同闭塞方式，提出采用无线机车信号实现机车信号主体化的基本方案。

（1）半自动闭塞区段，在车站采用接近连续式无线机车信号，如图7-16所示。

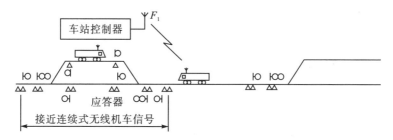

图 7-16　半自动闭塞区段接近连续式无线机车信号系统结构示意图

（2）自动闭塞区段，在车站采用接近连续式无线机车信号，在区间仍然采用通用式机车信号，如图7-17所示。自动闭塞区段也可以在车站和区间统一连续式无线机车信号，但由于目前区间闭塞设备集中不统一，或者集中在前站，或者集中在后站，或者部分集中在前站，部分集中在后站，因此，无线机车信号站间控制权交接困难，不便于工程实现，这里不再单独作为一种方案提出。另外，连续式无线机车信号还可用于取消地面信号列车追踪运行的情况，由于需要设立无线闭塞中心，增加列车定位、测速等设备，不适合既有线路改造，这里也不单独作为一种方案提出。

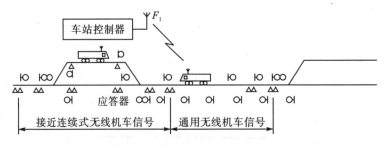

图 7-17　自动闭塞区段接近连续式无线机车信号系统结构示意图

思考题

1. 试述连续式机车信号显示方式。各种显示方式的优缺点分别是什么？

2. 自动停车电空阀有几种形式？它们各有什么优缺点？

3. 试述我国目前机车信号的报警方式。

4. 机车信号有哪些作用？

5. 机车信号要满足哪些基本技术条件？

6. 机车信号如何分类？

7. 简述机车信号显示与地面信息的对应关系及机车信号的显示意义。

8. JT1-CZ2000 的优越性体现在哪里？

9. 简述 JT1-CZ2000 型主体化机车信号车载设备的构成。

10. 简述 JT1-CZ2000 型主体化机车信号主机的工作原理。

11. 简述无线机车信号系统的工作原理。

第8章 基于通信的列车运行控制系统

移动闭塞(moving block)系统是一种采用先进的通信、计算机、控制技术相结合的列车控制系统,国际上又习惯称为基于通信的列车控制(communication based train control, CBTC)系统,在城市轨道交通中运用较多。IEEE 将 CBTC 定义为:利用高精度的列车定位(不依赖于轨道电路)双向连续、大容量的车与地数据通信,车载、地面的安全功能处理器实现的一种连续自动列车控制系统。CBTC 能够基于通信对列车进行定位,进而实现列车的移动闭塞功能。与固定闭塞相比,其最显著的特点是取消了以信号机分隔的固定闭塞区间。列车间的最小运行间隔距离由列车在线路上的实际运行位置和运行状态确定,闭塞区间随着列车的行驶不断地向前移动和调整,称为移动闭塞。

8.1 新型列车运行控制系统——CBTC 系统

8.1.1 CBTC 系统发展原因分析

CBTC 系统发展目前已成为铁路运输及信号的技术人员和管理人员非常关注的问题,为什么要发展和研究 CBTC 系统,要从"需要"与"可能"两方面来认识和分析。

1. 从"需要"方面而言

(1)安全方面。目前基于轨道的列车控制(TBTC)系统中的控制信息流是开环的,即发送者只管发送,并不能确切知道接收者是否真正接收到所需信息,这并不能保证行车安全。

(2)运输效率方面。由于 TBTC 系统是固定自动闭塞系统,所有闭塞分区一经设计计算好,信号机就有固定位置,即每个闭塞分区的长度需要完全满足最坏列车的运行安全的需要,所谓"最坏列车"指它的牵引吨位是设计书中规定最重的,制动率也最低,并且有规定的运行速度,而这种情况下在该地区的坡道值和弯道值条件下能在该闭塞分区内刹车,这些条件显然对于"好车"(主要是牵引吨位少,制动效率好等)则是有潜在运输效率的。并且一旦规定了最高运行速度,在投产后,实际速度必须在规定范围之内,即使机车有提速的可能,但信号也限制它们的发展,否则就必须重新设计计算,因而运输效率受到限制。

(3)工程设计方面。信号闭塞分区长度设计,即区间信号机的布置有严格的牵引计算来规定,工程设计人员必须一个闭塞分区接着一个闭塞分区来设计。在投产后意欲提高运量,提高运行速度,加大运行密度等,闭塞分区的工程必须严格地核实其可能性,这是比较困难的。

(4)信息方面。随着信息社会的发展，对于在线路上运行的列车，调度、旅客和货主三者越来越希望能得到它们的实时信息，以便调度员决定是否修正运行图，旅客方便了解列车是否晚点，货主能知道托运货物何时能到达目的地等。

(5)投资方面。在一次投资方面，希望减少因敷设电缆所需的资金，并且希望新系统的性/价比要比原有的好；在日常维护投资开销方面，希望提高劳动生产率来减少维护费用。

(6)天气影响方面。因下雨、下雪等天气必须经常对原轨道电路作适当调整，希望避免道碴受这些条件影响而带来的不稳定性及不安全性。

(7)抗干扰方面。减少在 TBTC 系统中轨道电路受牵引回流带来的干扰，从而降低系统可能存在不稳定性和不安全性。

(8)维护工作方面。希望减少信号工人原来对轨道电路要沿线步行目视维护的繁重体力劳动。

(9)信息共享方面。希望列车的各种信息、多媒体通道等能为铁路信号之外的其他工种共享，特别是机务、车辆、公安、工务、运输等，并且有车与地间的双向通信。

(10)改建方面。TBTC-FAS 系统大部分是单向运行线路，要改为双向运行，必须进行改建，而改建过程必定会严重影响运行，而且改造费用巨大。

(11)与城市轨道交通共存问题。由于城市轨道交通系统一般都是客运，且具有运行密度大、速度中等、站间距离短和列车在站停留时间短等特点，所以它的列车运行系统在 TBTC 方面难以与地面大铁路交通系统相兼容。但应用 CBTC 系统后，这类系统就容易相互兼顾，大交通管理同样可以容易实现城市交通管理。

2. 从"可能"方面而言

(1)通信媒体方面。有各种形式移动无线通信、漏泄电缆或各种漏泄波导、卫星通信、卫星定位、感应电缆等。

(2)计算机方面。有各类小型、高可靠性的计算机、计算机控制用芯片、快速的数字信号处理芯片、各类接口芯片。

(3)控制方面。有智能技术的高速发展、各类纠错和检错技术来实现闭环控制、安全控制等。

(4)可靠性方面。有各类冗余技术、避错技术、反馈纠错技术、高可靠纠错及检错编码方案等。

(5)器材和工艺方面。小型、微型元器件容易购买，生产工艺更趋于标准化。

(6)接口方面。各类接口标准及接口器材芯片容易实现。

(7)认识方面。信息技术、高新技术的发展，促使铁路信号技术水平提高并加深了对这些技术的认识，这是其发展方向，会给人们带来进步，而且人们对 CBTC 系统的信赖性也在逐步增加。

8.1.2　CBTC 系统分类

CBTC 的定义可以通过它的总特点来描述，即利用无线通信媒体来代替轨道电路达到车与地之间的信息传输，而在此基础上构成的列车运行控制系统都可称为 CBTC 系统。它涵盖了大量不同名称的系统，由此可见 CBTC 系统并不是只有一种体系结构，或者说 CBTC 系统中所应用的技术并不完全相同，因而它们所完成的功能也可能不是同一水平和同一内容，因此对 CBTC 系统就有分类的必要，但是由于通信技术的飞速发展，要对 CBTC 系统进行详尽的分类是非常困难的，以下是根据目前技术水平进行参考性分类。

1. 据闭塞分区实现来分类

从闭塞分区进行分类，CBTC 系统可分为基于通信的固定自动闭塞运行控制系统和移动自动闭塞运行控制系统。

(1)基于通信的固定自动闭塞运行控制系统(CBTC-FAS)表示闭塞分区是固定不变的，它像 TBTC-FAS 一样，闭塞分区是通过区间牵引计算来求得其长度，而 CBTC-FAS 与 TBTC-FAS 的根本区别是前者采用双向通信技术来实现车与地之间信息交换。

在每个闭塞分区的始端可以没有固定信号机作为防护，它的信号显示是依据控制中心在计算基础上给定。图 8-1 是全部用移动无线通信的 CBCT－FAS 系统，它经过调制的无线频率 RF 使移动列车与控制中心相联系，车站控制中心则依据区间各列车的实际分布，计算出保护信号机可以给出的信号，通过无线中继设备与保护信号机线路设备 L I/O 相连，后者经译码后给出信号显示，它同时也返回收到的信息及状态显示送给无线中继设备转控制中心，以此构成信息流的闭环。与此同时，运行中的列车也随时与线路设备 L I/O 相联系，报告它的定位与其状态信息等，构成车与地之间的双向通信。

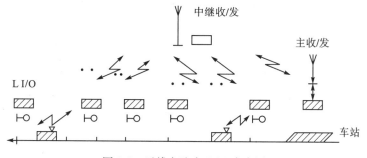

图 8-1　无线方法在 FAS 中应用

应该指出的是，在图 8-1 所示的 CBTC-FAS 中，轨道电路仍然可以保留，但是它的作用不是构成闭塞系统的调节环节，而仅是检测列车的存在及其完整性，正因如此，轨道电路长度要设计得短一些，其长度缩短的标准是系统造价不要由于电缆的存在而占有重要成分，因为轨道电路缩短后，运输效率可以获得提高。在图 8-1 中路旁的信号机也可以保留，它是 CBTC-FAS 系统的标志。

在 CBTC-FAS 系统中还有用轨道间交叉感应电缆，如图 8-2 所示。

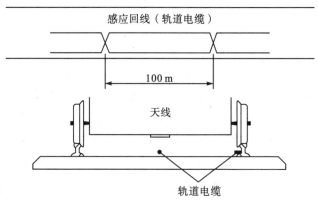

图 8-2 应用轨道电缆示意图

(2)移动自动闭塞运行控制系统(CBTC-MAS)表示这类系统也有闭塞分区,但此时闭塞分区有下列特点。

①闭塞分区长度是可变的,它是依据列车本身参数及其所在地段参数实时计算出来的。

②闭塞分区随列车运行而移动。

③在 CBTC-MAS 中闭塞分区已经不再应用地面信号,而且也不需要地面信号,它在车载设备系统显示屏上显示出本车距前行列车尚有多少距离或距离进站的距离等。

2. 据 CBTC-MAS 中车与地之间通信方式不同来分类

按照 CBTC-MAS 中车与地之间通信方式的不同,CBTC 又可以分为以下几类。

(1)用全程移动无线通信方式,如目前在欧洲广泛应用的 GSM-R 方式。

(2)用轨道交叉电缆方式,如图 8-2 所示。

(3)用漏泄电缆或漏泄波导方式。

(4)用查询-应答器方式,即在每个信号机处在相应一侧或轨道间设有双方向作用的应答器,而所有地面应答器之间均有电缆相连,应答器取得通过列车的车速等信息,它向下一个应答器给出前来列车信息,下一个应答器依此给出相应信号显示。当然在这种系统中,一方面列车调用有超速防护系统(ATP),另一方面还应设有连续式无线移动通信系统,同时应与车站联锁以及与调度集中系统相联系。这种系统仅在列车密度较小、车速较低情况下应用。

(5)采用卫星通信系统,用它构成列车运行间隔控制系统,图 8-3 是其示意图。这种系统于 1990 年在日本铁路中试用过,卫星在东经 150°的静止轨道上运行,距地面约 37000 km,它是一个通用型通信卫星。在地面的先行列车将自己的列车编号、列车速度、列车位置等信息通过卫星传给后续列车,后者经运算后决定自己可以运行的最高速度。出于安全考虑,这类系统只在低速、低密度、小运量地区才能应用,因为它缺少安全保障,除非另外增加其他设备。

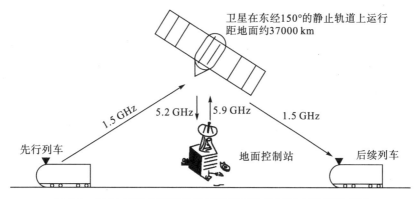

图 8-3　1990 年日本试用的卫星通信系统控制列车运行示意图

3. 据 CBTC 应用控制技术水平的高低进行分类

(1)采用无线数据电台进行列车与车站之间的双向通信来构成 CBTC 的低级系统——CBTC 半自动闭塞系统。

如图 8-4 所示，其中列车与车站控制均有无线数据通信设备，但它们作用的距离有限。例如，列车接后车站 4~5 km 范围内才能构成双向无线数据通信。在这类 CBTC 的半自动闭塞系统中，为了构成半自动闭塞系统，并保证区间只允许存在一列列车运行，所以必须设置类似计轴器之类设备，如符号 T_1、T_2 所示，它们是用来检查两站之间运行列车完整性，确保运行安全的，因为发车站的计轴器 T_1 计数到列车轴数后，可用有线通知前方站。当计轴器 T_2 接到同样轴数的列车后表示列车已完整地撤离两站之间区间，发车站才可能再发出下一列列车。为了保证 CBTC 系统中数据电台的正常工作，在线路上还辅助设置应答器 A、B、C，其中应答器 A 提供列车信息，列车已进入区间，它的工作频率将变更到新频率。例如，原来为频率 T_1，而现在将是频率 T_2，这是为了防止无线干扰。应答器 B 提供信息，通知经过的列车已进入双向数据传输信息范围，列车应收到接车站发来的机车信号信息，这是为了保证行车安全。各应答器也同时提供列车接近车站的精确里程标。应答器 C 告诉通过列车本站准备了哪个股道接车，运行速度上限值为多少等有关信息。在该系统中，列车经过应答器 B 之后，车站与列车上的无线数据通信电台就反复双向通信，其中包括列车告知车站其列车编号、时速、去向等信息，而车站告知列车应以何种速度进站或站前停车，进站内何股道，是停车还是通过等有关信息。

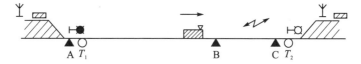

图 8-4　无线半自动闭塞的一种方式

这类应用技术水平较低级别的 CBTC 系统一般适应在新线、运量较少或速度较低，人烟稀少地区、生活困难地区等应用，可减少铁路信号技术人员或工作人员，因为所有小车站的设备均可以采用遥测和遥控来指挥。

(2)采用 CBTC 应用技术水平较高的系统，如 CBTC-MAS 系统等。

4. 据应用 CBTC 后区间闭塞方式分类

应用 CBTC 后区间闭塞方式可分为以下几类。

(1)CBTC 半自动闭塞方式。此种闭塞的特征如下：

①两站之间区间只允许有一列车运行。

②任意车站要向区间发车，发车站必须同时与接车站协同操作办理闭塞手续，即接车站同意接车的情况下才能办理发车。

③发车站要发车，其先决条件是必须检查到区间确实是空闲无车，否则是不安全的，不得发车。

④发车站在办理好协同发车手续后才能人工开放出站信号机。当列车出发后，出站信号机立即自动关闭，在未再次办理发车手续前，该出站信号机不得再次开放。

⑤区间运行的列车到达前方接车站，并由车站管理人员确认列车完整后，该接车站立即关闭进站信号机，并办理解除两站间闭塞手续，使两站间的区间恢复空闲等待状态。在该 CBTC 半自动闭塞系统中，无线通信的作用是使出发站给机车司机无线机车信号，发出该信号的显示是与发出出站信号机显示相互关联的，即前者只是在出站信号机允许发车的显示下才能得机车信号，此时无线机车信号可以有记录为凭。此外，区间列车到达接车站前同样可以获得进站信号一样显示的无线机车信号显示，这避免了司机在目视路旁信号机时遇到的困难，这些显示也记录在案。所以，CBTC 半自动闭塞要比 TBTC 半自动闭塞更为方便、清楚、有责任感和安全感。

(2)CBTC 自动站间闭塞方式。这种方法与 CBTC 半自动闭塞相似，只是其办理手续是自动的，发车站与接车站均有检查区间是否占用的设备，因此发车站要发车，区间占用检查设备自动检查区间是否空闲，两站自动办理闭塞手续，并自动开放出站信号机。在列车到达接车站并自动检查列车完整性后立即自动关闭进站信号机。

CBTC 自动站间闭塞也同样有无线机车信号等，它与 CBTC 半自动闭塞方式相似。CBTC 自动站间闭塞的最大优点如下：

①它可以集中遥控闭塞手续，不一定在每个站都要有车站值班人员来检查区间是否空闲、列车是否已完整到达等，可提高劳动生产率。

②由于一切手续和检测是自动的，所以可节省办理闭塞手续的时间，从而可以提高整个区段的通过能力。当然，在 CBTC 自动站间闭塞方式情况下必须投入相应设备，特别需要有冗余设备，用以提高系统的可用性、可靠性与安全性。

③CBTC 电子路签闭塞方式。区间闭塞方式的路签闭塞在 100 多年前就开始应用，中国铁路在建国初期也有大量应用。从 20 世纪 90 年代中开始，在计算机技术、电子网络技术及通信技术的推动下，铁路的路签闭塞方式发展为电子路签闭塞方式，即不存在路签实物，而是用电子路签(软件)代替，它在有关计算机及网络中按一定的软件协议运行。

④CBTC-MAS 方式。此方式此处不同再详细介绍。

8.1.3　CBTC 系统关键技术

在实现 CBTC 系统时，需要应用大量新技术支持新的传感器，因为现在已经抛弃了轨道电路，代之以无线通信，所以必然要搞清被控制对象的现状和行为，然后才能加以控制。实现 CBTC 系统的关键技术很多，其中主要有以下几种。

（1）列车定位技术。判明被控列车现在究竟在哪里，以便构成动态闭塞区间。

（2）列车与地面间的双向通信技术。它不同于一般通信技术，因为它要传输的是高可靠性的重要数据，其内容涉及人的生命财产，而且不能拖延时间，因为列车一直处于动态运行之中。

（3）列车完整性检测技术。因为在不用轨道电路之后，一定要用新的技术方法测量列车是否完整，一旦发生列车中间分离，则对后半截列车分开而失去控制能力时，就有可能发生重大事故。

以下将分别详细介绍这些技术方法。

1. 列车定位技术

在基于轨道的列车控制系统中，列车的位置只是靠闭塞分区占用来粗略定位，即一旦列车进入某一个闭塞分区，不论此闭塞分区的长度如何，甚至列车在运行中跨占两个闭塞分区，对基于轨道的列车控制系统而言，它只知道列车占用闭塞分区，不再追问列车是在闭塞分区的头部还是尾部，所以它只是粗略地提供定位信息，这样就会影响运输效率。但CBTC 则不然，它必须提供精确的定位，即列车的头部是在什么坐标，在已知列车长度情况后，也必然知道列车的尾部在什么位置。CBTC 系统中对列车提供精确定位的作用有以下两点：①从保证安全的角度出发，一旦知道列车头部位置，CBTC 系统即能计算出它现在距前方列车尾部多大距离，或在距进站信号/标志的距离，以此可以计算出本列车现在应是加速前进还是减速前进，或保持恒速，是继续前进还是制动，假如是制动，则应采用何种级别的制动，是常用制动还是紧急制动等。总之，从行车安全的角度出发，要绝对保证不发生追尾前车或闯红灯。②从提高运输效率的角度出发，在允许条件下计算出本列车是否还可以提速或进行其他操作，目前是否保证与前行列车之间的间距达到最小。

目前已经投入实际应用的列车定位技术有用车轴转速转测距定位法、查询－应答器法、轨道效感应电缆法、GPS 法、无线电信号距离测量法、光纤陀螺法、多谱勒雷达法、漏泄波导法、漏泄电缆法。

以下分别予以简单介绍。

1）车轴转速转测距定位法

这种方法的实质是通过测定列车上某个固定动轮的转速，然后转换成运行的距离。而将某个固定点作为标准来求得列车的位置，具体方法介绍如下。

在列车的一对动轮上安装一个测量速度的传感器，如图 8-5 所示，车轮每转一圈，测速传感器必定发出固定 n 个脉冲，则根据测速传感器测得的脉冲数就可以得到列车的实际速度。因为车轮的轮径是固定值 D，若测速传感器输出脉冲为 N，则车轮速度为

$$v = \pi \cdot D \cdot N / n \times 3.6 \text{(km/h)} \tag{8-1}$$

若以某个短暂时间 t_i 为单位计算时间，列车在 T 时间内走行的距离用 S 表示，则

$$S = \sum v_i t_i \tag{8-2}$$

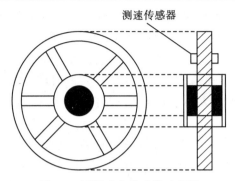

图 8-5　测量速度传感器示意图

式中，v_i 为 t_i 时间段内的速度。现在若以某地点 L_0 为列车的起始点，它的地点坐标为

$$L_0 = S_0 \tag{8-3}$$

所以在经 ΔT 时间后，列车已走行 $S\Delta T = \Sigma v_i t_i$ 距离，此时列车的位置是

$$L\Delta T = L_0 + S\Delta T = S_0 + S\Delta T \tag{8-4}$$

这种从测速转为测距离来求得列车定位的方式在国内外不少系统中已获得应用，但在实际应用中会发生困车轮的不规范运动，如滑行，死抱、蛇行等，以及轮缘磨损等情况而产生干扰和误差，这需要加以实际纠正。

2. 查询–应答器法

这是一种短程的无线传送设备，作为定位应用的查询–应答器一般是无源的，即在铁路道床中央，或在路轨的某一侧的地面上装有应答器，与此相应地在机车上一侧或中央安装一个查询器。应答器与查询器之间有相应的耦合电磁感应场。当机车查询器经过应答器时发送 F_1 频率信号，它被作为能源而被应答器接收，F_1 构成能源就将应答器内存储的里程标信息按一定数据格式以 F_2 频率向查询器发送，图 8-6 是它的示意图。

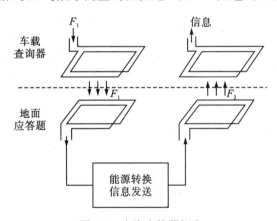

图 8-6　查询应答器概念

严格地说，查询–应答器是以无线原理为基础构成的，其中 F_1 和 F_2 频率是由设备设计与生产者来决定。例如，在欧共体规定查询应答器的频率 $F_1 = 27.115\ \mathrm{MHz}$，$F_2 = 3.9\ \mathrm{MHz}$ 及 $4.5\ \mathrm{MHz}$，其数据传输速率为 $565\ \mathrm{kbit/s}$。实际上，由于应答器安装在固定位置，所以用这种方法来给列车定位只是点式的，例如，纽约城市轨道交通系统是每隔

91.4～304.8 m(300～1 000 ft)安装一个应答器，所以它不可能给出精确定位。这种方法往往作为对其他定位系统的精确校正用，例如，在用前面提到的车轴转速段测定定位法中，完全可以用查询－应答器来弥补和纠正这些方面产生的定位误差，这就是查询－应答器的突出优点。由于在查询－应答器中除了能传递定位信息外，它同样可以传输大量其他信息。例如，将应答器构成有源形式，用它发送出可编程信息，这就成为有源查询－应答器。无论是有源还是无源查询－应答器，目前它们在国内外均获得了广泛应用。

3)轨道交叉感应电缆法

地面一根电缆设在钢轨中间，并固定在枕木上，另一根设在钢轨的根部，两根导线每隔一定距离(如 100 m)交叉一次，在两根导线中传送一定数据，而在列车的底部中央，即地面轨道中央导线的上部位置有经过列车的接收天线，这样，导线发送的数据经轨间导线的传输完全感应到机车底部中央的天线，构成地面列车的信息传输，同时由于地面回线是经过一定距离有交叉，用其交叉点数与其固定长度即可构成相应地址，由此可以得到列车的定位值。

4)GPS 法

GPS 是全球定位系统(global positioning system)的简称，它主要是依靠美国国防部向全球太空发射 24 颗卫星构成一个系统，在地面某个点同时至少可接收到 3 颗卫星的信号，将这些信号在接收后进行译码，通过计算后就获得接收点的地址。

列车上应用 GPS 的主要优点是只需要在列车机车部位安装 GPS 接收器，而不需要在地面线路设置电子设备，可以大大减少损伤和维护工作。

5)无线电信号距离测量法

此方法的实质是利用扩频技术来测定列车位置，在图 8-7 中，列车车载装置发射扩频信号到沿铁路线的无线电频率的接收装置［图 8-7(a)］，计算出频率信息经历时段所反映信源距离，再送回控制车站［图 8-7(b)］，后者就能确切知道列车所在位置［图 8-7(c)］。这种方法在美国旧金山湾的快捷运输系统(BART)中得到了应用。该系统的总称为无线先进列车控制(AATC)系统，其中涉及列车定位和控制的部分称为加强型列车定位报告系 (enhanced positionlocation reporting system，EPLRS)。在该系统中，对每列列车相隔 0.5 s 通信一次。用此系统所得列车定位追踪误差在±4.56m 左右。在此系统，每隔 402m 处地面安装一个接/发电台，它是固定的，所以在全系统发生故障后的恢复期中可以定位，即得到所有区间列车的定位信息。也可同时完成列车完整性检测，因为只需在列车头部和尾部安装无线电台即可。

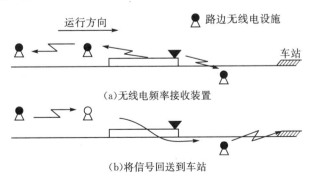

(a)无线电频率接收装置

(b)将信号回送到车站

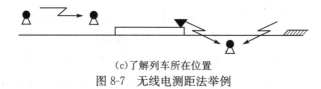

(c)了解列车所在位置

图 8-7　无线电测距法举例

其他方法还有光纤陀螺法和多普勒雷达法等，前者基本原理是指同一光路沿两个相反方向传输，若安置光程设施有旋转动作，则光程传播必产生光程差，它与安置设施的旋转速度有关；后者用于测定列车运行速度，早在 20 世纪 60 年代已在铁路上获得应用，例如，驼峰编组站控制系统中用此法来测定溜放列车车钩的溜放速度，从而控制溜放进路上的各类制动器，达到控制车钩的溜放速度的目的，最终目的是控制该车钩均衡地与已在车场的车钩很好衔接挂钩。此外，铁路信号技术人员也用此法来测定区间运行列车的速度，进而在此基础上经积分获得列车位置。这种方法在理论上是完全可行的，但在实际运行列车上使用却有困难，主要是抗干扰问题，例如，多普勒雷达发射的 1024 GHz 信息不能受杂物遮挡，甚至受空气中杂质的影响，因此它在列车上安装是极其困难的，况且还有损坏等问题。有的国家虽然已经试验数年，但至今尚未获得工程上较好的应用结果。

2. 列车与地面间的双向通信技术

列车与地面间的双向通信技术是标志 CBTC 不同于 TBTC 的根本点。这类双向通信方式与一般语音和数据的双向通信在要求上又有不同，主要反映在要求高可靠性、实时性和安全可用性等多个方面，它类似于航空指挥通信，但是实际环境方面不同，因为列车与地面之间有隧道、山区、高层建筑等；它们在指挥范围方面也有不同，因为列车经历几千米到几千千米范围内必有车站，而且区间又有多个列车在运行，车站又有不少列车停靠；此外，列车又存在电气化干扰等。所以车与地之间的双向通信是比较复杂的问题。就目前已经开发的应用而言，车与地之间的双向通信方式有以下几种。

(1)查询−应答器。如前所述，有源和无源两种类型。这种方法的主要问题是只能实现点式通信，而不能实现连续式通信。

(2)轨道交叉电缆法。它可以实现连续双向通信。

(3)漏泄波导法。它可以实现连续双向通信。

(4)GSM-R 法。它是 GSM 连续无线通信系统的铁路专用系统。

(5)扩展频谱法(spread spectrum radio)。这是无线通信方式之一，早期它由军方开发应用，因为具有良好的抗干扰性能。扩展频谱中("扩展"的含义是它使用比传输此信号所应有的频谱更宽，一般使用两种方法，一种是跳频(frequency hopping)法，另一种是直接序列(direct sequence)法。

在跳频法中，传输端按某种事先已知的人为随机序列形式的有规则的时隙来传送信号，而最终译出相应信息。直接序列法系统中传送端发送一个清楚的随机型数据位，而接收者懂得此类形式，然后将它译成原有信息形式。在上述两种方法中，直接序列法应用更为广泛。

此外还有 TETRA 无线通信法、卫星通信法及其他无线电通信法。

3. 列车完整性检测技术

在原有 TBTC 系统中，通过轨道电路自然而然地能完成列车完整性检测，因为一旦列车在中间环节发生断钩等残留一节或几节车辆在区间的情况，轨道电路的分路状态可以立即检测到，但现在 CBTC 系统不设轨道电路，因此必须通过其他方法来检测列车的完整性。

一种解决检测列车完整性的最好方法是列车尾部安装无线发信装置，它能发出无线电信号给本列车的机车上车载装置，一旦此信号中断，则可以认为列车完整性出现问题。对于客运列车，在列车尾部安装尾部发信装置理论上比较容易解决此类问题，当然它也有一系列实际问题，如哪个部门负责管理，如何确定发送的信号内容，如何不受干扰，同时它也不能干扰其他装置等。对于货物列车，应用此法则比较困难，理论上，我国铁道部颁发的《铁路技术管理规程》第 180 条规定，在货物列车尾部必须挂列尾装置，它的目的是保证行车安全、提高效率、减少调车作业量等，在此列尾装置中自然也可以安装列车完整性信息发送装置，但它也同样面临着管理、调度、维护、责任者等多方面问题。

另一种解决检测列车完整性问题的方法是司机通过检查列车制动气管压力是否有突变来判断，或者通过某种电子装置检测其压力变化来确定，因为在正常状态下，列车管压力是平稳的，若发生列车车辆车钩断裂而分成两部分时，压力即会发生异常。对于这种方法，已经有人试验过，理论上是没有问题的，但实际上有一定的工程技术问题有待解决，例如，车辆制动管的漏气，"关门车"的存在等。

总之，在实现 CBTC 时，列车完整性的检测必须得到很好的解决。

8.1.4　CBTC 系统基本功能

CBTC 系统的基本功能与其结构有关，而其结构又决定于它的应用类别，或称它的应用水平。以下给出不同应用水平级的基本功能。

(1)构成闭塞功能。在 TBTC 系统中，各种水平的应用均依靠轨道电路来构成闭塞，因为闭塞是保证行车的基本方法。现在的 CBTC 系统中，则必须同样具有构成闭塞区段的功能。在 CBTC 半自动闭塞系统中，则用进/出站口的标志器、查询－应答器或其他类似设置来表明站间闭塞的分界口，并且要达到在出站标志之后一定用某个专用频率来区分，用这个频率来构成机车信号(指最低应用水平)供给司机，或用此信号显示供给车载设备上的 ATP 系统(指较高一级应用水平)。CBTC 中的闭塞功能可以是固定的，也可以是移动的。目前在 CBTC 半自动闭塞系统中的闭塞区段长度相当于站间长度，而在 CBTC－MAS 系统中则为最短，其长度为本列车常用制动所需距离附加安全距离。所以闭塞功能也是保证安全功能。

(2)系统要有定位功能。在 CBTC 系统中定位精度越高，则系统行车效率就越高。

(3)CBTC 系统要有能力计算出在给定最大允许列车车速条件下，本列车目前最大可能达到的车速，因为在任意一个移动闭塞区间，列车只能依据各种动态和静态参数，以及其定位值和实际速度来计算出应有速度，才能保证安全。

(4)CBTC 系统必须及时向系统的地面设施和车载设施动态地给出相应的参数和运行

状态，以备司机人为或车载设备自动做出应有的操作。

（5）CBTC 系统为管辖范围内列车及地面设施提供了良好的双向通信功能，它不仅提供运行列车的参数，而且也应提供非信号范围内的各种有关参数，满足信息社会所需的数据要求。

（6）CBTC 系统应具有良好的记录功能，即不仅在车载设施上，而且还应在地面设施有记录。这种记录应起到双重作用。

①为改善列车运行性能，为提高运行质量分析用的记录。

②为发生任何车祸后，有可能从记录设施中寻找出发生事故的原因，进行有效分析，它类似于航空系统的"黑盒子"功能。

以上提到的大部分是基本功能，在应用技术较高的 CBTC 系统，其功能还应具有 ATP 系统的全功能、ATC 系统的全功能、AT0 系统的全功能。

（7）远程诊断和监测功能，即改善 CBTC 系统的可靠性、可用性及安全性，因此 CBTC 的车载设施、地面设施均应设计有远程诊断的接口，允许系统在运行过程中发生故障立即发出相应信号给地面综合诊断台，以便及时采取相应措施。这个功能是比较复杂的，CBTC 系统至少从一开始设计时就留有余地。

8.2　移动自动闭塞系统

前面已经介绍了 CBTC 的产生、定义、分类等内容，它是泛指 CBTC 问题，下面将在此基础上进一步分析移动自动闭塞系统（moving autoblock system，MAS），它是 CBTC 中的一种专门系统。

8.2.1　移动自动闭塞系统的主要特性

提高区间运输能力的最佳方法是采用移动闭塞系统，图 8-8 绘出了两相随行列车之间的最小间隔表达法，这个间隔至少由两部分组成。

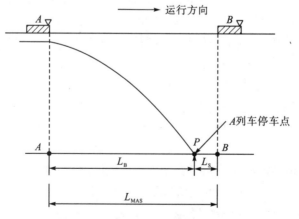

图 8-8　列车的速度距离制动模式曲线

L_B：指列车 A 不能撞上列车 B（假如它在停车状态）而需要的常用制动距离，它是依

据列车 A 当时的车速、牵引的载重量、具有的制动率（制动性能）、前方距离内的上坡道或下坡道值、它们的长度及弯道值等，计算出的制动曲线所需的距离。

L_s：安全保护距离。由此可以获得移动自动闭塞系统有下列主要特性。

（1）闭塞分区是移动的，列车在区间运行时每时每刻每个地点它都有相应的移动闭塞分区，它的长度最小值（指前车在停车状态，或前方为列车终止运行点）则为

$$L_{MAS}^{min}=L_B+L_S \tag{8-5}$$

（2）移动闭塞分区长度与列车初速有关，初速值越大，则 L_{MAS} 越大，反之则越小，如图 8-9 所示。

列车 $1^\#$：速度 v_1，制动距离 L_{B1}，最小制动距离 L_{MAS1}。

列车 $2^\#$：速度 $v2$，制动距离 L_{B2}，最小制动距离 L_{MAS2}。

列车 $3^\#$：速度 $v3$，制动距离 L_{B3}，最小制动距离 L_{MAS3}。

（3）移动闭塞分区长度与列车载重量 W 有关，在初速相同的条件下，若 3 列列车有 $W_3>W_2>W_1$，则三者的移动闭塞分区 $L_{MAS1}<L_{MAS2}<L_{MAS3}$，见图 8-10，在此图中假定 L_s 相同，但严格地说，3 列列车的 L_s 值也不相同。

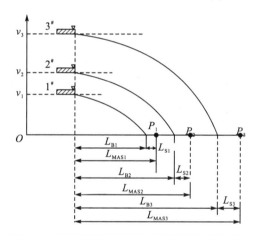

图 8-9　不同初速值的列车速度距离制动曲线

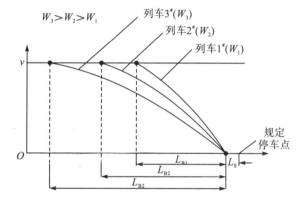

图 8-10　不同载重列车的速度－距离制动曲线

以上 3 个特性充分体现在移动自动闭塞系统条件下，它能发挥区间运输能力的最佳优势。

（4）移动闭塞系统条件下，车与地之间双向通信是必须存在，而且是可靠的，其目的之一是通知后随列车它的运行权限在何处，它现在有否限速等。

（5）在移动闭塞系统条件，列车本身应该具备计算动态运行曲线的能力，或者它也可以设置在地面，而用双向通信方式不断地通知列车车载设备，换言之，在 MAS 条件下，列车超速防护系统是 MAS 的核心控制设备，它可以是车载自律型，也可以是地面自律型。

（6）在移动闭塞系统条件下，列车完整性检测必须得到解决，它当然也可以利用短型轨道电路来检测列车车辆是否存在，但此时的 MAS 的移动闭塞性能受到损失，因此可以构成降级形式的准移动自动闭塞系统。

（7）在移动闭塞系统条件下，可以充分利用智能技术，目前可知的应用范畴如下。

①决定 L_{MAS} 距离的控制目标，例如，为了求得最小距离，为了节省能源，为了求得运行组织中某一目标（包括会车时间的节省）等。

②自动修正多次制动过程后制动机构发热而可能带来的误差。

③易于实现机车制动缓解操作的可实现性。

④决定如何使旅客在运行中更感舒适。

由于移动自动闭塞系统中智能应用的作用可以得到充分发挥，所以移动闭塞是典型的 ITS-R 系统。

8.2.2　移动闭塞系统中安全保护距离

在 8.2.1 节中已经提到移动自动闭塞系统中的安全保护距离 L_s，它存在的目的是保证列车的运行安全。因为在 L_{MAS} 值中有 L_B，它也与 L_s 有关。图 8-11 中列出了与 L_s 有关的几个重要影响因素：

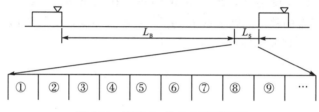

图 8-11　影响 L_s 的几个重要因素

①列车定位误差，包含前行列车与本列车定位误差；

②列车运行中左右摇摆引起的误差；

③制动曲线计算引起的误差，其中包含列车实际载重与文件规定载重的差值；

④列车尾部标记误差；

⑤计算过程中时间响应带来的误差；

⑥整个测速系统引起的误差；

⑦记录更新引起的误差；

⑧列车速度波动引起的计算误差；

⑨列车实施制动中引起的误差（第一次制动与多次制动后效果不同的误差等）；

⑩由雨、雪、冰、风等气候影响和轨面平滑度等引起的误差。

8.2.3　移动闭塞系统的宏观结构

移动闭塞系统的结构种类非常多，虽然至今实际工程不多，但研究开发者已经提出很多方法。假如不计一些复杂因素，则它的宏观结构可以用图 8-12 来表达，即它有逻辑控制层三层、通信控制层两层。

1. 逻辑控制层（三层）

DCC：调度控制中心，它是移动自动闭塞系统的调度中心，对全系统的行车发布行车命令，实施最佳调度，为此它要对全系统实时采集信息。

SCC/WCC：车站控制中心/广域控制中心，它是全系统的中心层，一方面采集基层信息，供给 DCC 作宏观决策，同时接受 DCC 的行车调度命令并分发给相应列车。这一层可能是在每个车站上设置（SCC），也可能是几个车站建立一个广域的控制中心（WCC），例如，区间车站很小，车站股道不多，作业很少且行车密度也小，就可以集中几个相邻车站成为一个广域控制中心。

OBE：车载设备层，它是最基础的逻辑控制设施点，即一方面采集列车定位信息、列车实时车速等，另一方面根据行车命令来实施行车的运行控制或制动。

2. 通信控制层（两层）

OFN：光纤远程通信网，这在目前已经存在，并在工程上实际得到应用，它是沟通 DCC 和 SCC/WCC 两者之间双向多媒体形式的通信网。

MRN：移动无线通信网，至今目前实际工程应用的大多数为双向模拟无线语言通信网，这对移动自动闭塞系统已不适应，原因是它需要数字无线移动网，速率快，可靠性高，例如，在欧洲铁路应用的 GSM—R 即为一例。MRN 是构成移动自动闭塞系统的重要环节。移动无线通信子系统是构成移动自动闭塞系统的神经，因为现在已经没有轨道电路，移动无线通信是构成车载和地面设施双向通信的渠道，它的通信质量、通信容量、通信速度、通信的可靠性、可用性等实际是移动自动闭塞系统的关键。此类双向移动无线通信的种类很多，在移动自动闭塞系统中究竟采用哪一种，这涉及工程实用性、投资、可靠性等多个因素。

在逻辑控制三层中主要包含以下几方面研究内容。

（1）采用什么类型的 ATP 系统，它设置在何处。

（2）ATP 进行计算时所需的各类参数，包括地理环境参数、列车动/静态参数等，是由谁来提供的。

（3）系统的 MRN 是如何构成的，它的通信能力、实现方法是什么。

假如不涉及上述三方面具体技术，则图 8-12 中三层逻辑控制的实际内容可以概括如下。

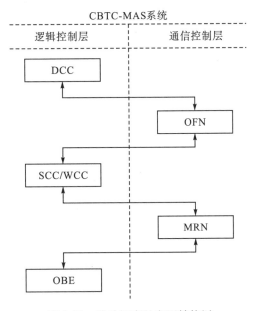

图 8-12　移动闭塞的宏观结构层

1. OBE 层——车载层

OBE 是最清楚的逻辑控制层。假如 ATP 系统取用列车自律式，则在 OBE 层中有 ATP 子系统，另外，OBE 自身必须有下列处理子系统(图 8-13)。

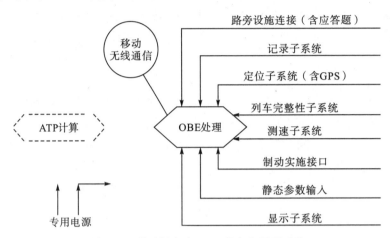

图 8-13　移动闭塞中 OBE 的各主要子系统

(1)测速子系统。其目的是提供本列车的实时车速，此系统是独立的，它可以采用多种方法，包括测车轮转速、扩频通信、陀螺法、雷达、激光法等；总之，它必须提供精确的车速。

(2)定位子系统。它可以由测速系统转换而来，可能完全是独立定位的，也有可能是含有 GPS 系统构成的综合定位子系统。只有通过精确的列车定位，列车 ATP 系统才能知道它还有多大的运行权限，计算出是维持运行还是制动，而且应采用何种级别的制动等。

(3)列车完整性检测子系统。由于现在已经不用轨道电路，所以列车完整性检测必须独立存在。它可以采用列车尾发射无线电信号方法，也可以测定列车管压力方法及其专用的电子信息方法。

(4)静态参数输入接口。这对于列车采用自律式 ATP 系统时是必备的子系统，它输入的静态参数至少有列车性质、列车编号、乘务组编号、列车长度、列车始发点及目的地、上/下行、列车载重、列车车辆数、列车制动率等。对于非列车 ATP 自律式系统，则静态输入量项目可能少些，因为它可以从列车移动通信网接口取得，但它也一定存在，目的是进行实际校核。

(5)路旁设施连接接口(含应答器)。它是用采集路旁设置的各类标志信息，例如，从路旁采集应答器信息，其中含有里程的精确采集，用于定位系统、校核车速、上/下行，采集进入车站侧线或岔区的信息等。

(6)制动实施接口。它是用于接受任何一类 ATP 系统计算出的有关制动控制信息，包括常用制动、紧急制动等，将制动信息转为本列车制动机构能够实施的信息形式。由于列车的制动机构可能有多种类型，所以接口也因此而异。

(7)记录子系统。它可能有两类记录，一类是属于管理和追查行车安全的记录，另一类是改善行车控制行为的记录。行车安全记录所记录的项目较少，却非常关键，例如，它是否接收到来自移动无线通信的行车命令，它的实际车速(含地点等)，它是否实施了制动命令等，总之，涉及行车安全的各项信息，这类似于航天器中黑匣子的功能。另一类属于改善行车控制行为的记录，它是比较专业的，可以广泛包含机务、电务、工务等多工种所需的信息，目的是为行车过程事后分析，评定和分析过去行车控制中它的质量如何，有否可以改善的地方等。

(8)显示子系统。这对于移动自动闭塞系统而言，司机只通过显示系统了解列车运行中的一切，例如，它应显示出到目的地还有多长的距离、自己列车运行的实际车速、现在的行车地点、最高允许运行速度，设备现在的状态。

2. SCC/WCC 层——车站控制中心/广域控制中心

图 8-14 表示 SCC/WCC 可能有的逻辑控制结构。对于 ATP 车站自律形式或车站和车载共律 ATP 形式，在 SCC/WCC 处必定有 ATP 核心装置，否则就只有 SCC/WCC 处理中心。

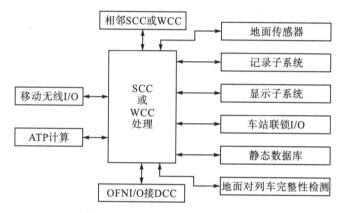

图 8-14　SCC/WCC 的逻辑控制结构

在 SCC/WCC 处理中心工作的子系统有以下 7 个。

(1)地面传感器设施。它可能有多种用途的应答器，例如，提供通过列车进车站侧线的股道号以及相应股道参数等，有通知从车站出发的所需要的信息，还有车站中心标志等。

(2)地面对列车完整性检测设施。例如，地面设置列车计轴装置等。

(3)记录子系统。它是对车站管辖地区或广域地区所有运行列车的实际记录，包括它们速度曲线、到达与离开时分、发生的事件等。

(4)显示子系统。显示在车站控制范围或广域控制区域内所有列车的实际运行情况，以及车站或广域区内运行中发生的实时显示。

(5)车站联锁 I/O 接口。对于车站上进路的安排一般均由车站联锁装置来完成，一旦联锁装置安排好进路，必须通过 SCC 告知 OBE，以备列车安全进入车站相应进路。

(6)静态数据库。为了使 OBE 能更好地控制列车运行，所以 SCC/WCC 一般总有对各列车出入车站的各种数据，包括进入车站股道、出站后区间的参数以及相应的时间等，告知列车 OBE，这些参数统称为一类静态参数。

(7)OFN I/O 接 DCC。因为移动自动闭塞系统应用后，它创造了运输系统有可能按组织型来组织运输，这样可以大大提高运输能力，因此 DCC 在最坏情况下可以设计成有

CTC 系统，而在较好情况下，应该是有较完善的 ATS 系统，而在运行组织方面，完全按某个最优指标来实施运行组织，所以 OFN 成为采集和发送 CBTC—MAS 系统中的所有运行信息和安全的保障。

此外还有与相邻 SCC/WCC 相连接的接口等。

3. DCC 层——调度控制中心

如前所述，DCC 层的最简易形式是调度集中（CTC），但在应用 CBTC—MAS 系统条件后，这样做显得在提高运输能力方面没有充分发挥作用，所以应该应用较现代化的自动列车运行监视和调度系统，有时也称为 ATS，此时 CTC 仅是系统的执行部分。图 8-15 是 DCC 逻辑控制框图。

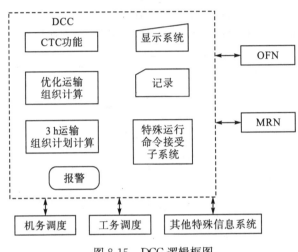

图 8-15　DCC 逻辑框图

（1）CTC 功能控制，它用于完成对列车的直接运行控制，并接收列车运行信息。

（2）优化运输组织计算处理，这是按某种指标来优化控制和组织运输，其优先组织是多方面的，例如，减少列车空车运行时间，加速车辆周转率，提高机务及乘务人员周转率，节省能源等。

（3）显示系统，是指中央调度的大屏幕显示系统。

（4）报警，是指全系统范围内有重大事故的报警。

（5）记录，是指全 DCC 管辖范围内，包括运行实迹的记录，作为备查存档用。

（6）特殊运行命令接受子系统，是指在大范围内发生某种大的事件，它们可以影响到运输，因而必须由 DCC 调度发送来的专项命令处理，如战争、地震、水灾、火灾、台风、大面积塌方、恶性列车事故等。

在 DCC 处应该有相应的机务调度、工务调度和气象信息系统等相连接，以加强应变能力。为此，DCC 除与 OFN 一定联系外，应该还与 MRN 相联系，以备在特殊情况下进行某些应急通信。

8.2.4　移动闭塞条件下列车在区间追踪运行模式

在 FAS 条件下，列车在区间的运行追踪方法完全按规定的运行间隔时间来安排。在

MAS 条件下,则列车实际追踪运行可能有 3 种追踪模式,以下分别予以说明。

(1)"撞硬墙"模式。后随列车已经了解到前行列车处于前方某个固定点停车状态,也可能后随列车要进站,但它只能先在进站信号机或进站标志前停车。这些前行的已停车列车或停车标志可以认为是"硬墙",后随列车不能冲击它。

(2)"撞软墙"模式。即先行列车处于常用制动过程或紧急制动过程中,因此后随列车不采用"撞硬墙"方式,但也必须制动,它们先有个缓冲过程后实施所需制动,在这类模式中,包括先行列车也在运行,但它的运行速度比后随列车低,因此后随列车或者也降速,或者按原速前进,但到制动距离范围内则必须制动。这类模式统称为"撞软墙"模式。

(3)"无墙可撞"模式。即先行列车以高于后随列车的速度运行,所以后随列车"无墙可撞",维持它应有的行车速度。

对于上述前两种情况可用图解示之。

图 8-16(a)是"撞硬墙"模式,这是列车经常遇到的情况。后随列车 A2# 应在停车标志或前行列车 A1# 尾部相距 L_s 点停下,L_s 即为安全保护距离。

图 8-16(b)是"撞软墙"模式,前行列车 A1# 以 v_1 速度前进并开始制动(常用制动或紧急制动)。后随列车 A2# 以 v_2 速度相随运行,并且 $v_1 < v_2$。由于 A1# 制动过程会产生动态距离,所以后随列车 A2# 并不在图 8-16(a)所示的点开始制动,而是要延迟它的起始制动距离 l_d,A1# 制动所需的距离是否等于 l_d 值呢? 即图 8-16(b)中的 l_d 是否等于"撞软墙"赢得距离 l_f 呢? 回答是可能一样,也可能不一样,即 $l_d = l_f$,$l_d \gg l_f$,$l_d < l_f$ 有可能,原因是 A1# 和 A2# 列车参数本身不同,制动能力不完全一样,且经历的路途环境(上、下坡道等)也有差异。

图 8-16(c)表示"撞软墙"的另一种景象,即前行列车 A1# 行车速度较 A2# 高,$v_3 > v_2$。同样道理,此时"撞软墙"赢得距离 l_f 也可能与延迟起始制动距离 l_d 不完全一样。

由图 8-16 可见,在 MAS 条件下,列车在区间运行的追踪模式可以为运输组织提高区间通过能力创造条件,概况为以下几点。

(1)无论是"撞硬墙"模式还是"撞软墙"模式,它们与 FAS 相比,能力将有较大提高,特别是"撞软墙"模式。

(2)紧密追踪的获得是有条件的,其中首要问题是双向无线通信,其次是确切的信息,最后是极可靠的计算,三者缺一不可。

(3)为了求得 MAS 系统的高效率,它的 DCC 一级应该受到重视,因为要实现组织型运输,只有在 DCC 才能实施并发布相应命令。

(4)在实施"撞软墙"模式时,应该加深研究开发智能技术的应用,特别是智能控制和智能传感器,目的是提高系统的可靠性与安全性。

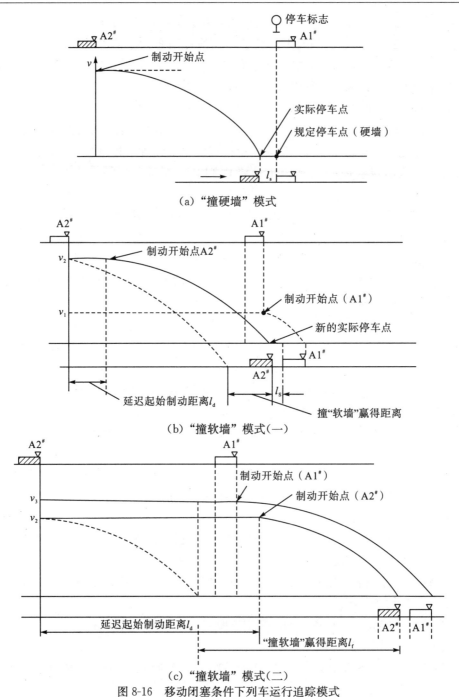

（a）"撞硬墙"模式

（b）"撞软墙"模式（一）

（c）"撞软墙"模式（二）

图 8-16 移动闭塞条件下列车运行追踪模式

思考题

1. 简述基于通信的列车控制系统的优点。

2. 简述 CBTC 系统的主要关键技术。

3. 分析移动闭塞系统的优缺点。

4. 分析移动闭塞系统的区间追踪运行模式。

主 要 参 考 文 献

北京全路通信信号研究设计院. 客专 ZPW-2000A 轨道电路培训教材

当代中国铁路信号(1991—1995)编辑委员会. 1997. 当代中国铁路信号(1991—1995). 北京：中国铁道出版社

丁正庭. 1990. 区间信号自动控制. 北京：中国铁道出版社

董昱. 2011. 区间信号与列车运行控制系统. 北京：中国铁道出版社

韩进霞，王政素，于树永，等. 2005. ZPW-2000A 型闭环电码化系统. 铁道通信信号：B—15

郝国富，何祖涛，程帮峰，等. 2005. JT1-CZ2000 型主体化机车信号车载设备. 铁道通信信号：22—23

何祖涛. 2005. 城轨列车超速防护系统(ATP)车载设备设计原理及实现. 铁道通信信号，41：19—21

郎宗木炎，郜成缙. 1991. 现代铁路信号技术. 成都：西南交通大学出版社

毛俊杰. 1994. 高速铁路列车速度自动控制系统. 北京：中国铁道出版社

汪希时. 2004. 智能铁路运输系统——ITS-R. 北京：中国铁道出版社

王俊峰，王化深，等. 2006. 采用无线机车信号实现机车信号主体化的研究. 铁道学报：104~108

吴汶麒，等. 2004. 轨道交通运行控制与管理. 上海：同济大学出版社

林瑜筠. 2007. 新型移频自动闭塞. 北京：中国铁道出版社

林瑜筠. 2008. 机车信号车载系统和站内电码化. 北京：中国铁道出版社

邱宽民. 2007. JT1-CZ2000 型机车信号车载系统. 北京：中国铁道出版社

中华人民共和国铁道部. 1999. 铁路技术管理规程. 北京：中国铁道出版社

中华人民共和国铁道部. 1999. 信号维修规则技术标准. 北京：中国铁道出版社

中华人民共和国行业标准. 1999. 铁路信号设计规范. 北京：中国铁道出版社